KB102154

이영호 해양경찰학 개론

해양경찰 근무 37년

기출+예상문제
핵심 총정리

이영호
해양경찰학 개론

전 해양경비안전연구센터장 법학박사 李英浩 著

이영호 지음

좋은땅

'각론과 실무에 비중… 새로운 공부방법 필요'

난이도 및 문제 형태는 변화가 없었으나 "경찰공무원법이 경찰청과 같이 적용된다는 것, 경찰공무원 임용령과 달리 해양경찰공무원 임용규칙이 별도로 있다는 것, 해양경비법상 무기사용의 기준(경찰관직무집행법에 따름)" 등 내용을 이해해야 풀 수 있는 각론과 실무의 출제비중이 점차 높아지고 있으므로 새로운 공부방법이 필요합니다.

◆ 2020년 함정 순경 채용 출제 경향 분석

구분	총 문항수(비율)	내 용	문항수(비율)
총론	6(30%)	해양경찰의 역사와 정체성 3문항	3(15%)
		소관법률의 개요 및 예산 운영, 공직 분류방식 각 1문항	3(15%)
법규	10(50%)	(소관법률) 해양경비법 2문항 및 해양경찰법, 수상구조법, 연안사고예방법, 수상레저법, 해상교통관제법 각 1문항	7(35%)
		(규칙) 파출소 및 출장소 운영규칙, 함정 운영관리규칙, 비상 근무규칙 각 1문항	3(15%)
실무	4(20%)	수사·정보·외사·방제 업무 각 1문항	4(20%)
계		20문항(100%)	

(분석) 해양경찰의 임무와 정체성 등 총론 부문이 6문제로 30%, 해양경비법 등 해양경찰 소관 법령 6개 등에 대해 개별법의 법조를 묻는 문제 7문제, 파출소 근무규칙·함정 운용관리 규칙·비상 근무규칙 등 법규에서 총 10문제로 전체의 50%를 차지하였고 수사·정보·외사·방제 등 해양경찰 기능별 실무에서 4문제가 출제되었습니다.

◆ 2020년 간부후보 채용 출제 경향 분석

구분	총 문항수(비율)	내 용	문항수(비율)
총론	10(25%)	해양경찰의 역사와 정체성 4문항	4(10%)
		권한과 작용 3, 예산 운영 2, 공직 분류방식 1문항	6(15%)
법규	28 (70%)	(소관법률) 해양경비법 4, 수상레저법 4, 수상구조법 3, 연안사고예방법 1문항	12(30%)
		국가공무원법 3, 국제선박항만보안법 2 및 경찰공무원법, 경찰관직무집행법, 형사소송법, 해사안전법, 재난안전관리법, 출입국관리법, 해양환경관리법 각 1문항	12(30%)
		파출소 및 출장소 운영규칙 2 및 함정 운영관리규칙 1, 선박안전조업규칙 1문항	4(10%)
실무	2(5%)	수사실무 2문항(종결처분, 범죄징표)	2(5%)
계		40문항(100%)	

    (분석) 해양경찰법 등 소관 법령 6개에 대해 개별법의 법조 내용을 묻는 문제 12문제, 파출소 근무규칙, 함정 운용관리 규칙 및 선박안전조업 규칙 등 규칙 4문제 등 법규가 총 28문제로 전체의 70%를 차지하고 있습니다. 특히, 해양경비법과 수상레저법에서 각 4문제 출제로 전체의 20%로 출제 비중이 높았으므로 출제 경향을 잘 이해하여 이 책의 중요 핵심 정리와 기출 예상 문제를 중심으로 공부하는 새로운 합격전략이 필요한 것입니다.

    여러분의 영광스러운 합격을 기원합니다.

2021년 2월

著者 이 영호

목차

제**1**부

중요 핵심 정리

제1편 해양경찰의 역사와 정체성

1. 해양경찰의 역사(요약)

연번	기관 명칭	소속	기간(년)
1	해양경찰대	내무부 치안국 경비과	1953 ~ 1955
2	해양경비대	상공부 해무청 수산국	1955 ~ 1962
3	해양경찰대	내무부장관 직속 치안본부	1962 ~ 1991
4	해양경찰청	내무부 경찰청	1991 ~ 1996
5	해양경찰청	해양수산부 외청	1996 ~ 2008
6	해양경찰청	국토해양부 외청	2008 ~ 2013
7	해양경찰청	해양수산부 외청	2013 ~ 2014
8	해양경비안전 본부	국민안전처	2014 ~ 2017
9	해양경찰청	해양수산부 외청	2017 ~

2. <u>해양경찰의 발전과정</u>

1952년 연안으로부터 평균 60마일 해역의 주권선으로 설정과
1953년 해양경찰대 창설 1955년 ~ 1962년 상공부 해양경비대
- 1961년 「수난구호법」 제정

<치안본부 소속 해양경찰대> ⇩

1962년 5월 내무부 소속 해양경찰대로 재발족
- 1969년 서해 및 동해 어로보호본부 설치, 1972년 선박안전조업규
칙 제정, 인천 및 속초지구대장 어로보호본부장 겸직

<경찰청 소속 해양경찰청> ⇩

1991년 5월 31일 제정·공포된 「경찰법」에 의거, 같은 해 8월
1일 해양경찰청으로 개편, 해상 경비와 해난 구조 업무

<해양경찰청 외청 승격> ⇩

1996년 8월 해양수산부 외청 독립
2005년 7월 차관급 외청 승격, 청장 계급 격상(치안총감)
- 2013.11. 해양경찰학교를 해양경찰교육원으로 개편
2014년 국민안전처 소속 해양경비안전본부를 거쳐
2017년 해양수산부 외청으로 부활

<해양경찰청 외청 부활> ⇩

◆ 해양경찰청과 부속기관 3개소
- 해양경찰교육원, 중앙해양특수구조단, 해양경찰정비창
◆ 소속 기관 24개소(5개 지방해양경찰청, 19개 해양경찰서)

3. 년도별 해양경찰의 발전과정

구분	발전과정
내무부 해양경찰대	1953년 해양경찰대 창설(내무부 치안국 소속) 연안으로부터 평균 60마일 해역 주권선 설정(1952년)
상공부 해양경비대	1955년 ~ 1962년 상공부 해무청 소속 특별사법경찰관(경찰관 신분 아님) 1961년 「수난구호법」 제정
내무부 해양경찰대	1969년 서해 및 동해 어로보호본부가 설치 1972년 선박안전조업규칙 제정, 인천 및 속초지구대장 어로보호본부장 겸직
치안본부 해양경찰대	1974년 내무부 치안본부 해양경찰대로 편성 1978년 해양오염관리관실 신설
경찰청 소속 해양경찰청	1994년 해수면 유도선 통제업무 1995년 수난구호 업무 1995.09. 해양경찰 정비창 신설
해양수산부 외청 해양경찰청	1996. 8. 해양수산부 외청 1996.09.10.「배타적경제수역법」 시행 1996.05. 차장 직책 신설 1999.02.「수상안전레저법」 시행 1999.11.「OPRC(해양오염 대비 대응)협약」 수락(한국) 2000.02.「OPRC(해양오염 대비 대응)협약」 발효(한국) 2000.11. 해양경찰 정비창 책임 운영기관화

구분	발전과정
해양경찰청	2002.01. 특공대 창설 2004.05. 해양경찰학교 개교 2005.07. 차관급 외청 승격, 치안총감 2006.04. 지방해양경찰본부 개청 2007.03. 해양경찰연구개발센터 신설 2008.02. 해양수산부에서 국토해양부로 개편 (이명박 정부) 2010.05. 해양경찰연구소 승격 2012.06. 제주지방해양경찰청 신설 2012.02.22. 「해양경비법」 시행 2013.03. 국토해양부 → 해양수산부 변경(박근혜 정부) 2013.11. 해양경찰학교를 해양경찰교육원으로 개편
해양경비안전본부	2014년 세월호사고 이후 국민안전처 해양경비안전본부로 개편, 중부지방해양경찰청 신설 2014년 해상교통관제(VTS) 업무
해양경찰청	2017년 해양수산부 외청으로 부활 2020.02.21. 「해양경찰법」 시행 2020.06.04. 「선박 교통관제에 관한 법률」 시행

4. 해양경찰 업무 기능의 변천

년도	업무	근거
1953	정원 658명, 181톤급 경비정 6척으로 해양경찰대 창설 영해 경비 및 어업자원 보호 업무	「어업자원보호법」 및 국무원 고시 제14호
1962	관할구역 내 범죄수사와 기타 해상에서의 경찰에 관한 사무	「해양경찰대 설치법」
1972	인천, 속초지구해양경찰대 동, 서해 어로보호본부 업무	「선박안전조업규칙」 1972.04.17 제정
1978	해양오염관리관실 신설, 해양오염 감시, 방제 및 시험연구 업무	「해양오염방지법」 1977.12.31 제정
1982	충무지구해양경찰대 신설	직제
1986	선박 출입항 통제업무	경찰청 업무 이관
1991	특수해난구조대 발대	직제
1992	울산해양경찰서 신설	직제
1994	해수면 유도선 통제업무	「유선 및 도선 사업법」
1995	SAR 협약 이행기관 방제업무 일원화 책임기관	「수난구호법」 「해양오염방지법」
1996	EEZ로 업무 범위 확대	「배타적경제수역법」
2001	여객선 임검업무	경찰청 업무 이관
2010	해양경찰연구소 승격	대통령령 제22161호
2014	VTS 업무, 중앙해양특수구조단 및 중부지방해양경찰청 신설	직제

5. <u>해양경찰청과 경찰청의 '역사 등' 비교</u>

	해양경찰청	경찰청
소속	**해양수산부** 외청 경찰기관	**행정안전부** 외청 경찰기관
인력	경찰관. 일반직공무원 등 약 1만 4천 명	경찰관. 일반직공무원 등 약 15만 명
역사	**[내무부 해양경찰대]** '53년 해양경찰대 창설. **[상공부 해양경비대]** '55년 ~ '62년 상공부 해무청 **[내무부 해양경찰대]** '62년 ~ '74년 내무부 치안국 **[치안본부 소속 해양경찰대]** '74년 ~ '91년 내무부 치안본부 **[해양경찰청]** '91년 명칭변경 **[해양수산부 외청]** '96년 ~ '08년 **[국토해양부 외청]** '08년 ~ '13년 **[해양수산부 외청]** '13년 ~ '14년 **[국민안전처 해양경비안전본부]** '14년 ~ '17년 **[해양수산부 외청 부활]** '17년 ~ '20년 **해양경찰법** 시행	**[미군정 경무국]** '45년 해방 이후 미군정 경무국 설치 및 각 도(道)에 경찰부 창설 **[경무부]** '46년 경찰부를 관구경찰청으로 개편 **[내무부 치안국]** '48년 대한민국 정부가 수립되고 내무부 산하 치안국 설치 **[치안본부]** '74년~'91년 치안본부로 개편 **[경찰청]** '91년 명칭변경 '91년 **경찰법** 제정 **[행정안전부 외청]** '17년 ~ '21년 **국가경찰과 자치경찰의 조직 및 운영에 관한 법률** 시행

6. 각 국 해양경찰기관

가. 미국 해안경비대(USCG; United States Coast Guard)

국토안보부 산하의 해안경비 및 구난을 목적으로 하는 군사 조직으로, **해상밀수단속반이 시초**이다. 1790년에 밀무역의 단속과 관세의 징수를 임무를 띠는 관세밀수감시청을 창설, 1915년에 미국 구조청과 통합하여 정식 발족, 1939년에 미국 등대청을 흡수하였다. 미군을 구성하는 6군(육군, 해군, 공군, 해병대, 우주군, 해안경비대로 구성, 해안경비대는 평시 국토안보부 소속, 전시 해군의 지휘를 받음) 중 가장 작은 군(軍)으로, 해양에서의 인명구조부터 환자수송과 국경지역, 해양에서의 밀입국자 수색과 체포, 범죄자 추적, 마약단속, 밀수단속등의 상당히 위험한 고강도의 임무를 수행한다. 현역 42,047명, 예비역, 군속 등 약 12만 2천명으로 전시 해군의 지휘를 받으며 **해양에서의 인명구조, 환자수송, 항로표지, 해양에서의 밀입국자 이민자 수색과 체포, 범죄자 추적, 해양오염방지, 해저지형 조사, 마약 밀수, 쇄빙업무** 등이 있다.

나. 일본 해상보안청(JCG)

국토교통성 산하 행정기관으로 해상보안청장관이 지휘하며 공안직 13,626명 등이 있다. 소속 직원들은 일부 **특별사법권**을 갖고 있다. 해상보안청법 제25조에 의해, 군대가 아닌 것으로 규정되어 있다. 연안경비대는 국제적으로 준군대로 규정되어 있어, 일부 국가에서도 해군과 연안경비대를 함께 두는 경우가 있는데, 이것은 영해를 침범하거나 한 어민이나 항해자들을 대응하기 위한 기관으로, 군대보다는 경찰 등의 준군사조직으로 하는 것이 해당 사건이 분쟁화 되는 것을 막기에 유리하기 때문이다. 다만 유사시의 방위나 특별히 필요할 때 내각총리대신의 명령에 의해 치안을 유지하기 위해 출동하는 경우 방위청 장관의 지휘하에 들어갈 가능성도 있다. 이것은 미국 해안경비대가 전시에는 미국 해군의 지휘에 따라 군대로 운용되는 규정을 모방한 것이다. 다만 방위청 장관이 지휘하는 경우에도, 그 행동 범위나 활동 권한은 평시와 마찬가지로 자위대의 필요에 의해 경비 등에만 운용하는 것으로 제한된다. **해상 여행, 해난구조, 해양오염방지**, 선박항행 질서, 해상 범죄, 해상 범인 수사 및 체포, 선박 교통, **수로, 항로 표식, 쇄빙**, 해상 안전 및 치안 확보, **해저지형 조사업무** 등이 있다.

다. 중국 해양경찰국(CCG)

국가해양국 소속 공안기관으로 공안·행정직 16,296명 등이 있다. 2013년 9월 '국가해양국'이 설치되고 해상법집행을 통합, 법 집행의 효율성을 높이기 위해 국토자원부 해양국 해감 등을 국가해양국으로 통합하고, 국가해양국의 권한을 강화하는 법안이 승인됨에 따라 명칭이 '국가해양국 및 국가해경국'이 되었다. **영해선 관리, 해상 치안과 안전, 해상 돌발사건 대처, 해상 밀수·밀항·마약, 어업법 집행, 해양환경보호법 집행업무** 등이 있다.

7. 각 국 해양경찰기관 비교

기 관	소 속, 직 원	임 무
한국 해양경찰청 (KCG)	**해양수산부 외청 경찰기관, 국가해양경찰관 및 일반직 공무원** 등 총 13,593명 ☞ **해양경찰법 시행** (2020. 02. 21.)	해양에서 사람의 생명·신체와 재산보호, 대한민국 국익보호, 해양영토 수호, **해양치안질서 유지(해양오염 방제**, 해양경비 안전, 해상 교통관제, 해상 범죄 수사 단속)
미국 해안경비대 (USCG)	국토안보부 산하 군사조직, 육군·해군·공군·해병대·우주군 등 제6군(軍)으로 인식 현 역: 42,047명 예비역, 군속: 12만 2천명	**해상 밀수단속반이 시초**, 전시 해군의 지휘를 받음. 해양에서의 인명구조, 환자수송, **항로표지**, 해양에서의 밀입국자 이민자 수색과 체포, 범죄자 추적, 해양오염방지, 해저지형 조사, **마약 밀수, 쇄빙**
일본 해상보안청 (JCG)	국토교통성 산하 행정기관, 공안직: 13,626명	**해상 여행, 해난구조, 해양오염방지**, 선박항행 질서, 해상 범죄, 해상 범인 수사 및 체포, 선박교통, **수로, 항로 표식, 쇄빙**, 해상 안전 및 치안 확보, **해저지형 조사**
중국 해양경찰국 (CCG)	국가해양국 소속 공안기관, 공안·행정직: 16,296명	**영해선 관리**, 해상 치안과 안전, 해상 돌발사건 대처, **해상 밀수·밀항·마약**, 어업법 집행, 해양환경보호법 집행

<핵심 요약> ☞ 출제 빈번

- **미국 USCG는 경찰조직이라기보다는 <u>군사조직(제6軍의 성격)</u>**
  - ▸ <u>1790년</u>에 <u>밀무역의 단속과 관세의 징수</u>를 임무를 띠는 <u>관세밀수감시청</u> 창설
  - ▸ <u>1915년</u>에 미국 구조청과 통합하여 **정식 발족**
  - ▸ <u>1939년</u>에 미국 <u>등대청</u> 흡수

- **중요 해양경찰 역사**
  - ▸ (1953)년 12월 23일 내무부 치안국 소속 해양경찰대로 발족하였다.
  - ▸ (1996)년 8월 8일에는 해양수산부 발족과 함께 외청 (중앙행정관청)으로 독립하였다.

- **<u>각 국 해양경찰기관의 특징</u>**
  - ▸ 우리나라 해양경찰: 일반사법경찰권
  - ▸ 미국 해안경비대(USCG): 군인 신분
  - ☞ **<u>해상 밀수단속반이 시초이다.(출제 빈번)</u>**
  - ▸ 일본 해상보안청(JCG): 특별사법권
  - ▸ 중국 해양경찰국(CCG): 공안·행정직

❶ 해양경찰 관련 근현대 역사와 관련 다음 설명 중 사실과 가장 다른 것은? <2019년 경장 승진>

㉠ 1952년 국무원고시로 연안으로부터 평균 60마일의 해역을 주권선으로 설정하였다.

㉡ 1953년 12월 해군으로부터 경비정 6척을 인수하여 창설하였다.

㉢ 1955년 2월 정부조직법 개정으로 내무부 산하 치안본부로 편성되었다.

㉣ 1965년에는 6월 한일 국교정상화를 위한 기본 조약 및 양국 간 어업협정이 체결되었다.

---

① ㉠   ② ㉡   ③ ㉢   ④ ㉣

➡ ③ ㉢

▪ ㉢ '55~'62년 상공부 해무청 / '74~'91년 내무부 치안본부

---

❷ 해양경찰의 역사 관련 2014년 세월호사고 이후 외청 부활 및 「해양경찰법」 시행년도가 옳은 것은?

① 2015년 및 2020년   ② 2017년 및 2020년

③ 2015년 및 2021년   ④ 2016년 및 2017년

➡ ② 2017년 및 2020년

제2편 해양경찰의 조직, 권한 및 작용

[해양경찰의 조직]

<조직 구성>

◈ **해양경찰은 국가경찰관과 일반직공무원 등으로 구성**

- 인력 총 **13,593**명(**경찰관** 10,870명, **일반직** 1,172명, 의무경찰 1,551명/ '20.5.15. 기준)

- 해양경찰청과 **부속기관(3개소: 해양경찰교육원, 중앙해양특수구조단, 해양경찰정비창) 및 소속 기관 24개소(5개 지방해양경찰청, 19개 해양경찰서)**로 구성.

- **본청:** 해양경찰청장, 차장 및 6국

<소속기관>

1차 기관	지방해양경찰청(5개), 부속기관(3개)
2차 기관	소속서(19개), 연구센터(1개), 해양특수구조대 (2개: 서해 및 동해), 해상교통관제센터(20개)

* **5개의 지방해양경찰청**(중부·서해·남해·동해·제주)**소속으로 항공단과 특공대, 해상교통관제센터**가 있다.

해양경찰청과 그 소속기관 직제(계급)

[시행 2021. 1. 14.] [대통령령 제31399호, 2021. 1. 14., 일부개정]

직책	계급	비고
대변인	서기관 또는 총경	청장을 보좌
기획조정관	치안감	차장을 보좌
감사담당관	서기관 또는 총경	
스마트해양경찰 추진단장	서기관 또는 총경	
해양경비기획단장	총경	
선박교통관제기술개발 단장	기술서기관	
경비국장 구조안전국장 수사국장 국제정보국장 장비기술국장	치안감 또는 경무관	보조기관
해양오염방제국장	고위공무원단에 속하는 일반직 공무원	보조기관
해양경찰교육원장	경무관	해양경찰 연구센터장(기술서기관)
중앙 해양특수구조단장	총경	서해해양특수구조대장(경정) 동해해양특수구조대장(경감)
해양경찰정비창장	임기제 공무원	부속기관

해양경찰청과 그 소속기관 직제(하부조직 등)

■ **해양경찰청과 그 소속기관 직제 제6조(하부조직)**
① 해양경찰청에 **운영지원과·경비국·구조안전국·수사국·국제정보국·해양오염방제국 및 장비기술국**을 둔다.
② **청장 밑에 대변인, 차장 밑에 기획조정관 및 감사담당관**

■ 지방해양경찰청장은 해양경찰서장의 소관 사무를 분장하기 위해 **해양수산부령**으로 정하는 바에 따라 해양경찰서장 소속으로 **파출소**를 둘 수 있다.

■ **시행규칙 제4조의2(스마트해양경찰추진단)** [본조신설 2019. 8. 19.]
① **근거** 「행정기관의 조직과 정원에 관한 통칙」 제29조제3항 및 제5항
② **업무**
1. 해양경찰 분야 첨단 기술 활용 관련 계획의 수립·시행
2. 해양경찰 분야 맞춤형 기술 개발에 관한 연구·기획
3. 아이디어 발굴을 통한 해양경찰 장비 개발에 관한 사항
4. 해양경찰 개인 장비의 현장 적합성 제고에 관한 사항

(출제 빈번) 해양경찰 주요 부서의 소속

부서명	소속 기관
해상교통관제센터	지방해양경찰청
서해5도특별경비단	중부지방해양경찰청
해양경찰연구센터	해양경찰교육원
중앙해양특수구조단	해양경찰청
해양특수구조대(서해 및 동해)	중앙해양특수구조단

지방해양경찰청

근거: 해양경찰청과 그 소속기관 직제 시행규칙 제20조

① **지방해양경찰청장** 밑에 **청문감사담당관 및 종합상황실장**을 둔다.
 다만, 서해 및 남해지방해양경찰청은 안전총괄부장 밑에
    종합상황실장을 둔다. <개정 2019. 12. 2., 2021. 1. 14.>
  1. **중부지방해양경찰청**: 기획운영과·경비과·구조안전과·수사과·정보외
  사과 및 해양오염방제과
  2. **서해 및 남해지방해양경찰청**: 안전총괄부 및 기획운영과. 이 경우
  안전총괄부에 경비과·구조안전과·수사과·정보외사과 및 해양오염방제
  과를 둔다.
  3. **동해 및 제주지방해양경찰청**: 기획운영과·경비안전과·수사과·정보외
  사과 및 해양오염방제과
② **기획운영과장·경비과장·구조안전과장·경비안전과장 및 수사과장**은 총
  경으로, **정보외사과장**은 총경 또는 경정으로, **해양오염방제과장**은 기
  술서기관·공업사무관·보건사무관·환경사무관·해양수산사무관 또는 방재
  안전사무관으로, **청문감사담당관**은 총경 또는 경정으로, **종합상황실장**
  은 경정으로 보한다. <개정 2019. 12. 2., 2021. 1. 14.>
③ **지방해양경찰청장** 밑에 **항공단**을 직할단으로 두고, **특공대를 직할대**
  로 둔다. **다만, 중부지방해양경찰청장 밑에는 서해5도 특별경비단 및**
  항공단을 직할단으로 두고, **특공대를 직할대**로 둔다.
④ **서해5도 특별경비단장**은 총경으로 보하고, **항공단장·특공대장**은 경정
  또는 경감으로 보한다.
⑤ **각 직할단**(서해5도 특별경비단은 제외)의 장 및 직할대의 장의 보좌사
  무는 해양경찰청장이 정하는 기준에 따라 **지방해양경찰청장**이 정한다.

지방해양경찰청 소속 해양경찰서의 명칭(위치)

지방해양경찰청	19개 해양경찰서 명칭(위치)
중부 지방해양경찰청 (4개 서)	인천해양경찰서(인천광역시 중구)
	평택해양경찰서(경기도 평택시)
	태안해양경찰서(충청남도 태안군)
	보령해양경찰서(충청남도 보령시)
서해 지방해양경찰청 (5개 서)	군산해양경찰서(전라북도 군산시)
	부안해양경찰서(전라북도 부안군)
	목포해양경찰서(전라남도 목포시)
	완도해양경찰서(전라남도 완도군)
	여수해양경찰서(전라남도 여수시)
남해 지방해양경찰청 (4개 서)	통영해양경찰서(경상남도 통영시)
	창원해양경찰서(경상남도 창원시)
	부산해양경찰서(부산광역시 영도구)
	울산해양경찰서(울산광역시 남구)
동해 지방해양경찰청 (4개 서)	포항해양경찰서(경상북도 포항시)
	울진해양경찰서(경상북도 울진군)
	동해해양경찰서(강원도 동해시)
	속초해양경찰서(강원도 속초시)
제주 지방해양경찰청 (2개 서)	제주해양경찰서(제주특별자치도 제주시)
	서귀포해양경찰서(제주특별자치도 서귀포시)

〖해양경찰의 임무〗

해양경찰의 주요 임무

- 해양주권수호
- 해양 수색·구조 및 연안안전관리
- 선박교통관제 등 해상질서유지
- 해양 관련 범죄의 예방·진압·수사
- 해양오염 예방 및 방제
- 특히, 해양경찰법, 해양경비법, 선박 교통관제에 관한 법률, 연안 사고 예방에 관한 법률, 수상에서의 수색·구조 등에 관한 법률, 수상레저안전법 등을 관장

중앙해양특수구조단의 직무

1. 대형·특수 해양사고의 구조·수중수색 및 현장지휘
2. 잠수·구조 기법개발·교육·훈련 및 장비관리 등에 관한 업무
3. 인명구조 등 관련 국내외 기관과의 교류 협력
4. 중·대형 해양오염사고 발생 시 현장출동·상황파악 및 응급방제조치
5. 오염물질에 대한 방제기술 습득 및 훈련

(출제 빈번) 해양경찰의 임무와 관할을 묻는 문제

㉠ 해양경찰의 직무범위를 정하고 있는 법령으로는 「해양경비법」, 「경찰관 직무집행법」, 「정부조직법」이 있다.

㉡ 배타적경제수역에서의 해양경찰 임무와 관련된 국제협약에는 「UN해양법협약」, 「한·일 어업협정」, 「한·중 어업협정」이 있다.

㉢ 영해라 할지라도 외국선박에 대해서는 기국주의가 적용되어 해양경찰이 경찰권을 행사할 경우 일정한 한계가 있다.

㉣ 해양경찰의 관할은 사물관할, 토지관할, 인적관할로 구분할 수 있다.

㉤ 토지관할은 범죄지, 피고인의 주소, 거소 또는 현재지로 한다(형사소송법 제4조).　　(㉠~㉤은 모두 옳다)

❻ 해양경찰청과 그 소속기관의 직무에 관한 설명으로 가장 옳지 않은 것은? <2019년 간부후보 채용>

① 해양에서의 경찰 및 오염방제에 관한 사무를 관장한다.

② 중앙해양특수구조단은 오염물질에 대한 방제기술 습득 및 훈련에 관한 사무 등을 관장한다.

③ 구조안전국장은 해양에서의 항공기 사고조사 및 원인분석에 관한 업무를 분장한다.

④ 경비국장은 해양에서의 경호, 대테러에 관한 업무를 분장한다.

➡ ③ / ☞ 항공기 사고조사 등은 **장비기술국** 소관 업무이다.

해양수산부<해양경찰청과 업무 비교 등 참고자료>

(연혁)   *( )는 당시 대통령

◆ 1948년 **상공부의 수산국**과 **교통부의 해운국**으로 출발

◆ 1955년 수산, 해운, 항만, 조선 및 **해양경찰 총괄 해무청**으로 독립

◆ 1966년 수산청 신설(박정희)

◆ 1977년 해운항만청 신설(박정희)

◆ 1996년 해양수산부 출범 **독립외청 해양경찰청**(김영삼)

◆ 2008년 농수산식품부 / 국토해양부(이명박)

◆ 2013년 해양수산부 부활(박근혜)

◆ 2017년 **해양수산부** 소속 **독립외청 해양경찰청**(문재인)

(조직)

◆ 장관 아래에 **대변인**, **감사관**,

◆ 차관 아래에 **운영지원과 기획조정실**이 있다.

◆ 기타 **해양정책실**, **수산정책실**, **해운물류국**, **해사안전국**, **항만국**

(소속기관)

◆ **해양경찰청(외청)**, ◆**지방해양수산청**(11개)

◆ 수산물 검역, 수출수산물 검사 등을 맡은 국립수산물품질관리원

◆ 해양조사, 해양관측 자료를 담당하는 국립해양조사원

◆ 어업의 지도·단속·관리 등을 맡은 어업관리단

◆ 해운산업현장에 필요한 전문인력을 양성하는 국립해사고등학교

◆ 해양사고사건의 심판에 대한 사무를 담당하는 해양안전심판원

◆ 수산에 관한 조사를 담당하는 국립수산과학원

◆ 해양수산 분야 공무원의 교육훈련을 담당하는 해양수산인재개발원

◆ 위성항법보정시스템 등의 기술을 담당하는 국립해양측위정보원

해양경찰·해양수산부 주요 업무 비교

해양경찰청	해양수산부
■ <u>해양에서의 경찰 및 오염방제에 관한 사무</u>를 관장 / <u>해양수산부장관 소속으로 해양경찰청을 둔다.</u>(정부조직법 제43조)	■ **해양정책**, 수산, 어촌개발 및 수산물 유통, 해운·항만, 해양환경, 해양조사, 해양수산자원개발, 해양과학 기술연구·개발 및 **해양안전심판**에 관한 사무를 관장
■ <u>해상경비, 해난구조, 해상교통안전관리, 해상범죄의 예방 및 단속, 해양오염 예방 및 방제</u> ★해양경찰법 ★해양경비법 ★선박 교통관제에 관한 법률 ★연안 사고 예방에 관한 법률 ★수상에서의 수색·구조 등에 관한 법률 ★수상레저안전법(~을 관장)	■ **해양정책 수립 및 총괄**, 수산업 진흥, 어촌개발 및 수산물 유통, 해운업 육성 및 항만 건설·운영, 해양환경 보전, 해양조사, 해양자원개발, 해양과학 기술연구·개발 및 해양안전심판, **항로표지관리** 등에 관한 사무를 관장

❿ 다음 중 한국 해양경찰청의 업무가 아닌 것은?

① 해난구조   ② 해양오염 예방 및 방제

③ 항로표지관리   ④ 수상에서의 수색·구조

▶ ③ **한국 해양수산부, 미국 해안경비대**(코스트가드)**의 업무이다.**

해상교통관제센터

근거: 해양경찰청과 그 소속기관 직제 제32조

① 지방해양경찰청의 소관 사무를 분장하기 위하여
   지방해양경찰청장 소속으로 해상교통관제센터를 둔다.
② 연안교통관제센터와 항만교통관제센터로 구분한다.
③ 명칭 및 위치는 해양수산부령으로 정하고,
   관할구역 등은 **지방해양경찰청장**이 정한다.
④ **연안**교통관제센터장은 **사무관 또는 경정**,
   항만교통관제센터장은 **사무관**으로 보한다.

해양경찰 업무와 비교 ☞ '오답노트'로 공부바람.

◈ 다음은 모두 해양경찰청 소관 업무가 아니다.(출제 빈번)

▶ '**항로표지관리** 등 항행보조시설 관리 운영'(해양수산부 업무)

▶ '**해양사고사건의 심판**'(해양수산부 업무)

▶ '**선박·선원 관리** 및 **선원 근로 감독**'(해양수산부)

▶ '**해양환경관리법**'(해양수산부 소관법률)

▶ '**해사안전법**'(해양수산부 소관법률)

▶ '**국제항해선박 및 항만시설의 보안**에 관한 법률'(해양수산부 소관법률)

▶ '**밀수출입단속**에 관한 사무'(관세청 업무)

▶ '국경, 공항, **항구 등 출입국** 관리'(법무부 업무)
   다만, 밀항단속법은 법무부·해양경찰청 공동 소관법률이다.

〖해양경찰의 권한 및 작용〗

1. 경찰권 발동과 한계

경찰권은 일반통치권의 작용으로 사회 공공의 안녕과 질서를 유지하기 위한 경찰 작용으로서, 법규의 근거와 일정한 한계 안에서 국민에게 명령하거나 강제하는 **국가의 공권력**이다. 국가적 공권 국가는 국가, 공공 단체 또는 이로부터 권한을 받은 자가 지배권자로서 국민에 대하여 가지는 권리를 갖는다. 경찰권은 **법규에 근거가 있을 때**에만 발동될 수 있는 동시에 **법규의 규정에 따라 발동의무가** 있는 경우 발동되어야 한다.

2. 경찰권의 행사에 대한 조리상의 한계

첫째, **경찰소극목적의 원칙**이다. 경찰권은 질서유지를 위한 위해방지라는 **소극목적**을 위해서만 발동될 수 있다.

둘째, 일반통치권으로서의 경찰권은 **사회공공의 질서유지를 위해서만 발동**할 수 있다.

셋째, 경찰권은 **공공질서유지의 목적에 적합하고도 필요한 때**에만, 필요한 **최소한도**에만, 국민의 권리와 자유를 제한할 수 있다.

넷째, **경찰 평등의 원칙**이다. 경찰권은 모든 국민에 대하여 성별·종교·인종 및 사회적 신분 등을 이유로 차별대우를 하지 못한다.

다섯째, **경찰책임의 원칙**이다. 경찰권은 사회적 장애 발생 또는 발생위험에 대해 책임을 질 지위에 있는 자에게 발동할 수 있다.

'경찰비례의 원칙'

> ➡ **해양경찰관**이 범인을 제압하는 도중 상대방과 **근접한 거리에서 얼굴을 향해 가스총을 발사**하여 상대방 눈 한쪽이 실명된 경우 **비례의 원칙을 준수했다고 보기 힘들다.**
>
> ➡ **"참새를 쫓기 위해 대포를 쏘아서는 안 된다"**는 표현은 **"상당성의 원칙(협의의 비례원칙)"**을 말한다.

- 일반적으로 행정작용에 있어 목적 실현을 위한 수단과 당해 목적 사이에 합리적인 비례관계가 있어야 한다는 원칙이다.
- '경찰비례의 원칙'의 내용에는 적합성의 원칙, 필요성의 원칙, 상당성의 원칙이 있다.
- 실정법적인 근거로는 「헌법」 제37조 제2항과 **「경찰관직무집행법」** 제1조 제2항, **「해양경비법」** 제8조 등이 있다.
- **경찰작용은 적합성·필요성·상당성의 원칙 모두 충족되어야 한다.**

----

❶ 현행 「국가경찰과 자치경찰의 조직 및 운영에 관한 법률」의 내용으로 가장 옳지 않은 것은?

① 시·도경찰청   ② 국가경찰위원회

③ 자치지방경찰청   ④ 국가수사본부장

➡ ③ / 경찰법➡국가경찰과 자치경찰의 조직 및 운영에 관한 법률
- **(개정)** 지방경찰청➡**시·도경찰청** ▪ 경찰위원회➡**국가경찰위원회**
- **(신설) 국가수사본부장**(치안정감, 임기 2년) 및 **시·도자치경찰위원회**

3. 경찰하명

경찰상의 목적달성을 위하여 국민에 대하여 **공익상 유해한 행위를 금지하거나 또는 필요한 행위를 명하는 처분**을 말한다.

■ 작위하명(作爲下命)

일정한 행위를 할 것을 적극적으로 명하는 것이 이에 해당한다.

■ 부작위하명(경찰금지)

가장 보편적인 경찰하명으로 "어떠한 행위를 하지 말라"는 의무를 명하는 것으로 **경찰상의 금지**를 내용으로 한다.

■ 급부하명(給付下命)

경찰상의 목적을 위해 **금전 또는 물품의 납입을 명하는 것**이며, 경찰상의 대집행의 비용징수·수수료의 납부 등이 이에 속한다.

■ 수인하명(受忍下命)

경찰상 강제에 대하여 반항하여서는 아니 된다는 것을 명하는 것이며, 경찰관의 위험 방지를 위한 출입 등이 행하여지는 경우, 직무집행자에게 그 권한이 부여되는 동시에 상대방에게 수인의 하명이 내려져서 법률상 수인의무를 지게 되는 것이다.

Ｑ "어떠한 행위를 하지 말라"는 의무를 명하는 것
　　으로 경찰상의 금지를 내용으로 하는 하명은?

① 부작위하명　　　　　　　② 급부하명

③ 수인하명　　　　　　　　④ 경찰면제

➡ ① 부작위하명(경찰금지)

===

4. 경찰허가

　경찰목적을 위하여 **금지된 행위를 특정한 경우에 해제하여 적
법하게 일정한 행위를 할 수 있게 하는 행정처분**이다. 일반적
금지의 해제이고 새로운 권리를 설정하는 행위가 아닌 점에서
특허와 다르며, 허가 여부는 경찰 관청의 자유재량에 속하는 것
이 아니고 경찰상의 장해의 염려가 없는 한 허가를 하여야(기속
처분)하며 경찰허가의 형식은 신청에 의하여 **서면**으로써 행하는
것이 보통이다.

5. 경찰면제

　**긴급목적을 위하여 명하여진 작위·급부 등의 경찰의무를 특정
인에 대하여 해제해주는 행정처분**을 말한다.

6. 경찰강제

경찰상 목적을 위하여 **사람의 신체 또는 재산에 실력을 가함으로써 경찰상 필요한 상태를 실현하는 사실상의 작용**을 말하며, 경찰상의 강제집행과 경찰상의 즉시강제로 나눌 수 있다. 종류로는 대인적 강제, 대물적 강제, 대가택 강제가 있다.

Q 경찰의 민주적인 관리·운영과 효율적인 임무수행을 위하여 경찰의 기본조직 및 직무 범위와 그 밖에 필요한 사항을 규정하여 2020년 전부개정, 2021년 1월 1일부터 시행한 법률은?

① 경찰관 직무집행법

② 국가경찰과 자치경찰의 조직 및 운영에 관한 법률

③ 해양경찰법

④ 자치경찰법

▶ ② 국가경찰과 자치경찰의 조직 및 운영에 관한 법률이다.

「경찰관직무집행법」

1953년 12월 14일 제정

─── <제1조(목적)> ───

국민의 자유와 권리를 보호하고 사회공공의 질서를 유지하기 위한 **경찰관(국가경찰공무원만 해당)**의 직무 수행에 필요한 사항을 규정함 / 이 법에 규정된 경찰관의 직권은 그 직무 수행에 필요한 **최소한도**에서 행사되어야 하며 **남용되어서는 아니 된다.**

1. 직무의 범위(제2조)

1. 국민의 생명·신체 및 재산의 보호
2. 범죄의 예방·진압 및 수사   2의2. 범죄피해자 보호
3. 경비, 주요 인사(人士) 경호 및 대간첩·대테러 작전 수행
4. 공공안녕에 대한 위험의 예방과 대응을 위한 정보의 수집·작성 및 배포
5. 교통 단속과 교통 위해(危害)의 방지
6. 외국 정부기관 및 국제기구와의 국제협력
7. 그 밖에 공공의 안녕과 질서 유지

2. 불심검문(제3조), 보호조치(제4조), 위험발생의 방지 (제5조)범죄의 예방과 제지(제6조) 등

3. 경찰장비의 사용(제10조)

■ 경찰관은 직무수행 중 경찰장비를 사용할 수 있으나, 인명 또는 신체에 위해를 가할 수 있는 경찰장비에 대해서는 필요한 **안전교육과 안전검사를 실시**해야 한다.

■ **"경찰장비"**란 무기, 경찰장구(警察裝具), 최루제(催淚劑)와 그 발사장치, 살수차, 감식기구(鑑識機具), 해안 감시기구, 통신기기, 차량·선박·항공기 등 경찰이 직무를 수행할 때 필요한 장치와 기구를 말한다.

■ 경찰관은 경찰장비를 함부로 **개조하거나 경찰장비에 임의의 장비를 부착**하여 일반적인 사용법과 달리 사용함으로써 다른 사람의 생명·신체에 위해를 끼쳐서는 아니 된다.

■ 위해성 경찰장비는 필요한 **최소한도에서 사용**하여야 한다.

Q 「경찰관직무집행법」상 경찰관의 의무를 위반하거나 직권을 남용하여 다른 사람에게 해를 끼친 사람에 대한 벌칙으로 옳은 것은?

① 1년 이하의 징역이나 금고   ② 2년 이하의 징역이나 금고

③ 3년 이하의 징역이나 금고   ④ 5년 이하의 징역이나 금고

▶ ① **1년 이하의 징역이나 금고**에 처한다.

경찰관 직무집행법 제3조(불심검문)

① 경찰관이 사람을 정지시켜 질문할 수 있는 경우

1. 수상한 행동이나 그 밖의 주위 사정을 합리적으로 판단하여 볼 때 **어떠한 죄를 범하였거나 범하려 하고 있다고 의심할 만한 상당한 이유**가 있는 사람

2. **이미 행하여진 범죄나 행하여지려고 하는 범죄행위**에 관한 **사실을 안다고 인정되는 사람**

② 사람을 정지시킨 장소에서 질문을 하는 것이 그 사람에게 불리하거나 교통에 방해가 된다고 인정될 때에는 질문을 하기 위하여 **가까운 경찰서·지구대·파출소 또는 출장소(지방해양경찰관서를 포함)로 동행할 것을 요구**할 수 있다. 이 경우 동행을 요구받은 사람은 **그 요구를 거절할 수 있다.**

③ 경찰관은 제1항 각 호의 어느 하나에 해당하는 사람에게 질문을 할 때에 그 사람이 **흉기를 가지고 있는지를 조사**할 수 있다.

④ 경찰관은 제1항이나 제2항에 따라 질문을 하거나 동행을 요구할 경우 자신의 **신분을 표시하는 증표**를 제시하면서 소속과 성명을 밝히고 질문이나 동행의 목적과 이유를 설명하여야 하며, 동행을 요구하는 경우에는 **동행 장소를 밝혀야 한다.**

⑤ 경찰관은 제2항에 따라 동행한 사람의 가족이나 친지 등에게 **동행한 경찰관의 신분, 동행 장소, 동행 목적과 이유를 알리거나 본인으로 하여금 즉시 연락할 수 있는 기회를 주어야 하며**, 변호인의 도움을 받을 권리가 있음을 알려야 한다.

⑥ 경찰관은 제2항에 따라 동행한 사람을 **6시간을 초과**하여 **경찰관서에 머물게 할 수 없다.**

⑦ 제1항부터 제3항까지의 규정에 따라 질문을 받거나 동행을 요구받은 사람은 **형사소송에 관한 법률에 따르지 아니하고는 신체를 구속당하지 아니하며, 그 의사에 반하여 답변을 강요당하지 아니한다.**

<해양경찰청과 경찰청의 '조직법' 등 비교>

구분	해양경찰청	경찰청
소속	**해양수산부** 외청 경찰기관	**행정안전부** 외청 경찰기관
조직법	해양경찰법	국가경찰과 자치경찰의 조직 및 운영에 관한 법률
법 적용	<u>해양경찰청 소속 경찰공무원 임용에 관한 규정</u> ★국가공무원법 ★경찰공무원법 ★경찰관직무집행법 ★경찰공무원 징계령	<u>경찰공무원 임용령(해양경찰청 소속 경찰공무원은 제외)</u> ★국가공무원법 ★경찰공무원법 ★경찰관직무집행법 ★경찰공무원 징계령
자치경찰제	해당 없음	국가경찰과 자치경찰의 조직 및 운영에 관한 법률 (2021.01.01. 시행)
경찰권	★일반사법경찰권	★일반사법경찰권

주) ★표는 해양경찰청·경찰청 같은법 적용 표시

Q 경찰권 발동의 한계에서 '경찰비례의 원칙'에 대한 설명으로 틀린 것은 모두 몇 개인가?

⊙ '경찰비례의 원칙'이란 일반적으로 행정작용에 있어 목적 실현을 위한 수단과 당해 목적 사이에 합리적인 비례관계가 있어야 한다는 원칙이다.

ⓛ '경찰비례의 원칙'의 내용에는 적합성의 원칙, 필요성의 원칙, 상당성의 원칙이 있으며, 그 적용순서도 적합성의 원칙, 필요성의 원칙, 상당성의 원칙의 순서대로 적용된다.

ⓒ "참새를 쫓기 위해 대포를 쏘아서는 안 된다"는 표현은 적합성의 원칙을 말한다.

ⓔ 해양경찰관이 범인을 제압하는 도중 상대방과 근접한 거리에서 얼굴을 향해 가스총을 발사하여 상대방 눈 한쪽이 실명된 경우 비례의 원칙을 준수했다고 보기 힘들다.

ⓜ 실정법적인 근거로는 「헌법」제37조 제2항과 「경찰관직무집행법」제1조 제2항, 「해양경비법」제8조 등이 있다.

ⓗ 경찰작용은 적합성, 필요성, 상당성의 원칙 모두 충족되어야 한다.

---

① 모두 옳다　　② 1개　　③ 2개　　④ 3개

▶ **② 1개 / 틀린 것** ⓒ

ⓒ "참새를 쫓기 위해 대포를 쏘아서는 안 된다"→ **상당성의 원칙**

❶ 경찰의 임무에 대한 설명으로 가장 옳지 않은 것은?

① '공공의 안녕과 질서에 대한 위험방지'가 경찰의 궁극적인 임무라 할 수 있다.

② 오늘날 대부분의 생활영역에 대한 법적 규범화 추세에 따라 공공질서 개념의 사용 가능분야는 점점 축소되고 있다.

③ '공공의 안녕'이란 개념은 '법질서의 불가침성'과 '국가의 존립 및 국가기관의 기능성의 불가침성으로 나눌 수 있는 바, 이 중 '법질서의 불가침성'이 공공의 안녕의 제1요소이다.

④ 경찰의 개입은 추상적 위험으로는 부족하고, 구체적 위험이 있을 때 가능하다.

➡️ ④ 경찰의 개입은 **적어도 추상적 위험이 있을 때** 가능하다.

❷ 「경찰관 직무집행법」상 '이미 행하여진 범죄나 행하여지려고 하는 범죄행위에 관한 사실을 안다고 인정되는 사람을 정지시켜 질문'하는 것은?

① 비상검문   ② 불심검문

③ 검문검색   ④ 긴급체포

➡️ ② **불심검문**이다.

❶ 「경찰관직무집행법」 제2조 규정에 의한 직무의 범위를 열거한 것이다. 다음 중 옳지 않은 것은 모두 몇 개인가?

㉠ 국민의 생명·신체 및 재산의 보호

㉡ 범죄의 예방·진압 및 수사

㉢ 해양오염방제

㉣ 수난구호

㉤ 경비·주요 인사 경호 및 대간첩작전수행

㉥ 치안정보의 수집·작성 및 배포

㉦ 교통의 단속과 위해의 방지

㉧ 기타 공공의 안녕과 질서유지

---

① 1개   ② 2개   ③ 3개   ④ 4개

▶ ②

- **옳지 않음** - ㉢ 해양오염방제, ㉣ 수난구호 (2개)
- 「경찰관직무집행법」제2조(직무의 범위)
  1. 국민의 생명·신체 및 재산의 보호
  2. 범죄의 예방·진압 및 수사
  2의2. 범죄피해자 보호
  3. 경비, 주요 인사(人士) 경호 및 대간첩·대테러 작전 수행
  4. 치안정보의 수집·작성 및 배포
  5. 교통 단속과 교통 위해(危害)의 방지
  6. 외국 정부기관 및 국제기구와의 국제협력
  7. 그 밖에 공공의 안녕과 질서 유지

제3편 해양경찰 소관법률

단독 소관 (6개)	■ **수상에서의 수색·구조 등에 관한 법률**(약칭: 수상구조법, 1961.11.01. 수난구호법 제정 / 2015.07.24. 일부개정) ■ **수상레저안전법**(1999.02.08. 제정 / 2000.02.09. 시행) ■ **해양경비법**(2012.02.22. 제정 / 2012.08.23. 시행) ■ **연안 사고 예방에 관한 법률**(2014.05.21. 제정 / 2014.08.22. 시행) ■ **해양경찰법**(2019.08.20. 제정 / 2020.02.21. 시행) ■ **선박 교통관제에 관한 법률**(2019.12.03. 제정 / 2000.06.04. 시행)
공동 소관 (6개)	■ **경찰공무원법** ■ **경범죄 처벌법** ■ **경찰공무원 보건안전 및 복지 기본법**(경찰청 공동) ■ **밀항단속법**(법무부 공동) ■ **자동차 등 특정동산 저당법**(국토부, 법무부, 해수부 공동) ■ **재난 및 안전관리 기본법**(행정안전부, 소방청 공동)

소관법률의 제정년도 순

1961 ⇨	1999 ⇨	2012 ⇨	2014 ⇨	2019.2. ⇨	2019.12.
수난구호법 (2015년 수상구조법 으로 개정)	수상레저법	해양경비법	연안사고 예방법	해양경찰법	선박교통 관제법

1. 「해양경찰법」(海洋警察法)

[시행 2020. 2. 21.] [법률 제16515호, 2019. 8. 20., 제정]

─── <목 적> ───

해양주권을 수호하고 해양 안전과 치안 확립을 위하여 해양경찰의 직무와 민주적이고 효율적인 운영에 필요한 사항을 규정함

해양경찰의 책무(제2조)

① 해양경찰은 **해양에서 사람의 생명·신체 및 재산을 보호**하고, **해양사고에 효율적으로 대응하기 위한 시책**을 추진하여야 한다.

② 해양경찰은 **대한민국의 국익을 보호하고 해양영토를 수호하며 해양치안질서 유지**를 위하여 필요한 조치와 제도를 마련하여야 한다.

③ 해양경찰은 해양경찰의 정책에 대한 **국민의 의견을 존중하고, 민주적이고 투명한 조직운영**을 위하여 노력하여야 한다.

권한남용의 금지 등(제3조)

해양경찰은 그 직무를 수행할 때 **국민 전체에 대한 봉사자**로서 공정·중립을 지켜야 하고, 헌법과 법률에 따라 국민의 자유와 권리를 존중하며, 부여된 **권한을 남용하여서는 아니 된다.**

해양경찰의 날(제4조)

　국민에게 해양주권 수호의 중요성을 널리 알리고 해양안전 의식을 높이기 위하여 **매년 9월 10일을 해양경찰의 날**로 하고, 기념행사를 한다. ☞ *'96. 09. 10.「배타적경제수역법」*시행

해양경찰위원회의 설치 등(제5조)

① 해양경찰행정에 관하여 다음 각 호의 사항을 심의·의결하기 위하여 해양수산부에 해양경찰위원회를 둔다.
1. 해양경찰청 **소관 법령 또는 행정규칙의 제정·개정·폐지, 소관 법령**에 따른 **기본계획·관리계획 등의 수립** 및 이와 관련된 사항
2. **인권보호와 부패방지 및 청렴도 향상**에 관한 주요 정책사항
3. 해양경찰청 소속 공무원의 **채용·승진 등 인사운영 기준과 교육 및 복지증진**에 관한 사항
4. **해양경찰장비·시설의 도입·운영**에 관한 사항
5. 그 밖에 주요 정책과 제도 개선 및 업무발전에 관하여 필요하다고 인정되어 위원회 의결로 회의에 부치는 사항
② 제1항에도 불구하고 **해양수산부장관 또는 해양경찰청장**은 중요하다고 인정되어 위원회의 심의·의결이 필요한 사항은 회의에 부칠 수 있다.
③ 해양수산부장관은 제1항 또는 제2항에 따라 심의·의결된 내용이 적정하지 아니하다고 판단할 때에는 **재의를 요구할 수 있다.**

위원회의 구성 및 위원의 임명(제6조)

① 위원회는 **위원장 1명을 포함한 7명의 위원**으로 구성하되, **위원장 및 위원은 비상임**으로 한다.

② **위원 중 2명은 법관의 자격**이 있는 사람이어야 한다.

③ 위원은 **해양수산부장관의 제청으로 국무총리를 거쳐 대통령이 임명**한다. 이 경우 해양수산부장관은 위원 임명을 제청할 때 해양경찰의 정치적 중립이 보장되도록 하여야 한다.

④ 다음 각 호의 어느 하나에 해당하는 사람은 위원이 될 수 없다.

1. **당적을 이탈한 날부터 3년**이 지나지 아니한 사람

2. 선거에 의하여 취임하는 **공직에서 퇴직한 날부터 3년**이 지나지 아니한 사람

3. **경찰, 검찰, 국가정보원 직원 또는 군인의 직에서 퇴직한 날부터 3년**이 지나지 아니한 사람

4. 「국가공무원법」제33조 각 호의 어느 하나에 해당하는 사람

재의요구(제8조)

① 제5조 제3항에 따라 **해양수산부장관이 재의를 요구**하려고 하는 경우에는 의결한 날부터 **10일 이내**에 재의요구서를 위원회에 제출하여야 한다.

② 위원장은 재의요구가 있으면, 그 요구를 받은 날부터 **7일 이내에 회의를 소집하여 다시 의결**하여야 한다.

해양경찰청장 임명 자격

◆ 해양경찰청장은 해양경찰에서 **15년 이상** 국가경찰공무원으로 재직한 자로서 **치안감 이상** 국가경찰공무원으로 **재직 중이거나 재직했던 사람 중**에서 임명한다.(법 제12조)

해양경찰청장 / 해양경찰청장 임명자격
근거: 「해양경찰법」 제11조, 제12조

해양경찰청장

① 해양경찰청에 해양경찰청장을 두며, 해양경찰청장은 치안총감으로 보한다.

② 해양경찰청장은 **해양경찰위원회의 동의**를 받아 **해양수산부장관의 제청**으로 국무총리를 거쳐 대통령이 임명한다.

③ 해양경찰청장은 해양경찰에 관한 사무를 총괄하고 소속 공무원 및 각급 해양경찰기관의 장을 지휘·감독한다.

④ 해양경찰청장의 임기는 **2년으로 하고, 중임할 수 없다.**

해양경찰청장 임명자격

해양경찰에서 **15년 이상** 국가경찰공무원으로 재직한 자로서 **치안감 이상** 국가경찰공무원으로 **재직 중이거나 재직했던 사람 중**에서 임명한다.

ⓠ 「해양경찰법」상 해양경찰청장 임명자격에 대한 설명이다. 괄호 안의 내용을 가장 바르게 나열한 것은?
<2020년 순경 채용>

> 해양경찰청장은 해양경찰에서 (㉠) 이상 국가경찰공무원으로 재직한 자로서 (㉡) 이상 국가경찰공무원으로 재직 중이거나 재직했던 사람 중에서 임명한다.

	㉠	㉡
①	15년	치안감
②	15년	치안정감
③	20년	치안감
④	20년	치안정감

➡ ① 15년, 치안감

ⓠ 해양경찰법의 목적으로 가장 옳지 않은 것은?

① 해양주권을 수호   ② 해양 안전과 치안 확립

③ 해양안보 확립   ④ 민주적이고 효율적인 운영

➡ ③ 해양주권을 수호하고 해양 안전과 치안 확립을 위하여 해양경찰의 직무와 민주적이고 효율적인 운영에 필요한 사항을 규정함.

❶ **「해양경찰법」상 해양경찰청장 임명절차에 대한 설명이다. 괄호 안의 내용을 가장 바르게 나열한 것은?**

> 해양경찰청장은 (㉠)의 동의를 받아 (㉡) 의 제청으로 국무총리를 거쳐 대통령이 임명한다.

	㉠	㉡
①	해양수산부장관	해양경찰위원회
②	해양경찰위원회	해양경찰위원회
③	해양수산부장관	해양수산부장관
④	해양경찰위원회	해양수산부장관

➡ ④ 「해양경찰법」 제11조(해양경찰청장)

Q **미국 해안경비대(USCG)와 한국 해양경찰이 공통으로 수행하는 업무로 가장 옳지 않은 것은?**
<2019년 간부후보 채용>

① 해상수색구조   ② 해양범죄단속

③ 항로표지관리   ④ 해양오염방제

➡ ③ / 미국 해안경비대(USCG), 한국 해양수산부 업무이다.

2. 「해양경비법」(海洋警備法)

[시행 2012. 8. 23.] [법률 제11372호, **2012. 2. 22., 제정**]

─── <목적 및 주요내용> ───

◈ 목적

이 법은 경비수역에서의 **해양안보 확보**, **치안질서 유지**, **해양수산자원 및 해양시설 보호**를 위하여 해양경비에 관한 사항을 규정함으로써 **국민의 안전과 공공질서의 유지**에 이바지함을 목적으로 한다. <개정 2017. 4. 18.>

◈ 주요 내용

해양경비 활동에 필요한 권한 명문화, 해상 선박 검문검색제도, 선박 등에 대한 추적 및 나포권 부여, 해상항행 보호조치, 무기 사용에 대한 요건 등

정의(제2조)

1. **"해양경비"**란 해양경찰청장이 경비수역에서 해양주권의 수호를 목적으로 행하는 **해양안보** 및 **해양치안의 확보**, **해양수산자원 및 해양시설의 보호**를 위한 경찰권의 행사를 말한다.

2. **"경비수역"**이란 대한민국의 법령과 국제법에 따라 대한민국의 권리가 미치는 수역으로서 **연안수역, 근해수역 및 원해수역**을 말한다.

3. **"연안수역"**이란 「영해 및 접속수역법」 제1조 및 제3조에 따른 **영해 및 내수(「내수면어업법」 제2조제1호에 따른 내수면은 제외)**를 말한다.

4. **"근해수역"**이란 「영해 및 접속수역법」 제3조의2에 따른 **접속수역**을 말한다.

5. **"원해수역"**이란 「해양수산발전 기본법」 제3조제1호에 따른 해양 중

연안수역과 근해수역을 제외한 수역을 말한다.

6. **"해양수산자원"**이란 「해양수산발전 기본법」 제3조제2호에 따른 해양수산자원을 말한다.

7. **"해양시설"**이란 「해양환경관리법」 제2조제17호에 따른 해양시설을 말한다.

8. **"경비세력"**이란 해양경찰청장이 해양경비를 목적으로 투입하는 **인력, 함정, 항공기 및 전기통신설비 등**을 말한다.

9. **"해상검문검색"**이란 해양경찰청장이 경비세력을 사용하여 경비수역에서 선박등을 대상으로 **정선(停船) 요구, 승선(乘船), 질문, 사실 확인, 선체(船體) 수색이나 그 밖에 필요한 조치**를 하는 것을 말한다.

10. **"선박등"**이란 **「선박법」 제1조의2제1항에 따른 선박, 「수상레저안전법」 제2조제3호에 따른 수상레저기구, 「어선법」 제2조제1호에 따른 어선, 그 밖에 수상에서 사람이 탑승하여 이동 가능한 기구**를 말한다.

11. **"임해 중요시설"**이란 바다와 인접하고 있는 **공공기관, 공항, 항만, 발전소, 조선소 및 저유소(貯油所) 등** 국민경제의 기간(基幹)이 되는 주요 산업시설로서 **대통령령**으로 정하는 시설을 말한다.

━━ <해양경비 활동의 범위> ━━

◆ 근거:『해양경비법』제7조(해양경비 활동의 범위)

1. 해양 관련 범죄에 대한 예방
2. 해양오염 방제 및 해양수산자원 보호에 관한 조치
3. 해상경호, 대(對)테러 및 대간첩작전 수행
4. 해양시설의 보호에 관한 조치
5. 해상항행 보호에 관한 조치
6. 그 밖에 경비수역에서 해양경비를 위한 공공의 안녕과 질서유지

무기의 사용(제17조)

① 해양경찰관은 해양경비 활동 중 다음 각 호의 어느 하나에 해당하는 경우에는 무기를 사용할 수 있다. 이 경우 **무기사용의 기준은 「경찰관 직무집행법」 제10조의4에 따른다.**

☞ **<u>무기를 사용할 수 있는 경우</u>**

1. 선박등의 나포와 범인을 체포하기 위한 경우
2. 선박등과 범인의 도주를 방지하기 위한 경우
3. 자기 또는 다른 사람의 생명·신체에 대한 위해 (危害)를 방지하기 위한 경우
4. 공무집행에 대한 저항을 억제하기 위한 경우

② 다음 각 호의 어느 하나에 해당하는 경우에는 **개인화기(個人火器) 외에 공용화기를 사용할 수 있다.**

☞ **<u>공용화기를 사용할 수 있는 경우</u>**

1. 대간첩·대테러 작전 등 **국가안보와 관련되는 작전을 수행**하는 경우
2. 제1항 각 호의 어느 하나에 해당하는 경우로서 선박등과 범인이 **선체나 무기·흉기 등 위험한 물건을 사용하여 경비세력을 공격**하거나 공격하려는 경우
3. 선박등이 **3회 이상 정선 또는 이동 명령**에 따르지 아니하고 경비세력에게 **집단으로 위해**를 끼치거나 끼치려는 경우

❶ 공용화기를 사용할 수 있는 경우로 옳지 않은 것은?

① 대간첩·대테러 작전

② 국가안보와 관련되는 작전

③ 위험한 물건을 사용하여 경비세력을 공격

④ 2회 이상 정선 명령에 따르지 아니하고 집단 시위

➡ ④ / **3회 이상 정선 또는 이동 명령**에 따르지 아니하고

경비세력에게 집단으로 위해를 끼치거나 끼치려는 경우

❷ 다음 중 「해양경비법」에 명시된 경비수역의 종류로 옳지 않은 것은?

① 연안수역   ② 근해수역

③ 통제수역   ④ 원해수역

➡ ③ / **(옳지 않음)** 통제수역

❸ 다음 중 「해양경비법」 상 해양경찰관이 해상검문검색을 하는 경우 선장 등에게 고지하여야 하는것으로 가장 옳지 않은 것은?   <2020년 간부후보 채용>

① 소속   ② 계급

③ 성명   ④ 해상검문검색의 목적과 이유

➡ ② **해상검문검색 시, 계급을 고지할 필요는 없다.**

해상항행 보호조치(제14조)

① 해양경찰관이 경비수역에서 경고, 이동·해산 명령 등 해상항
행 보호조치를 할 수 있는 경우
　1. 선박등이 본래의 목적을 벗어나 다른 선박등의 항행 또는
입항·출항 등에 현저히 지장을 주는 행위
　2. 선박등이 항구·포구 내외의 수역과 지정된 항로에서 무리
를 지어 장시간 점거하거나 항법상 정상적인 횡단방법을 일탈
하여 다른 선박등의 항행에 지장을 주는 행위
　3. **임해 중요시설 경계 바깥쪽**으로부터 **1킬로미터 이내** 경비
수역에서 선박등이 무리를 지어 위력적인 방법으로 항행 또는
점거함으로써 안전사고가 발생할 우려가 높은 행위

▶ **외국선박에 대한 해상항행 보호조치는 연안수역에서만** 실시

② **해양경찰관은 경비수역(무역항의 수상구역등의 수역은 제외)**
에서 다음 각 호의 어느 하나에 해당하는 사유로 **선박등이 좌
초·충돌·침몰·파손 등의 위험에 처하여 인명·신체에 대한 위해
나 중대한 재산상 손해의 발생 또는 해양오염**의 우려가 현저
한 경우에는 그 선박등의 선장에 대하여 **경고, 이동·피난 명령
등 안전조치**를 할 수 있다.
　1. 태풍, 해일 등 천재(天災)
　2. 위험물의 폭발 또는 선박의 화재
　3. 해상구조물의 파손

▶ **외국선박에 대한 안전조치도 연안수역에서만 실시**

③ **해양경찰관**은 선박등의 통신장치 고장 등의 사유로 제2항에 따른 명령을 할 수 없거나 선박등의 **선장이 제2항에 따른 명령에 불응**하는 경우로서 **인명·신체에 대한 위해, 중대한 재산상 손해 또는 해양오염을 방지**하기 위하여 긴급하거나 불가피하다고 인정할 때에는 합리적으로 판단하여 필요한 한도에서 다음 각 호의 조치를 할 수 있다.

> 1. 선박등을 안전한 곳으로 이동시키는 조치
> 2. 선박등의 선장, 해원(海員) 또는 승객을 하선하게 하여 안전한 곳으로 피난시키는 조치
> 3. 그 밖에 **대통령령으로 정하는 조치**

④ 해양경찰관은 제3항에 따른 조치를 하려는 경우에는 선박등의 선장에게 자신의 신분을 표시하는 증표를 제시하고 조치의 목적·이유 및 이동·피난 장소를 알려야 한다. 다만, **기상상황 등으로 선박에 승선할 수 없는 경우에는 무선통신 등**을 이용하여 자신의 신분 고지 등을 할 수 있다.

⑤ 해양경찰서장은 제3항제1호에 따른 이동조치와 관련하여 발생한 비용을 대통령령으로 정하는 **선박등의 소유자에게 부담**하게 할 수 있다.

⑥ 제1항부터 제4항까지에 따른 해상항행 보호조치 등에 필요한 사항은 **해양수산부령**으로 정한다.

> ◈ 「해양경비법」 시행령 제5조 경찰장구
> ☞ 페인트볼 및 투색총(줄을 쏘도록 만든 특수총을 말한다)

❓「해양경비법」일부에 대한 설명이다. ㉠에 대한 설명으로 가장 옳지 않은 것은? ＜2019년 순경 채용＞

> 「해양경비법」제14조에 의하면 해양경찰관은 경비수역에서 선박 등이 본래의 목적을 벗어나 다른 선박 등의 항행 또는 입·출항 등에 현저히 지장을 주는 행위를 하는 경우에 해당 선박에 대해 경고, 이동·해산명령 등 (㉠)을 할 수 있다.

① 임해 중요시설 경계 바깥으로 1킬로미터 이내 경비수역에서 선박 등이 무리를 지어 위력적인 방법으로 항행하여 안전사고 발생 우려가 높은 행위에도 ㉠을 할 수 있다.

② 「UN해양법협약」에 따라 외국선박에 대해서는 ㉠을 실시할 수 없다.

③ 선박이 항·포구 내외의 수역과 지정된 항로에서 항법 상 정상적인 횡단방법을 일탈하여 다른 선박의 항행에 지장을 주는 행위에도 ㉠을 할 수 있다.

④ 선박이 항·포구 내외의 수역과 지정된 항로에서 무리를 지어 장시간 점거하는 행위에도 ㉠을 할 수 있다.

▶ ② / (㉠): 해상항행보호조치 ☞ **또 출제 예상**

   ☞ **외국선박은 연안수역에서만 해상항행보호조치가 가능하다.**

Q 선박 입·출항 등에 현저히 지장을 주는 행위에
대해 경고, 이동·해산명령을 하는 조치는?

① 해사안전통제조치   ② 해상항행보호조치

③ 해상안전항행조치   ④ 선박 입·출항 보호조치

➡ ② 해상항행보호조치 ☞ 「해양경비법」(제14조)

Q 다음 중 「해양경비법」에 명시된 목적으로 가장
옳지 않은 것은 무엇인가? <2020년 간부후보 채용>

① 해양안보 확보   ② 치안질서 유지

③ 수산자원 및 해양시설 보호   ④ 해양안전 확보

➡ ④ 해양안전 확보

Q 다음 중 해양경찰의 경찰권 발동의 근거법으로
보기 가장 어려운 것은? <2020년 간부후보 채용>

①「형사소송법」   ②「해양경비법」

③「수상레저안전법」   ④「경찰관 직무집행법」

➡ ①「형사소송법」

Q 다음 중 불법조업 외국어선의 단속절차를 순서
대로 나열한 것은?

> ㉠ 진압·검색   ㉡ 나포·조사   ㉢ 준비·채증
> ㉣ 추적·정선   ㉤ 압송·처리

① ㉢ → ㉣ → ㉠ → ㉡ → ㉤
② ㉢ → ㉠ → ㉣ → ㉡ → ㉤
③ ㉢ → ㉣ → ㉠ → ㉤ → ㉡
④ ㉢ → ㉠ → ㉡ → ㉣ → ㉤

➡ ① / ㉢ 준비·채증 → ㉣ 추적·정선 → ㉠ 진압·검색 →
㉡ 나포·조사 → ㉤ 압송·처리

Q 외국선박에 대한 해상항행 보호조치가 가능한
수역으로 옳은 것은?

① EEZ   ② 근해수역   ③ 원해수역   ④ 연안수역

➡ ④ / **연안수역**에서 해상항행보호조치가 가능

이어도(島) 해양과학기지는 해양시설이다!

◆ **이어도 종합 해양과학기지는 해양경비법과 해양환경관리법에 의거 "해양시설"이다.**

■ **마라도에서 서남쪽으로 149km로 떨어진 곳의 수중 4.6m 아래로 잠겨 있는 수중 암초**이다. 그래서 평상시에는 볼 수 없다가 10m 이상의 파도가 쳐야 겨우 바다 밖으로 모습을 드러낸다. **대한민국** 대륙붕(제4 해저 광구)에 해당하는 곳으로 인근 수역에는 조기·민어·갈치 등 다양한 어종이 서식하는 황금어장이다. 또한, 중국·동남아·유럽으로 향하는 주요 해상 길목으로 **지정학적으로도 매우 중요한 전략적 요충지**이다.

■ 대한민국과 중국은 아직 배타적 경제수역에 대한 협정을 체결하지 못한 상태이다. 국제해양법 상 연안국의 배타적 경제수역 범위는 연안으로부터 200해리(약 370km)인데, **이어도는 마라도로부터 149km, 중국 서산다오 섬으로부터 287km** 떨어져 있다.

■ 양국 모두 200해리 내에는 포함된다고 할 경우 **국제법은 등거리 원칙이나 중간선 원칙에 근거하여 관할권을 인정한다. 이 원칙들에 의하면 이어도는 명백히 대한민국의 관할권 범위 안에 있으나 중국은 소위 형평성의 원칙에 따라 이어도를 '쑤옌자오'라고 부르며 관할권을 주장하고 있다.**

- 중국의 해안인구와 해안선 길이가 **대한민국**보다 훨씬 많고 크기 때문에 해상 경계선 역시 이 점을 고려해 설정해야 하고 이러면 이어도는 **자신들의 관할권 내에 있다고 주장**하며 황하에서 흘러나온 토사가 쌓은 것은 모두 중국 땅이라며 이어도 역시 그 **토사로 만들어진 것**이기 때문에 중국의 관할권 내에 있다고 말하고 있다.

- **대한민국과 중국**은 상호 주장하는 배타적 경제수역이 합의에 이르지 못하여 아직 해양경계선을 획정하지 못하고 있으나 **대한민국은** 지난 1995년부터 2003년 6월까지 **이어도 종합 해양과학기지(해양시설)를** 건설하였다. 이어도 해양과학기지는 **최첨단 해양, 기상, 환경관측체계를 갖추고 해양 및 기상예보, 어장 예보, 연안 재해 방지에 필요한 자료를 실시간으로 수집·제공**하고 있다.

- 현재 중국은 이어도를 자국의 배타적 경제수역에 포함하고 **대한민국**의 실효적 지배를 희석하게 시키기 위해 주변 해역에 **최근 3년간 총 26회** 중국 관공선과 항공기를 이어도 인근 해역 및 상공에 보내고 있다.

- 이에 **대한민국** 해양경찰은 이어도 해양과학기지에 대해 24시간 철통같은 감시체제를 유지함은 물론 **헬기 탑재가 가능한 5,000톤급 경비함정 등을 상시 배치하고 매주 1회 초계기를 이용하여 항공 순찰**을 시행하고 있다.

독도(獨島)는 우리 해양주권!

■ 2006년 4월 14일 일본은 국제수로기구에 해양과학조사선을 이용해 독도 주변 해역의 해로를 조사하겠다고 통보했다.

■ "독도가 한·일 양국의 공동관리 수역 내에 있으므로 독도에 대한 해양과학조사는 한국의 배타적 경제수역(EEZ)을 침범하지 않을 뿐만 아니라 국제법적으로도 아무 문제가 없다.(일본의 주장)"라며 **독도 주변 해역에서의 어장조사와 지구온난화로 인한 해양의 변화를 연구**하겠다고 하였다.

■ 그러나 이러한 주장의 기저에는 **역사적 근원으로 보나 현재의 실효적 지배로 보나 어떤 기준으로 보아도 대한민국의 영토임이 분명**한 독도를 국제법 상 분쟁 지역화하려는 일본의 의도가 깔려 있었던 것으로 보인다.

■ 즉 해로조사를 빌미로 해저 지질에 대한 조사를 병행하고, 이를 통해 국제적으로 알려지지 않은 **해저지형이 발견**되면 이것에 일본식 명칭을 붙여 이를 **국제수로기구(IHO)에 통보하여 공인을 받겠다**는 것이다.

■ 이는 독도에 대한 우리의 실효적 지배를 희석시키고, 한·일 간의 분쟁에도 국제사회에서 유리한 위치를 선점할 수 있기에 해양경찰은 철통같은 경계를 펼치며 후손에 길이 물려 줄 우리 땅, 우리의 해양주권인 독도를 수호하고 있다.

3. 「선박교통관제에 관한 법률」

[시행 2020. 6. 4.] [법률 제16700호, , 2019. 12. 3., 제정]

―――――― <목 적> ――――――

선박교통관제에 필요한 사항을 규정함으로써 선박교통의 안전 및 항만운영의 효율성을 높이고 해양환경을 보호하는 데 이바지함

정의(제2조)

1. "선박교통관제"란 선박교통의 안전을 증진하고 해양환경과 해양시설을 보호하기 위하여 선박의 위치를 탐지하고 선박과 통신할 수 있는 설비를 설치·운영함으로써 선박의 동정을 관찰하며 선박에 대하여 안전에 관한 정보 및 항만의 효율적 운영에 필요한 항만운영정보를 제공하는 것을 말한다.

2. "선박교통관제구역"이란 선박교통관제를 시행하기 위하여 **해양경찰청장이 해양수산부장관과 협의하여 고시**하는 수역을 말한다.

3. "선박교통관제사"란 **해양수산부령**으로 정하는 자격을 갖추고 선박교통관제를 시행하는 사람을 말한다.

◆ 해상교통관제센터 <u>운영 및 관제업무의 지도·감독</u>은 <u>지방해양경찰청</u>

◆ 해상교통관제 <u>정책 수립 및 기술개발, 설치·운영</u>은 <u>해양경찰청 경비국</u>

관제대상선박(제13조)

1. **국제항해에 취항**하는 **선박**
2. **총톤수 300톤 이상**의 **선박**(다만, 「어선법」 제2조제1호에 따른 어선 중 국내항 사이만을 항행하는 **내항어선은 제외**한다)
3. 「해사안전법」 제2조제6호에 따른 **위험화물운반선**
4. 그 밖에 관할 선박교통관제구역에서 이동하는 선박의 특성 등에 따라 **해양경찰청장이 고시**하는 선박

선박교통관제사의 업무(제18조)

1. 선박교통관제구역에서 출입하거나 이동하는 선박에 대한 **관찰확인, 안전정보의 제공 및 안전에 관한 조언·권고·지시**
2. 혼잡한 교통상황의 발생을 예방하기 위한 선박교통정보 및 기상청에서 발표한 **기상특보 등의 제공**
3. 「선박의 입항 및 출항 등에 관한 법률」 제2조제2호에 따른 무역항의 수상구역등에서 항만의 효율적 운영에 필요한 **선박 출입신고·선석(船席)·정박지(碇泊地)·도선(導船)·예선(曳船) 정보 등 항만운영정보의 제공**
4. 「선박의 입항 및 출항 등에 관한 법률」 제8조부터 제18조까지의 규정에 따른 **무역항 질서 단속에 관한 정보의 제공**
5. 「해사안전법」 제38조에 따른 선박 출항통제 관련 정보의 제공
6. 그 밖에 선박교통안전과 효율성 증진을 위하여 **해양수산부령**으로 정하는 업무

선장의 의무

근거:「선박교통관제에 관한 법률」제14조

① 관제대상선박의 선장은 선박교통관제에 따라야 한다. 다만, 선박교통관제에 따를 경우 선박을 안전하게 운항할 수 없는 **명백한 사유가 있는 경우에는 선박교통관제에 따르지 아니할 수 있다.**

② 관제대상선박의 선장은 선박교통관제사의 **관제에도 불구하고 그 선박의 안전운항에 대한 책임을 면제받지 아니한다.**

③ 관제대상선박의 선장은 선박교통관제구역을 출입하려는 때에는 해당 선박교통관제구역을 관할하는 **선박교통관제관서에 신고하여야 한다.**

④ 관제대상선박의 선장은 선박교통관제구역을 출입·이동하는 경우 해양수산부령으로 정하는 무선설비와 관제통신 주파수를 갖추고 **관제통신을 항상 청취·응답**하여야 한다. 다만, **통신의 장애로 인하여 선박교통관제사와 지정된 주파수로 통화가 불가능할 때에는 휴대전화 등 다른 통신주파수를 이용하여 보고할 수 있다.**

⑤ 선박교통관제구역 내에서 항행 중인 관제대상선박의 선장은 항로상의 **장애물이나 해양사고 발생 등으로 선박교통의 안전을 해치거나 해칠 우려가 있다고 인지한 경우에는 지체 없이 이를 선박교통관제관서에 신고**하여야 한다.

⑥ 제1항부터 제5항까지에서 규정한 사항 외에 관제대상선박의 신고 절차, 관제구역별 관제통신의 제원(諸元) 등 필요한 사항은 **대통령령**으로 정한다.

한국선박교통관제협회

근거: 「선박교통관제에 관한 법률」 제24조

① 선박교통관제에 대한 연구·개발 및 교육훈련 등 해양경찰청장 등의 행정기관이 위탁하는 업무의 수행을 위하여 **한국선박교통관제협회(이하 "관제협회"라 한다)**를 설립할 수 있다.

② **관제협회**는 **법인**으로 한다.

③ **관제협회**는 다음 각 호에 해당하는 **사업을 수행**한다.

1. 선박교통관제사의 관제업무 수행을 위한 연구 활동
2. 선박교통관제사 교육훈련 및 평가에 관한 연구 및 사업수행
3. 관제시설의 발전과 기술향상에 관한 연구
4. 해양사고 예방 및 대책을 위한 조사 및 연구
5. 국내외 선박교통관제 관련 법규의 제정·개정에 관한 연구
6. 선박교통관제 분야 국내외 유관기관 간 학술교류, 정보교환 및 상호협력 등에 관한 사항
7. 그 밖에 선박교통관제분야의 발전을 위하여 대통령령으로 정하는 사업

④ 해양경찰청장은 필요하다고 인정하는 경우에는 관제협회가 제1항에 따른 사업을 원활하게 수행할 수 있도록 **예산의 범위에서 관제협회에 재정지원**을 할 수 있다.

⑤ 관제협회의 사업과 운영 등에 필요한 사항은 **대통령령**으로 정한다.

⑥ 관제협회에 관하여 이 법에서 규정한 사항을 제외하고는 「민법」 중 **사단법인에 관한 규정을 준용**한다.

❓ 다음 중 「선박교통관제에 관한 법률」 상 관제대상 선박으로 가장 옳지 않은 것은?
<2020년 순경 채용>

① 국제항해에 취항하는 선박

② 총톤수 300톤 이상의 선박(다만, 「어선법」에 따른 어선 중 국내항 사이만을 항행하는 내항어선은 제외한다)

③ 「해사안전법」에 따른 위험화물운반선

④ 그 밖에 관할 선박교통관제구역에서 이동하는 선박의 특성 등에 따라 해양수산부장관이 고시하는 선박

▶ ④ / 선박의 특성 등에 따라 **해양경찰청장**이 고시하는 선박

❓ 선박교통관제사의 업무 중 옳지 않은 것은?

① 선박 안전정보의 제공

② 기상특보 등의 제공

③ 항만운영정보의 제공

④ 선박교통안전을 위하여 대통령령으로 정하는 사항

▶ ④ / 선박교통안전을 위하여 **해양수산부령**으로 정하는 사항

4. 「연안사고 예방에 관한 법률」

2014년 5월21일 제정

<제정 배경> 2013년 7월 태안 사설 해병대 캠프 사고

────── <목 적> ──────
연안해역에서 발생하는 연안사고의 예방에 필요한 사항
을 규정함으로써 국민의 생명·신체 및 재산을 보호하고 공
공의 안전을 도모함

정의(제2조)

1. **"연안해역"**이란 「연안관리법」 제2조제2호의 지역(「무인도서의
   보전 및 관리에 관한 법률」 제2조제1호에 따른 무인도서를 포함
   한다)을 말한다.

2. **"연안사고"**란 연안해역에서 발생하는 인명에 위해를 끼치는
   다음 각 목의 사고를 말한다. 다만, 「해양사고의 조사 및 심판
   에 관한 법률」 제2조제1호에 따른 해양사고는 제외한다.

   가. 갯벌·갯바위·방파제·연육교·선착장·무인도서 등에서 바다에
   빠지거나 추락·고립 등으로 발생한 사고

   나. 연안체험활동 중에 발생한 사고

3. **"연안체험활동"**이란 연안해역에서 이루어지는 체험활동으로서
   해양수산부령으로 정하는 활동을 말한다.

연안사고 예방 기본계획 수립

근거: 「연안사고 예방에 관한 법률」 제5조

① 해양경찰청장은 연안사고 예방을 위하여 <u>5년마다 연안사고 예방 기본계획</u>을 수립·추진하여야 한다.

② 해양경찰청장은 기본계획을 수립하려는 경우 <u>미리 소방청장, 광역시장·도지사·특별자치도지사 및 특별시·광역시·특별자치시·도·특별자치도의 교육감의 의견을 들어야 한다. 대통령령으로 정하는 중요한 사항을 변경하려는 경우에도 또한 같다.</u>

③ 해양경찰청장은 기본계획의 수립 또는 변경에 필요한 경우에는 관계 행정기관의 장에게 관련 자료의 제출을 요청할 수 있다. 이 경우 자료의 제출을 요청받은 관계 행정기관의 장은 특별한 사유가 없으면 이에 따라야 한다.

연안사고예방협의회

근거: 「연안사고 예방에 관한 법률」 제8조

① 연안사고 예방에 관하여 필요한 사항을 협의하기 위하여 **해양경찰청장** 소속으로 **중앙연안사고예방협의회**를 두고, **지방해양경찰청장** 소속으로 **지방연안사고예방협의회**를 둔다.

② 연안사고예방협의회의 구성과 기능 및 운영 등에 필요한 사항은 <u>대통령령</u>으로 한다.

출입통제 등(제10조)

① 해양경찰청장은 연안사고 예방을 위하여 특별자치도지사·시장·군수·구청장, 소방서장 및 항만에 관한 업무를 관장하는 해양수산부 소속 기관의 장의 의견을 들어 인명사고가 자주 발생하거나 발생할 우려가 높은 장소에 대하여 출입통제를 할 수 있다.

---

1. 너울성 파도가 잦은 해안가 또는 방파제
2. 물살이 빠르고 갯골이 깊은 갯벌 지역
3. 사고발생이 빈번하고 구조활동이 용이하지 아니한 섬 또는 갯바위
4. 연안절벽 등 해상추락이 우려되는 지역
5. 그 밖에 연안사고가 자주 발생하는 장소

---

② 해양경찰청장은 출입통제를 하려는 경우에는 그 사유와 기간 등 해양수산부령으로 정하는 사항을 포함하여 공고하고, 정보통신매체를 통하여 이를 적극 알려야 한다.

③ 해양경찰청장은 제1항에 따른 출입통제 사유가 없어졌거나 필요가 없다고 인정하는 경우에는 즉시 출입통제 조치를 해제하고 제2항에 따른 공고 등을 하여야 한다.

④ 출입통제의 공고 절차와 방법 등은 해양수산부령으로 정한다.

연안체험활동의 제한 등

근거: 「연안 사고 예방에 관한 법률」 제14조

① **관할 해양경찰서장**은 다음 각 호의 어느 하나에 해당하는 경우로서 연안체험활동이 곤란하거나 연안체험활동 참가자의 안전에 위해를 끼칠 우려가 있다고 인정하는 때에는 **연안체험활동의 전부 또는 일부를 금지하거나 제한**할 수 있다.

1. 자연재해의 예보·경보 등이 발령된 경우
2. 유류오염·적조·부유물질·유해생물이 발생하거나 출현하는 경우
3. 어망 등 해상장애물이 많은 경우
4. 그 밖에 연안사고 예방을 위하여 대통령령으로 정하는 경우
   ▶ 연안체험활동 중 사망자나 실종자가 발생한 경우

② **관할 해양경찰서장**은 연안체험활동의 금지 또는 제한의 원인이 되는 **사유가 소멸되거나 완화**된 경우 연안체험활동의 금지 또는 제한의 **전부 또는 일부를 해제**할 수 있다.

③ **관할 해양경찰서장**은 제1항 및 제2항에 따라 연안체험활동의 금지·제한 또는 금지·제한을 해제한 경우 **지체 없이** 특별자치도지사·시장·군수·구청장에게 **알리고**, 정보통신매체 등을 통하여 **공고**하여야 한다.

122순찰대원의 자격

근거: 연안사고 예방에 관한 법률 시행령 제8조

[시행 2020. 3. 3.] [대통령령 제30509호, 2020. 3. 3., 타법개정]

법 제16조 제2항에 따른 **122순찰대원**은 「수상레저안전법 시행령」 제37조 제1항에 따른 **인명구조요원의 자격**을 갖춘 **해양경찰청 및 그 소속기관의 경찰공무원**으로서 다음 각 호의 요건을 모두 갖춘 사람으로 한다.

1. 다음 각 목의 어느 하나에 **해당하는 사람**일 것

   가. 122순찰대원으로 배치하려는 지역을 관할하는 **해양경찰 파출소·출장소에서 2년 이상** 근무한 사람

   나. 122순찰대원으로 배치하려는 지역을 관할하는 「수상에서의 수색·구조 등에 관한 법률 시행령」 제16조 제1항 제1호에 따른 **122구조대의 구조대원으로 2년 이상** 근무한 사람

   다. **해양경찰청함정(100톤 미만의 함정**으로 한정한다)에서 **2년 이상** 근무한 사람

   라. 「응급의료에 관한 법률」 제36조에 따른 **응급구조사 자격**을 갖춘 사람

2. 다음 각 목의 어느 하나에 해당하는 **면허가 있는 사람**일 것

   가. 「도로교통법」 제80조 제2항 제1호에 따른 **제1종 운전면허 중 대형면허 또는 보통면허**

   나. 「수상레저안전법」 제4조 제2항 제1호에 따른 **일반조종면허**

Q 해양경찰청은 연안해역에서 발생하는 연안사고의 예방에 필요한 사항을 규정하기 위해 「연안사고 예방에 관한 법률」을 제정·시행하고 있다. 다음 중 이 법과 관련하여 옳지 않은 것은 모두 몇 개인가?
<2020년 간부후보 채용>

ⓐ 해양경찰청장은 연안사고 예방을 위하여 5년마다 연안사고 예방 기본계획을 수립·추진하여야 한다.

ⓑ 지방해양경찰청장은 기본계획에 따라 매년 연안사고 예방 시행계획을 수립·시행하여야 한다.

ⓒ 연안사고 예방에 관하여 필요한 사항을 협의하기 위해 해양경찰청장 소속으로 중앙연안사고예방협의회를 둔다.

ⓓ 연안사고 예방에 관하여 필요한 사항을 협의하기 위하여 지방해양경찰청장 소속으로 광역연안사고예방협의를 두고, 해양경찰서장 소속으로 지역연안사고예방협의회를 둔다.

ⓔ 연안사고란 연안해역에서 발생하는 인명에 위해를 끼치는 사고를 말한다. 다만 「해양사고의 조사 및 심판에 관한 법률」 제2조제1호에 따른 해양사고는 제외한다.

---

① 1개   ② 2개   ③ 3개   ④ 4개

▶ ② 2개 - ⓑ, ⓓ

■ ⓑ / ☞ **해양경찰청장**은 기본계획에 따라 매년 연안사고 예방
    시행계획을 수립·시행
■ ⓓ / 연안사고 예방에 관하여 필요한 사항을 협의하기 위하여
    지방해양경찰청장 소속으로 ☞ **지방연안사고예방협의회**

해양경찰청장이 연안사고 예방을 위해 출입통제를 할 수 있는 장소 ☞ 출제 빈번

근거:「연안사고 예방에 관한 법률」제10조

1. 너울성 파도가 잦은 해안가 또는 방파제
2. 물살이 빠르고 갯골이 깊은 갯벌 지역
3. 사고발생이 빈번하고 구조활동이 용이하지 아니한 섬 또는 갯바위
4. 연안절벽 등 해상추락이 우려되는 지역
5. 그 밖에 연안사고가 자주 발생하는 장소

ⓠ 「연안사고 예방에 관한 법률」상 해양경찰청장이 연안사고 예방을 위해 출입통제를 할 수 있는 장소로 옳지 않은 곳은?

① 해상추락의 위험이 없는 연안에 위치한 절벽

② 사고발생이 빈번하고 구조활동이 용이하지 않은 갯바위

③ 너울성 파도가 잦은 해안가

④ 물살이 빠르고 갯골이 깊은 갯벌 지역

▶ ① / 해상추락이 **우려되는 지역**이 옳다.

❿ 「연안사고 예방에 관한 법률」상 해양경찰청장이 연안사고 예방을 위해 출입통제를 할 수 있는 장소로 옳은 것은 모두 몇 개인가?

> ㉠ 너울성 파도가 잦은 해안가
> ㉡ 물살이 빠르고 갯골이 깊은 갯벌 지역
> ㉢ 사고위험은 없으나 안전요원이 배치되어 있지 않은 바닷가
> ㉣ 사고발생이 빈번하고 구조활동이 용이하지 않은 갯바위
> ㉤ 낚시객들로 인해 교통이 혼잡한 지역
> ㉥ 해상추락의 위험이 없는 연안에 위치한 절벽

① 3개   ② 4개   ③ 5개   ④ 6개

➡️ ① 3개 / 옳은 것 ㉠, ㉡, ㉣

Q "연안체험활동의 전부 또는 일부를 금지하거나 제한 또는 해제를 할 수 있는 자"로 가장 옳은 것은?

① 관할 시장·군수   ② 관할 해양수산청장
③ 관할 경찰서장   ④ 관할 해양경찰서장

➡️ ④ 관할 해양경찰서장

「유선 및 도선사업법」 유·도선사업 면허
결격사유

① 유·도선사업의 **면허가 취소된 후**(미성년자·피성년후견인 또는 피한정후견인에 해당하여 면허가 취소된 경우는 제외) **2년이 지나지 아니한 사람**

② 이 법을 위반하여 **금고 이상의 형을 선고**받고 그 집행이 끝나거나 집행을 받지 아니하기로 확정된 날부터 **2년이 지나지 아니한 사람**

③ **미성년자·피성년후견인** 또는 **피한정후견인**

④ 이 법, 「선박안전법」, 「선박법」, 「선박직원법」, 「선원법」, 「해사안전법」, 「물환경보전법」 또는 「해양환경관리법」을 위반하여 **금고 이상의 형의 집행유예**를 선고받고 그 **집행유예기간 중에 있는 사람**

Q 연안사고 예방에 관하여 필요한 사항을 협의하기 위하여 지방해양경찰청장 소속으로 두는 협의회는?

① 중앙연안사고예방협의회   ② 지방연안사고예방협의회

③ 광역연안사고예방협의회   ④ 지역연안사고예방협의회

▶ ② / **지방해양경찰청장** 소속으로 '**지방연안사고예방협의회**'
         해양경찰청장 소속으로 '**중앙연안사고예방협의회**'

5. 『수상에서의 수색·구조 등에 관한 법률』

(약칭: 수상 구조법)

- 1961.11.01. 수난구호법 제정
- 2015.07.24. 수상에서의 수색·구조 등에 관한 법률 일부개정

- **수상에서 조난된 사람, 선박 등을 구조**하기 위한 법률이다.

- 1961년 11월 1일 조난선박과 인명의 구호 및 표류물·침 물품 등의 인양과 이에 수반한 업무처리에 관한 사항을 규정, 수난으로부터 인명·재산 보전에 이바지하기 위해 **'수난구호법' 제정**

- 그 이후, 범국가적 수난 구호체제에 동참하기 위하여 1979년 국제해사기구에서 채택한 해상에서의 수색 및 구조에 관한 국제협약(SAR)에의 가입에 필요한 사항을 이 법에 **수용('94.12.22)**

- **2014년 4월 16일 세월호 참사 이후 사고의 재발 방지를 위하여** 구조본부장의 안전조치에 대한 권한을 확대하고, 조난된 선박의 선장과 승무원에 대한 구조 의무를 명시하였으며 해수면과 내수면을 포함하는 용어로 '수상'에 대한 정의를 신설, **법률 제명을 「수상에서의 수색·구조 등에 관한 법률」로 변경,**

- 주요 내용: **해양재난에 대한 해양경찰의 역할, 수난 구호 담당, 구조본부의 조치 등 수난 구호에 필요한 사항, 민간구조활동의 지원, 표류 품의 인계, 손실보상 등 사후처리**에 관한 내용 등이다.

「정의」(제2조)

1. **"수상"**이란 **해수면과 내수면**을 말한다.

2. **"해수면"**이란 「수상레저안전법」 제2조제6호에 따른 바다의 수류나 수면을 말한다.

3. **"내수면"**이란 「수상레저안전법」 제2조제7호에 따른 하천, 댐, 호수, 늪, 저수지, 그 밖에 인공으로 조성된 담수나 기수 (汽水)의 수류 또는 수면을 말한다.

4. **"수난구호"**란 **수상에서 조난된 사람 및 선박, 항공기, 수상 레저기구 등의 수색·구조·구난과 구조된 사람·선박등 및 물건 의 보호·관리·사후처리**에 관한 업무를 말한다.

5. **"조난사고"**란 **수상에서 다음 각 목의 사유로 인하여 사람의 생명·신체 또는 선박등의 안전이 위험에 처한 상태**를 말한다.

   가. 사람의 **익수·추락·고립·표류** 등의 사고

   나. **선박등의 침몰·좌초·전복·충돌·화재·기관고장 또는 추락** 등의 사고

6. **"수난구호협력기관"**이란 수난구호를 위하여 협력하는 중앙 행정기관·지방자치단체, 「재난 및 안전관리 기본법」 제3조제8 호에 따른 긴급구조지원기관, 대통령령으로 정하는 공공단체 를 말한다.

7. **"수색"**이란 인원 및 장비를 사용하여 조난을 당한 사람 또는 사 람이 탑승하였을 것으로 추정되는 선박등을 찾는 활동을 말한다.

8. **"구조"**란 조난을 당한 사람을 구출하여 응급조치 또는 그 밖의 필요한 것을 제공하고 안전한 장소로 인도하기 위한 활 동을 말한다.

9. **"구난"**이란 조난을 당한 선박등 또는 그 밖의 다른 재산(**선박**등에 실린 **화물을 포함**한다)에 관한 원조를 위하여 행하여진 행위 또는 활동을 말한다.

10. **"구조대"**란 수색 및 구조활동을 신속히 수행할 수 있도록 훈련된 인원으로 편성되고 적절한 장비를 보유한 단위조직을 말한다.

11. **"민간해양구조대원"**이란 지역해역에 정통한 주민 등 해양경찰관서에 등록되어 해양경찰의 해상구조활동을 보조하는 사람을 말한다.

12. **"표류물"**이란 점유를 이탈하여 수상에 떠 있거나 떠내려가고 있는 물건을 말한다.

13. **"침몰품"**이란 점유를 이탈하여 수상에 가라앉은 물건을 말한다.

수난대비기본계획 / 중앙구조본부 등의 설치

근거: 수난대비기본계획의 수립 등(제4조)

① 해양경찰청장은 해수면에서 자연적·인위적 원인으로 발생하는 조난사고로부터 사람의 생명과 신체 및 재산을 보호하고 효율적인 수난구호를 위하여 수난대비기본계획을 5년 단위로 수립하여야 한다.

② 해양경찰청장은 제1항의 수난대비기본계획을 집행하기 위하여 수난대비집행계획을 매년 수립·시행하여야 한다.

③ 제2항에 따른 수난대비집행계획은 「민방위기본법」에 따른 민방위계획에 포함하여 수립·시행할 수 있다.

④ 제1항에 따른 수난대비기본계획과 제2항에 따른 수난대비집행계획의 수립 및 변경 등에 필요한 사항은 해양수산부령으로 정한다.

중앙구조본부 등의 설치(제5조)

① 해수면에서의 수난구호에 관한 사항의 총괄·조정, 수난구호 협력기관과 수난구호민간단체 등이 행하는 수난구호활동의 역할조정과 지휘·통제 및 수난구호활동의 국제적인 협력을 위하여 **해양경찰청에 중앙구조본부**를 둔다.

② 해역별 수난구호에 관한 사항의 총괄·조정, 해당 지역에 소재하는 수난구호협력기관과 수난구호민간단체 등이 행하는 수난구호활동의 역할조정과 지휘·통제 및 수난현장에서의 지휘·통제를 위하여 **지방해양경찰청에 광역구조본부를 두고, 해양경찰서에 지역구조본부를 둔다.**

③ 중앙구조본부, 광역구조본부 및 지역구조본부의 장은 신속한 수난구호를 위하여 수난구호협력기관의 장에게 소속 직원의 파견 및 장비의 지원을 요청할 수 있다. 이 경우 요청을 받은 기관·단체의 장은 특별한 사유가 없는 한 이에 응하여야 한다.

④ 구조본부의 구성·운영 등에 필요한 사항은 **대통령령**으로 정한다.

구조활동을 종료 또는 중지할 수 있는 경우

「수상에서의 수색·구조 등에 관한 법률」 제24조

1. **구조활동을 완료**한 경우
2. 생존자를 구조할 모든 가능성이 사라지는 등 **더 이상 구조활동을 계속할 필요가 없다고 인정**되는 경우

선박위치통보의 시기 등

> ### 근거: 수상구조법 시행규칙 제14조
>
> 1. **항해계획통보**: 선박이 **항구 또는 포구를 출항하기 직전 또는 그 직후나 해양경찰청장이 지정·고시하는 선박위치통보해역에 진입**한 때
> 2. **위치통보**: 항해계획 통보 후 **약 12시간마다**
> 3. **변경통보**: 항해계획의 내용을 변경한 때, 선박이 예정위치에서 **25해리 이상** 벗어난 때 또는 목적지를 변경한 때
> 4. **최종통보**: 목적지에 도착하기 직전이나 도착한 때 또는 **해양경찰청장이 지정·고시하는 선박위치통보해역을 벗어난 때**
> ※ 선박위치통보는 서면 제출 또는 유선·무선통신 등의 방법으로 할 수 있다.

❶ 다음 중 '한국해양구조협회'의 설립근거 법령은?

① 수상레저안전법   ② 해양경비법

③ 해양경찰법   ④ 수상에서의 수색·구조 등에 관한 법률

▶ ④ **수상에서의 수색·구조 등에 관한 법률**이다.

한국해양구조협회

근거: 「**수상에서의 수색·구조 등에 관한 법률**」 제26조(한국해양구조협회의 설립 등)

① **해수면에서의 수색구조·구난활동 지원, 수색구조·구난에** 관한 <u>기술·제도·문화 등의 연구·개발·홍보 및 교육훈련, 행정기관이 위탁하는 업무의 수행과 해양 구조·구난 업계의 건전한 발전 및 해양 구조·구난 관계 종사자의 기술향상</u>을 위하여 한국해양구조협회를 설립한다.

② 한국해양구조협회는 **법인**으로 한다.

③ 한국해양구조협회의 정관 기재사항과 운영 및 감독 등에 필요한 사항은 **대통령령**으로 정한다.

④ 한국해양구조협회에 관하여 이 법에서 규정한 것을 제외하고는 「**민법**」 가운데 사단법인에 관한 **규정을 준용**한다.

※ 문) 한국해양구조협회의 설립근거 법령은?

정답) 수상에서의 수색·구조 등에 관한 법률

(꼭 잊지 맙시다!)

「수상구조법」제46조(과태료)

① 200만원 이하의 과태료

1. 제9조제1항에 따른 **여객선비상수색구조계획서를 신고 또는 비치**하지 아니한 자

제9조(여객선비상수색구조계획서의 작성 등)

① 국제항해에 취항하는 여객선(「해운법」제6조제1항에 따라 <u>승인을 받은 외국의 해상여객운송사업자가 운영하는 여객선을 포함</u>) 소유자는 비상시 여객선의 수색구조를 위하여 **구조본부의 비상연락망, 비상훈련계획 및 구명설비배치도** 등이 기재된 "여객선비상수색구조계획서"를 작성하여 관할 해양경찰서장에게 신고하고 확인을 받아 **해당 여객선 및 선박 소유자의 주된 사무실에 비치**하여야 한다.

---

2. 제9조제5항에 따른 **여객선비상수색구조 훈련**을 실시하지 아니한 자

제9조(여객선비상수색구조계획서의 작성 등)

⑤ 여객선 및 「해운법」제2조제1호의2에 따른 여객선 소유자는 해양수산부령으로 정하는 바에 따라 여객선비상수색구조 훈련을 연 1회 이상 선장의 지휘하에 실시하여야 하며, 훈련의 시기와 방법은 관할 해양경찰서장 또는 소방서장과 협의하여 정한다.

---

3. 제10조에 따른 **이동 및 대피 명령을 이행**하지 아니한 자

> **제10조(선박의 이동 및 대피 명령)**
>
> 구조본부의 장은 해양수산부령으로 정하는 바에 따라 해당 **선박의 이동 및 대피**를 명할 수 있다. 다만, 외국선박에 대한 이동 및 대피명령은 「영해 및 접속수역법」 제1조 및 제3조에 따른 영해 및 내수(「내수면어업법」 제2조제1호에 따른 내수면은 제외한다)에서만 실시한다.
>
> 1. **태풍, 풍랑 등 해상기상의 악화로 조난**이 우려되는 선박
> 2. **선박구난현장에서 구난작업에 방해**가 되는 선박

4. 정당한 사유 없이 제15조제1항제1호·제3호 또는 같은 조 제2항에 따른 **신고를 하지 아니하거나 거짓으로 신고**한 자

> **제15조(조난사실의 신고 등)**
>
> ① 수상에서 조난사고가 발생한 때에는 즉시 **가까운 구조본부의 장이나 소방관서의 장**에게 조난사실을 신고하여야 한다.
>
> 1. 조난된 선박등의 선장·기장 또는 소유자
> 2. 조난된 선박등으로부터 조난신호나 조난통신을 수신한 자
>
> ② **선박등의 소재가 불명하고 통신이 두절되어 실종의 위험이 있다고 인정되는 경우**에는 그 선박등의 소유자·운항자 또는 관리자는 지체 없이 그 사실을 구조본부의 장이나 소방관서의 장에게 신고하여야 한다.

5. 정당한 사유 없이 제18조제2항에 따른 통보를 하지 아니하고 같은 조 제1항에 따른 **구조요청을 받았을 때 지원을 제공**하지 아니한 자

제18조(인근 선박등의 구조지원)

① 조난현장의 부근에 있는 선박등의 선장·기장 등은 조난된 선박등이나 구조본부의 장 또는 소방관서의 장으로부터 구조요청을 받은 때에는 가능한 한 조난된 사람을 신속히 구조할 수 있도록 최대한 지원을 제공하여야 한다. 다만, **조난된 선박 또는 조난사고의 원인을 제공한 <u>선박의 선장 및 승무원은 요청이 없더라도 조난된 사람을 신속히 구조하는 데 필요한 조치</u>**를 하여야 한다.

② 구조본부의 장 또는 소방관서의 장으로부터 구조요청을 받은 선박등의 선장·기장 등은 **구조에 착수하지 못할 경우**에는 지체 없이 그 사유를 **구조본부의 장 또는 소방관서의 장**에게 통보하여야 한다.

6. 제30조의9제1항을 위반하여 **보험등에 가입**하지 아니한 자

제30조의9(보험등의 가입) 교육기관의 장은 대통령령으로 정하는 바에 따라 **수상구조사 교육생과 그 종사자**의 피해를 보전하기 위하여 **보험이나 공제에 가입**하여야 한다

7. 정당한 사유 없이 규정을 위반하여 보험등의 가입여부에 관한 **정보를 알리지 아니하거나 거짓의 정보를 알린 자**

② 과태료는 **<u>대통령령</u>**으로 정하는 바에 따라 **<u>구조본부의 장 또는 소방관서의 장이 부과·징수</u>**한다.

❶ 「수상에서의 수색·구조 등에 관한 법률」상 선박위치통보의 시기 등의 설명으로 옳지 않은 것은?

① 항해계획통보: 선박이 항구 또는 포구를 출항하기 직전 또는 그 직후나 해양경찰청장이 지정·고시하는 선박위치통보해역에 진입한 때
② 위치통보: 항해계획 통보 후 약 12시간마다
③ 변경통보: 항해계획의 내용을 변경한 때, 선박이 예정위치에서 12해리 이상 벗어난 때 또는 목적지를 변경한 때
④ 최종통보: 목적지에 도착하기 직전이나 도착한 때 또는 해양경찰청장이 지정·고시하는 선박위치통보해역을 벗어난 때

➡️ ③ / **25해리 이상** 벗어난 때가 옳다. ☞ **출제 예상**

---

❶ 해양경찰청장이 수난대비기본계획을 집행하기 위하여 수난대비집행계획을 수립·시행하는 주기는?

① 매년   ② 2년   ③ 3년   ④ 5년

➡️ ① 매년 / 단, **수난대비기본계획**은 **5년마다** 수립한다.

ⓠ「수상에서의 수색·구조 등에 관한 법률」상 수난대비 기본훈련에 관한 내용으로 가장 옳지 않은 것은?
<2019년 순경 채용>

① 해양경찰청장은 수난대비기본훈련의 실시결과를 2년마다 해양 수산부장관에게 보고하여야 한다.

② 중앙구조본부는 수상에서 자연적·인위적 원인으로 발생하는 조난 사고로부터 사람의 생명과 신체 및 재산을 보호하기 위하여 수난구호협력기관 및 수난구호민간단체 등과 공동으로 매년 수난대비기본훈련을 실시하여야 한다.

③ 중앙구조본부의 장은 필요한 경우 훈련참여기관이 아닌 선박소유 자에게 선박 및 선원 등에 대해수난대비기본훈련에 참여를 요청할 수 있다.

④ 중앙구조본부의 장은 수난대비기본훈련을 효율적으로 실시하기 위해 수난대비기본훈련계획을 수립하고 수난구호협력기관 및 수난구 호민간단체 등의 장에게 통보할 수 있다.

➡ ①

- 해양경찰청장은 <u>수난대비기본훈련의 실시결과</u>를 <u>매년</u> <u>국회소관상임위원회</u>에 <u>보고</u>하여야 한다.

6. 「수상레저안전법」

목 적

수상레저활동의 안전과 질서를 확보하고 수상레저사업의
건전한 발전을 도모함

「수상레저안전법」 정의(제2조)

1. **"수상레저활동"**이란 수상(水上)에서 수상레저기구를 이용하여 **취미·오락·체육·교육 등을 목적**으로 이루어지는 활동을 말한다.

2. **"래프팅"**이란 **무동력수상레저기구를 이용**하여 계곡이나 하천에서 노를 저으며 급류 또는 물의 흐름 등을 타는 수상레저활동을 말한다.

3. **"수상레저기구"란 수상레저활동에 이용되는 선박이나 기구로서 대통령령으로 정하는 것**을 말한다.

4. **"동력수상레저기구"란 추진기관이 부착되어 있거나 추진기관을 부착하거나 분리하는 것이 수시로 가능한 수상레저기구로서 대통령령으로 정하는 것**을 말한다.

5. **"수상"이란 해수면과 내수면**을 말한다.

6. **"해수면"이란 바다의 수류나 수면**을 말한다.

7. **"내수면"이란 하천, 댐, 호수, 늪, 저수지, 그 밖에 인공으로 조성된 담수나 기수(汽水)의 수류 또는 수면**을 말한다.

조종면허의 결격사유 등(제5조)

1. 14세 미만인 자

(동력수상레저기구 선수로 등록된 사람, 수상레저기구 관련 학과 졸업자로서 해당과목 이수자, 「선박직원법」에 따른 항해사·기관사·운항사 또는 소형선박 조종사의 면허를 가진 자는 제외).

2. **정신질환**자
3. **마약·향정신성의약품 또는 대마 중독**자
4. 조종면허가 **취소된 날부터 1년**이 지나지 아니한 자
5. 조종면허를 받지 아니하고 동력수상레저기구를 조종한 자로서 **그 위반한 날부터 1년(사람을 사상한 후 구호 등 필요한 조치를 하지 아니하고 달아난 자는 이를 위반한 날부터 4년)**이 지나지 아니한 자

Q 다음 중 「수상레저안전법」상 수상레저조종면허의 결격사유에 해당되지 않는 자는?

① 조종면허가 취소된 날부터 1년이 지나지 아니한 자
② 마약·향정신성의약품 또는 대마 중독자
③ 정신질환자
④ 14세 미만의 동력수상레저기구 선수

➡ ④ / 동력수상레저기구 **선수로 등록된 사람**은 해당되지 않음.

동력수상레저기구 안전검사(제37조)

① 동력수상레저기구를 수상레저활동에 이용하려는 자는 **해양수산부령**에 따라 **해양경찰청장이 실시**하는 검사를 받아야 한다.

1. 신규검사: 제30조에 따른 등록을 하려는 경우에 하는 검사
2. 정기검사: 등록 후 5년마다 정기적으로 하는 검사
3. 임시검사: 동력수상레저기구의 구조나 장치를 변경하거나 동력수상레저기구의 정원 또는 항해구역을 변경하려는 경우(정원은 해양경찰청장이 고시하는 최대승선정원의 범위 내로 한정)

② **영업구역이 해수면인 경우 해양경찰청장**, **영업구역이 내수면인 경우 그 지역을 관할하는 시·도지사로부터 각각 안전검사**

③ **수상레저사업에 이용되는 동력수상레저기구는 1년마다**, 그 밖의 동력수상레저기구는 **5년마다 정기검사**를 받아야 한다.

임시운항의 허가(법 제38조의2, 시행령 제27조의2)

해양경찰서장(해수면) 또는 시장·군수·구청장이 허가(내수면)

- 임시운항 허가기간은 **7일**(해 뜨기 30분 전부터 해 진 후 30분 전까지)
- 임시운항 허가구역은 **출발항으로부터 직선으로 10해리 이내**
- 임시운항 허가 시 해양수산부령으로 정하는 **안전장비 3가지**는 승선인원에 해당하는 수의 **구명조끼, 소화기, 통신기기**

원거리 수상레저 활동 신고(법 제19조)

- 출발항으로부터 **10해리 이상** 떨어진 곳 수상레저 활동 **금지**
- 동승자 **사망·실종** 또는 중상시 지체없이 관계행정기관장에게 **신고**

수상레저사업의 등록 등(제39조)

① 수상레저기구를 **빌려 주는 사업** 또는 **수상레저활동을 하는 자를 수상레저기구에 태우는 사업**을 경영하려는 자는 **하천이나 그 밖의 공유수면의 점용 또는 사용의 허가 등**에 관한 사항을 다음 각 호의 구분에 따른 자에게 등록을 하여야 한다. 이 경우 수상레저기구를 빌려 주는 사업을 경영하려는 수상레저사업자에게는 **해양수산부령**으로 정하는 바에 따라 등록기준을 완화할 수 있다.

1. **영업구역이 해수면**	해당 지역을 관할하는 **해양경찰서장**
2. **영업구역이 내수면**	해당 지역을 관할하는 **시장·군수·구청장**
3. **영업구역이 둘 이상의 해양경찰서장 또는 시장·군수·구청장의 관할 지역에 걸쳐 있는 경우**	수상레저사업에 사용되는 수상레저기구를 **주로 매어두는 장소를 관할하는** **해양경찰서장 또는 시장·군수·구청장**

② 수상레저사업자는 등록 사항에 변경이 있으면 **해양수산부령**으로 정하는 바에 따라 변경등록을 하여야 한다.
③ **등록 또는 변경등록 신청**을 받은 해양경찰서장 또는 시장·군수·구청장은 그 등록 전에 해당 영업구역을 관할하는 **다른 해양경찰서장 또는 시장·군수·구청장과 협의**하여야 한다.
④ 제1항에 따른 등록기준·절차 및 영업구역 조정 등 수상레저사업의 안전관리에 필요한 사항은 **해양수산부령**으로 정한다.

영업의 제한 등

근거: 「수상레저안전법」 제49조(영업의 제한 등)

① 해양경찰서장 또는 시장·군수·구청장은 다음 각 호의 어느 하나에 해당하는 경우에는 수상레저사업자에게 **영업구역이나 시간의 제한 또는 영업의 일시정지**를 명할 수 있다.

다만, **제3호부터 제5호**까지에 해당하는 경우에는 **이용자의 신체가 직접 수면에 닿는 수상레저기구** 등 대통령령으로 정하는 수상레저기구를 이용한 영업행위에 대해서만 이를 명할 수 있다.

1. 기상·수상 상태가 악화된 경우
2. 수상사고가 발생한 경우
3. 유류·화학물질 등의 유출 또는 녹조·적조 등의 발생으로 수질이 오염된 경우
4. 부유물질 등 장애물이 발생한 경우
5. 사람의 신체나 생명에 피해를 줄 수 있는 유해생물이 발생한 경우
6. 그 밖에 대통령령으로 정하는 사유가 발생한 경우

❷ 「수상레저안전법」상 "이용자의 신체가 직접 수면에 닿는 수상레저기구등의 영업의 제한 규정"으로 틀린 것은?

① 유류 유출로 수질오염 발생　　② 수상사고가 발생

③ 유해생물이 발생　　④ 부유물질 등 장애물이 발생

▶　② 수상사고가 발생

❶ 음주운항 처벌에 대한 설명으로 가장 옳지 않은 것은?

① 「해사안전법」은 술에 취한 상태에서의 조타기 조작 등을 금지하고 있다.

② 「해사안전법」상 해양사고가 발생한 경우 해양경찰공무원은 운항을 하기 위하여 조타기를 조작하거나 조작할 것을 지시하는 사람이 술에 취하였는지 혈중 알코올 농도를 반드시 측정하여야 한다.

③ 「수상레저안전법」은 「해사안전법」이나 「유선 및 도선 사업법」과는 다르게 혈중알코올 0.05% 이상으로 술에 취한 상태에서 동력수상 레저기구를 운항한 자에 대해 처벌규정을 두고 있다.

④ 측정결과에 불복하는 사람에 대해서는 해당 운항자의 동의를 받아 혈액채취 등의 방법으로 다시 측정할 수 있다.

➡ ③

■ ③ ☞ 「수상레저안전법」상 **술에 취한 상태의 기준은 혈중알코올농도 0.03퍼센트 이상**으로 한다.(해사안전법 제41조 제5항)

제4편 해양경찰의 행정관리

◆ 경찰관리(警察管理) ◆

가. 경찰관리와 경찰계급

경찰 목적의 달성을 위하여 경찰인력, 장비, 예산 등을 효율적으로 운영하기 위해 조직원에게 직무를 부여하고 그 활동을 원활하게 수행하게 하는 작용이다. 경찰관은 특정직공무원으로 제복을 착용하고 무기를 휴대한다. 계급은 치안총감·치안정감·치안감·경무관·총경·경정·경감·경위·경사·경장 및 순경 등 11개 계급이 있다.

나. 해양경찰관리자

해양경찰기관 각 부서의 정책을 기획, 지시 및 조정하는 직무를 수행하며, 치안총감·치안정감·치안감·경무관·총경 등이 있으며 소속 기관의 업무를 총괄하고 책임지며 치안계획을 수립하고 기획, 경찰관의 업무 감독과 조정을 한다.

◆ 인사관리 ◆

가. 해양경찰 인사관리자

해양경찰이 보유한 인적 자원의 효율적인 이용을 위하여 수행하는
일련의 계획적이고 체계적인 시책을 관리하는 사람이다. 그 업무로
는 해양경찰관의 신규채용·선발·훈련 및 지휘·감독·승진·전보 및 퇴
직 등이 있으며 법령에 의거 의사결정을 한다.

나. 엽관주의와 실적주의

(엽관주의) 공무원의 임면·승진을 당파적 정실에 의하여 행하는 정
치관습을 말한다. 과거 선거에 패하게 되면 집권당과 더불어 공무
원도 책임을 지고 물러서야 한다는 원리하에 세워진 근대초기의 공
무원제도이다. 그러나 선거에 의한 행정부의 통제라고 하는 민주주
의사상을 기초로 했던 이 제도는 행정능률의 저하, 행정질서의 문
란 등의 폐단을 가져오게 되었다.

(실적주의) 엽관주의나 정실주의(Patronage system)와는 대비되
는 개념으로 경찰공무원의 인사 기준을 능력, 성적, 자격 등의 실적
에 기초하는 제도이다. 경찰공무원 응시자들에게 균등한 기회를 제
공하여 실질적인 민주주의를 실현해 주나 그 특성상 진취적이기보
다 소극적, 부정적이고 보수적인 조직문화를 만들기도 한다.

다. 공직의 분류 방식

계급제 ☞	인간중심(사람 중심) 분류
직위분류제 ☞	직무중심 분류

계급제는 직위에 보임하고 있는 공무원의 자격 및 신분을 중심으로 계급을 만드는 제도로 **인간중심 분류방식**이다.

직위분류제는 전직이 제한되고 동일한 직무를 장기간 담당하게 되어, 행정의 전문화에 기여하고 권한과 책임의 한계를 명확히 하는 데 유리하다. **우리나라의 공직분류는 계급제 위주에 직위분류제적 요소를 가미한 형태**이다.

----

❷ 공직의 분류 방식으로 옳지 않은 것은?
<2020년 순경 채용>

① 계급제는 직위에 보임하고 있는 공무원의 자격 및 신분을 중심으로 계급을 만드는 제도를 말한다.
② 계급제는 직위분류제에 비해 직무중심의 분류방법이다.
③ 직위분류제는 전직이 제한되고 동일한 직무를 장기간 담당하게 되어, 행정의 전문화에 기여하고 권한과 책임의 한계를 명확히 하는 데 유리하다.
④ 우리나라의 공직분류는 계급제 위주에 직위분류제적 요소를 가미한 형태이다.

➡ ② / **계급제**는 개인의 자격·능력·학력을 기준으로 하여 계급을 부여하는 공직분류방식의 하나로 **인간중심 분류방식**이다.

◈ **공직의 분류(요약)** ☞ **출제 빈번**

- **계급제는 인간(사람) 중심**
- **직위분류제는 직무 중심**
- **계선조직(line)은 보조기관**
  - <u>00국장, 00과장, 00계장</u>은 보조기관(결재 line)
  - <u>해양경찰 파출소장</u>은 일반적으로 보조기관으로 본다.
- **참모조직(staff)은 보좌기관**
  - <u>대변인</u>은 청장의 보좌기관
  - <u>기획조정관·감사담당관</u>은 차장의 보좌기관

- **행정관청**(행정주체의 법률상 의사결정, 외부에 표시하는 권한을 가진 기관)
  - 해양경찰청장, 지방해양경찰청장, 해양경찰서장
- **정책자문위원회**는 자문기관

라. 사기 진작

제복 착용 및 무기 휴대 등 경찰관 신분(특정직)의 특수성, 근무여건(함정, 파출소, 섬, 외딴곳 등) 등을 고려하여 경찰관에게 개인적, 집단으로 조직의 목표를 이루기 위해 열의와 솔선수범, 용기를 고취하는 정신을 말하며 경찰관 각 개인의 자율성과 인격의 존중, 기회의 평등성 보장, 정당한 보상, 불이익 처분이나 불만 요소, 갈등의 해결 통로 확보 등 경찰관의 사기를 높이는 것이다.

마. 인사 규정

(1) 신규채용

근거
■ 해양경찰청 소속 경찰공무원 임용에 관한 규정 제15조
  (경력경쟁채용등의 임용직위 제한)
■ 경찰공무원법 제8조(신규채용)

해양경찰청 소속 경찰공무원 임용에 관한 규정 제15조(경력경쟁
채용등의 임용직위 제한) 경찰공무원법 제8조제3항에 따른 채용
시험을 통하여 채용하는 경우에는 그 경력경쟁채용시험등을 실시
할 당시의 임용예정직위로만 임용할 수 있다.

경찰공무원법 제8조(신규채용)
 다음 각 호의 어느 하나에 해당하는 경우에는 경력 등 응시요건
을 정하여 같은 사유에 해당하는 다수인을 대상으로 경쟁의 방법
으로 채용하는 시험으로 경찰공무원을 신규채용할 수 있다. 다만,
다수인을 대상으로 시험을 실시하는 것이 적당하지 아니하여 대
통령령으로 정하는 경우에는 다수인을 대상으로 하지 아니한 시
험으로 경찰공무원을 채용할 수 있다.

 1.「국가공무원법」제70조제1항제3호의 사유로 퇴직하거나 같은 법
   제71조제1항제1호의 휴직 기간 만료로 퇴직한 경찰공무원을 퇴직한
   날부터 3년(「공무원 재해보상법」에 따른 공무상 부상 또는 질병으

로 인한 휴직의 경우에는 5년) 이내에 퇴직 시에 재직한 계급의 경찰공무원으로 재임용하는 경우

2. 공개경쟁시험으로 임용하는 것이 부적당한 경우에 임용예정 직무에 관련된 자격증 소지자를 임용하는 경우

3. 임용예정직에 상응하는 근무실적 또는 연구실적이 있거나 전문지식을 가진 사람을 임용하는 경우

4. 「국가공무원법」에 따른 5급 공무원의 공개경쟁채용시험이나 「사법시험법」에 따른 사법시험에 합격한 사람을 경정 이하의 경찰공무원으로 임용하는 경우

5. 「국가공무원법」 제85조에 따라 재학 중에 장학금을 받고 졸업한 사람을 임용하는 경우

6. 섬, 외딴곳 등 특수지역에서 근무할 사람을 임용하는 경우

7. 외국어에 능통한 사람을 임용하는 경우

8. 제주특별자치도의 자치경찰공무원(이하 "자치경찰공무원"이라 한다)을 그 계급에 상응하는 경찰공무원으로 임용하는 경우

(2) 전보의 제한

근거: 「해양경찰청 소속 경찰공무원 임용에 관한 규정」 제43조

① 임용권자 또는 임용제청권자는 소속 경찰공무원이 해당 직위에 임용된 날부터 1년 이내(감사업무를 담당하는 경찰공무원의 경우에는 2년 이내)에 다른 직위에 전보할 수 없다. 다만, 다음 각 호의 어느 하나에 해당하는 경우에는 **전보할 수 있다.**

1. 직제상 **최하단위인 보조기관 또는 보좌기관 내**에서 전보하는 경우

2. 해양경찰청과 소속기관등 또는 소속기관등 **상호 간의 교류**를 위해 전보하는 경우

3. **기구의 개편, 직제 또는 정원의 변경**으로 해당 경찰공무원을 전보하는 경우

4. **승진임용**된 경찰공무원을 전보하는 경우

5. **전문직위**로 경찰공무원을 전보하는 경우

6. **징계처분**을 받은 경우

7. 형사사건에 관련되어 **수사기관에서 조사**를 받고 있는 경우

8. 경찰공무원으로서의 **품위를 손상하는 비위(非違)로 인한 감사 또는 조사가 진행 중**이어서 해당 직위를 유지하는 것이 부적절하다고 판단되는 경찰공무원을 전보하는 경우

9. 해양수산부령으로 정하는 **특수임무부서**에서 정기적으로 교체하는 경우

10. **교육훈련기관의 교수요원**으로 보직하는 경우

11. **시보임용 중**인 경우

12. **신규채용**된 경찰공무원을 해양경찰청장이 정하는 **해당 계급의 보직관리기준**에 따라 전보하는 경우 및 이와 관련한 전보의 경우

13. **감사담당** 경찰공무원 중 **부적격자**로 인정되는 경우

14. **중요한 치안상황 대응, 긴급 현안 처리 또는 지휘권 확립**에 필요한 경우

15. **경정 이하**의 경찰공무원을 **배우자 또는 직계존속이 거주하는 시·군·자치구 지역**으로 전보하는 경우

16. **임신 중인 경찰공무원 또는 출산 후 1년이 지나지 않은 경찰공무원의 모성보호, 육아 등을 위해 필요한 경우**

② 교육훈련기관의 교수요원으로 임용된 사람은 그 **임용일부터 1년 이상 3년 이하의 범위**에서 해양경찰청장이 정하는 기간 안에는 다른 직위에 전보할 수 없다. 다만, 다음 각 호의 어느 하나에 해당하는 경우에는 전보할 수 있다.

1. **기구가 개편되거나 직제 또는 정원이 변경**된 경우
2. **교육과정이 개편되거나 폐지**된 경우
3. **교수요원으로서 부적당**하다고 인정되는 경우

③ 법 제8조제3항제6호에 따라 채용된 경찰공무원은 제46조에도 불구하고 **그 채용일부터 5년의 범위**에서 해양경찰청장이 정하는 기간(휴직기간, 직위해제기간 및 정직기간은 불포함) 안에는 채용조건에 해당하는 기관 외의 기관으로 전보할 수 없다.

----

❿ 해양경찰공무원을 임용된 날부터 1년 이내에 다른 직위에 전보할 수 없는 경우는?

① 시보임용 중인 경우
② 감사업무를 담당하는 경찰공무원의 경우
③ 승진임용된 경찰공무원을 전보하는 경우
④ 직제상 최하단위인 보조기관 또는 보좌기관 내에서 전보하는 경우

▶   ② / 감사업무를 담당하는 경찰공무원의 경우에는 2년 이내
　　　다만, 감사업무를 담당 **부적격자**로 인정되는 경우는 제외

(3) 근속승진

근거: 경찰공무원법 제11조의2(근속승진)

① 경찰청장 또는 해양경찰청장은 제11조제2항에도 불구하고 해당 계급에서 다음 각 호의 기간 동안 재직한 사람을 **경장, 경사, 경위, 경감**으로 각각 **근속승진임용** 할 수 있다.

근속승진 임용

순경을 경장으로	해당 계급에서 **4년** 이상 근속자
경장을 경사로	해당 계급에서 **5년** 이상 근속자
경사를 경위로	해당 계급에서 **6년 6개월** 이상 근속자
경위를 경감으로	해당 계급에서 **10년** 이상 근속자

② 제1항에 따라 근속승진한 경찰공무원이 근무하는 기간에는 그에 해당하는 직급의 정원이 따로 있는 것으로 보고, 종전 직급의 정원은 감축된 것으로 본다.

③ 제1항에 따른 근속승진임용의 기준, 절차 등에 관하여 필요한 사항은 대통령령으로 정한다.

[전문개정 2011. 8. 4.]

(4) 직권면직

근거: 경찰공무원법제22조(직권면직)

① 임용권자는 경찰공무원이 다음 각 호의 어느 하나에 해당될 때에는 **직권으로 면직**시킬 수 있다.

1. 「국가공무원법」 제70조제1항제3호부터 제5호까지의 규정 중 어느 하나에 해당될 때
2. 경찰공무원으로는 부적합할 정도로 **직무 수행능력이나 성실성이 현저하게 결여**된 사람으로서 대통령령으로 정하는 사유에 해당된다고 인정될 때
3. 직무를 수행하는 데에 위험을 일으킬 우려가 있을 정도의 **성격적 또는 도덕적 결함**이 있는 사람으로서 대통령령으로 정하는 사유에 해당된다고 인정될 때
4. 해당 경과에서 직무를 수행하는 데 필요한 **자격증의 효력이 상실되거나 면허가 취소**되어 담당 직무를 수행할 수 없게 되었을 때

② 제1항제2호·제3호 또는 「국가공무원법」 제70조제1항제5호의 사유로 면직시키는 경우에는 제26조에 따른 **징계위원회의 동의**를 받아야 한다.
③ 「국가공무원법」 제70조제1항제4호의 사유로 인한 직권면직일은 **휴직기간의 만료일이나 휴직 사유의 소멸일**로 한다.

(5) 계급정년 등 「경찰공무원법」 제24조(정년)

① 경찰공무원의 정년은 다음과 같다.

1. 연령정년: 60세

2. 계급정년

치안감: 4년	경무관: 6년
총경: 11년	경정: 14년

② 징계로 인하여 강등(경감으로 강등된 경우를 포함)된 경찰공무원의 계급정년은 제1항제2호에도 불구하고 다음 각 호에 따른다.

  1. **강등된 계급의 계급정년은 강등되기 전 계급 중 가장 높은 계급의 계급정년으로 한다.**

  2. **계급정년을 산정할 때에는 강등되기 전 계급의 근무연수와 강등 이후의 근무연수를 합산한다.**

③ 수사, 정보, 외사(外事), 보안 등 특수 부문에 근무하는 경찰공무원으로서 대통령령으로 정하는 바에 따라 지정을 받은 사람은 총경 및 경정의 경우에는 3년의 범위에서 대통령령으로 정하는 바에 따라 제1항제2호에 따른 계급정년을 연장할 수 있다.

④ 경찰청장 또는 해양경찰청장은 **전시·사변이나 그 밖에 이에 준하는 비상사태**에서는 **2년의 범위**에서 제1항제2호에 따른 계급정년을 연장할 수 있다. 이 경우 **경무관 이상**의 경찰공무원에 대하여는 **행정안전부장관 또는 해양수산부장관과 국무총리를 거쳐 대통령의 승인**을 받아야 하고, **총경·경정**의 경찰공무원에 대하여는 **국무총리를 거쳐 대통령의 승인**을 받아야 한다.

⑤ 경찰공무원은 <u>그 정년이 된 날이 1월에서 6월 사이에 있으면</u> <u>6월 30일에 당연퇴직하고, 7월에서 12월 사이에 있으면 12월</u> <u>31일에 당연퇴직한다.</u>

⑥ 제1항제2호에 따른 계급정년을 산정할 때 자치경찰공무원으로 근무한 경력이 있는 경찰공무원의 경우에는 그 계급에 상응하는 자치경찰공무원으로 근무한 연수(年數)를 산입한다.

(6) 해양경찰공무원 임용에 관한 규정

해양경찰청 소속 경찰공무원 임용에 관한 규정 제3조

① 총경 이하 경찰공무원에게 부여 / 다만, 제2호부터 제5호까지의 경과는 경정 이하 경찰공무원에게만 부여한다.

> 1. 해양경과
> 2. 수사경과
> 3. 항공경과
> 4. 정보통신경과
> 5. 특임경과

② 임용권자는 경찰공무원을 **신규채용 할 때에 경과를 부여해야 함.**

③ 해양경찰청장은 **전시·사변 또는 이에 준하는 비상사태**가 발생한 경우에는 **경과의 일부를 폐지 또는 병합하거나 신설**할 수 있다.

④ 경과별 직무의 종류 및 전과(轉科) 등에 관해 필요한 사항은 **해양수산부령**으로 정한다.

❶ "경사를 경위로" 근속승진 임용요건은?

① 해당 계급에서 4년 이상 근속자
② 해당 계급에서 5년 이상 근속자
③ 해당 계급에서 6년 6개월 이상 근속자
④ 해당 계급에서 10년 이상 근속자

➡ ③ 해당 계급에서 **6년 6개월 이상** 근속자 이다.
   순경을 경장으로 4년 이상 . 경장을 경사로 5년 이상
   경위를 경감으로 10년 이상

----

❷ 다음 중 「경찰공무원법」상 경찰공무원의 계급정년으로 옳지 않은 것은?

① 치안감: 4년   ② 경무관: 6년

③ 총경: 11년   ④ 경정: 13년

➡ ④ / **경정은 14년**이다.
   치안감: 4년   경무관: 6년   총경: 11년

❷ 해양경찰청 소속 경찰공무원 임용에 관한 규정에서 정한 경과로 짝지어진 것은?

① 해양경과, 수사경과, 항공경과, 정보통신경과, 특임경과
② 일반경과, 수사경과, 항공경과, 정보통신경과, 특임경과
③ 해양경과, 행정경과, 항공경과, 정보통신경과, 보안경과
④ 해양경과, 수사경과, 보안경과, 정보통신경과, 항공경과

➡ **① 해양경과, 수사경과, 항공경과, 정보통신경과, 특임경과**

----

❷ 해양경찰청 소속 경찰공무원을 전보할 때 전보가 가능한 경우가 아닌 것은?

① 징계처분을 받은 경우
② 승진임용된 경찰공무원을 전보하는 경우
③ 전문직위로 경찰공무원을 전보하는 경우
④ 총경 이하의 경찰공무원을 배우자 또는 직계존속이 거주하는 시·군·자치구 지역으로 전보하는 경우

➡ ④ / **경정 이하**의 경찰공무원을 배우자 또는 직계존속이 거주하는 시·군·자치구 지역으로 전보하는 경우

소청심사위원회

「국가공무원법」 제9조(소청심사위원회)

① 행정기관 소속 공무원의 징계처분, 그 밖에 그 의사에 반하는 불리한 처분이나 부작위에 대한 소청을 심사·결정하게 하기 위하여 **인사혁신처에 소청심사위원회**를 둔다.

② 국회, 법원, 헌법재판소 및 선거관리위원회 소속 공무원의 소청에 관한 사항을 심사·결정하게 하기 위하여 국회사무처, 법원행정처, 헌법재판소사무처 및 중앙선거관리위원회사무처에 **각각 해당 소청심사위원회를 둔다.**

③ 국회사무처, 법원행정처, 헌법재판소사무처 및 중앙선거관리위원회사무처에 설치된 소청심사위원회는 위원장 1명을 포함한 위원 5명 이상 7명 이하의 비상임위원으로 구성하고, 인사혁신처에 설치된 소청심사위원회는 **위원장 1명을 포함한 5명 이상 7명 이하의 상임위원과 상임위원 수의 2분의 1 이상인 비상임위원으로 구성하되, 위원장은 정무직**으로 보한다.

④ 제1항에 따라 설치된 소청심사위원회는 다른 법률로 정하는 바에 따라 특정직공무원의 소청을 심사·결정할 수 있다.

⑤ 소청심사위원회의 **조직**에 관하여 필요한 사항은 **대통령령등**으로 정한다.

소청심사위원회 위원의 자격과 임명

「국가공무원법」 제10조(소청심사위원회 위원의 자격과 임명)

① 소청심사위원회의 위원(위원장을 포함)은 다음 각 호의 어느 하나에 해당하고 인사행정에 관한 식견이 풍부한 자 중에서 **국회사무총장, 법원행정처장, 헌법재판소사무처장, 중앙선거관리위원회사무총장 또는 인사혁신처장의 제청으로 국회의장, 대법원장, 헌법재판소장, 중앙선거관리위원회위원장 또는 대통령이 임명**한다. 이 경우 인사혁신처장이 위원을 임명제청하는 때에는 국무총리를 거쳐야 하고, 인사혁신처에 설치된 소청심사위원회의 위원 중 비상임위원은 제1호 및 제2호의 어느 하나에 해당하는 자 중에서 임명하여야 한다.

1. 법관·검사 또는 변호사의 직에 5년 이상 근무한 자
2. 대학에서 행정학·정치학 또는 법률학을 담당한 부교수 이상의 직에 5년 이상 근무한 자
3. 3급 이상 공무원 또는 고위공무원단에 속하는 공무원으로 3년 이상 근무한 자

② **소청심사위원회의 상임위원의 임기는 3년으로 하며, 한 번만 연임할 수 있다.** <개정 2008. 3. 28.>
③ 삭제 <1973. 2. 5.>
④ 소청심사위원회의 상임위원은 다른 직무를 겸할 수 없다. <개정 2008. 3. 28.>
⑤ 소청심사위원회의 공무원이 아닌 위원은 「형법」이나 그 밖의 법률에 따른 벌칙을 적용할 때 공무원으로 본다.

◆ 요약 ☞ 출제 빈번

■ 해양경찰청 소속 경찰공무원의 경과(5개):
　해양경과, 수사경과, 항공경과, 정보통신경과, 특임경과
■ 해양경찰청 소속 경찰공무원 임용 근거법은 **해양경찰청 소속 경찰공무원 임용에 관한 규정**이다. / **경찰공무원 임용령은 아님.**
■ 「경찰직무 응원법」상 경찰응원에 의하여 파견된 경찰관은 **파견된 관서의 경찰관으로서 직무를 수행한다.**
■ 경찰공무원으로서 **재산공개 대상자는 치안감 이상**이다.

◆ 징계의 내용(숫자 넣기) ☞ 출제 빈번

정직	공무원 신분은 유지, 1개월 이상 (3)개월 이하 직무정지
강등	공무원 신분은 유지하되, 1계급 아래로 직급을 내리고 (3)개월간 직무정지
해임	경찰공무원 관계가 소멸되고, 향후 (3)년간 일반공무원 임용금지
파면	경찰공무원 관계가 소멸되고, 향후 (5)년간 일반공무원 임용금지

(암기법) 3개월, 3개월, 3년, 5년 ☞ *3정. 3강. 3해. 5파.*

❶ 해양경찰청과 그 소속기관의 '보안담당관'으로 가장 옳지 않은 것은?

① 해양경찰청: 운영지원과장
② 중앙해양특수구조단: 특수구조단장
③ 지방해양경찰청: 기획운영과장
④ 해양경찰연구센터: 운영지원팀장

➡ ②

② 중앙해양특수구조단 ☞ **행정지원팀장**
■ 해양경찰교육원: 운영지원과장
■ 해양경찰서: 기획운영과장
■ 해양경찰정비창: 기획운영과장

----

❶ 경찰공무원 징계심의대상자의 방어권 보장을 위한 출석통지서는 징계위원회 개최 몇일 전까지 징계 혐의자에 도달되도록 해야 하는가?

① 1일 전   ② 2일 전

③ 5일 전   ④ 7일 전

➡ ③ **5일 전까지** 징계혐의자에 도달

「국가공무원법」 결격사유(제33조)

1. 피성년후견인 또는 피한정후견인
2. 파산선고를 받고 복권되지 아니한 자
3. 금고 이상의 실형을 선고받고 그 집행이 종료되거나 집행을 받지 아니하기로 확정된 후 5년이 지나지 아니한 자
4. 금고 이상의 형을 선고받고 그 집행유예 기간이 끝난 날부터 2년이 지나지 아니한 자
5. 금고 이상의 형의 선고유예를 받은 경우에 그 선고유예 기간 중에 있는 자
6. 법원의 판결 또는 다른 법률에 따라 자격이 상실되거나 정지된 자
6의2. 공무원으로 재직기간 중 직무와 관련하여 「형법」 제355조 및 제356조에 규정된 죄를 범한 자로서 300만원 이상의 벌금형을 선고받고 그 형이 확정된 후 2년이 지나지 아니한 자
6의3. 「성폭력범죄의 처벌 등에 관한 특례법」 제2조에 규정된 죄를 범한 사람으로서 100만원 이상의 벌금형을 선고받고 그 형이 확정된 후 3년이 지나지 아니한 사람
6의4. 미성년자에 대한 다음 각 목의 어느 하나에 해당하는 죄를 저질러 파면·해임되거나 형 또는 치료감호를 선고받아 그 형 또는 치료감호가 확정된 사람(집행유예를 선고받은 후 그 집행유예기간이 경과한 사람을 포함한다)
   가. 「성폭력범죄의 처벌 등에 관한 특례법」 제2조에 따른 성폭력범죄
   나. 「아동·청소년의 성보호에 관한 법률」 제2조제2호에 따른 아동·청소년대상 성범죄
7. 징계로 파면처분을 받은 때부터 5년이 지나지 아니한 자
8. 징계로 해임처분을 받은 때부터 3년이 지나지 아니한 자

경찰공무원 임용자격 및 결격사유

근거: 「경찰공무원법」 제7조(임용자격 및 결격사유)

① 경찰공무원은 신체 및 사상이 건전하고 품행이 방정한 사람 중에서 임용

② 다음 각호 어느 하나에 해당하는 사람은 경찰공무원으로 임용될 수 없다.

1. 대한민국 국적을 가지지 아니한 사람
2. 「국적법」 제11조의2제1항에 따른 복수국적자
3. 피성년후견인 또는 피한정후견인
4. 파산선고를 받고 복권되지 아니한 사람
5. 자격정지 이상의 형(刑)을 선고받은 사람
6. 자격정지 이상의 형의 선고유예를 선고받고 그 유예기간 중에 있는 사람
7. 공무원으로 재직기간 중 직무와 관련하여 「형법」 제355조 및 제356조에 규정된 죄를 범한 사람으로서 300만원 이상의 벌금형을 선고받고 그 형이 확정된 후 2년이 지나지 아니한 사람
8. 「성폭력범죄의 처벌 등에 관한 특례법」 제2조에 규정된 죄를 범한 사람으로서 100만원 이상의 벌금형을 선고받고 그 형이 확정된 후 3년이 지나지 아니한 사람
9. 미성년자에 대한 다음 각 목의 어느 하나에 해당하는 죄를 저질러 형 또는 치료감호가 확정된 사람(집행유예를 선고받은 후 그 집행유예기간이 경과한 사람을 포함한다)

    가. 「성폭력범죄의 처벌 등에 관한 특례법」 제2조에 따른 성폭력범죄

    나. 「아동·청소년의 성보호에 관한 법률」 제2조제2호에 따른 아동·청소년대상 성범죄

10. 징계에 의하여 파면 또는 해임처분을 받은 사람

직위해제

근거:「국가공무원법」제73조의3(직위해제)

① 임용권자는 다음 각 호의 어느 하나에 해당하는 자에게는 **직위를 부여하지 아니할 수 있다.**

> - **직무수행 능력이 부족하거나 근무성적이 극히 나쁜 자**
> - **파면·해임·강등 또는 정직에 해당하는 징계 의결이 요구 중**인 자
> - **형사 사건으로 기소된 자**(약식명령이 청구된 자는 제외한다)
> - **고위공무원단**에 속하는 일반직공무원으로서 제70조의2제1항제2호부터 제5호까지의 사유로 **적격심사를 요구받은 자**
> - **금품비위, 성범죄 등** 대통령령으로 정하는 비위행위로 인하여 **감사원 및 검찰·경찰 등 수사기관에서 조사나 수사 중**인 자로서 비위의 정도가 중대하고 이로 인하여 정상적인 업무수행을 기대하기 현저히 어려운 자

② 제1항에 따라 직위를 부여하지 아니한 경우에 **그 사유가 소멸**되면 임용권자는 **지체 없이 직위를 부여**하여야 한다.

③ 임용권자는 제1항제2호에 따라 **직위해제된 자에게 3개월의 범위에서 대기를 명한다.**

④ 임용권자 또는 임용제청권자는 제3항에 따라 **대기 명령을 받은 자**에게 능력 회복이나 근무성적의 향상을 위한 **교육훈련 또는 특별한 연구과제의 부여 등 필요한 조치**를 하여야 한다.

⑤ 공무원에 대하여 제1항제2호의 직위해제 사유와 같은 항 제3호·제4호 또는 제6호의 직위해제 사유가 경합(競合)할 때에는 같은 항 제3호·제4호 또는 제6호의 직위해제 처분을 하여야 한다.

징계의 효력

근거: 「국가공무원법」 제80조(징계의 효력)

- **강등은 1계급 아래**로 직급을 내리고(고위공무원단에 속하는 공무원은 3급으로 임용하고, 연구관 및 지도관은 연구사 및 지도사로 한다) **공무원신분은 보유하나 3개월간 직무에 종사하지 못하며 그 기간 중 보수는 전액을 감한다.** 다만, 제4조제2항에 따라 계급을 구분하지 아니하는 공무원과 임기제공무원에 대해서는 강등을 적용하지 아니한다.
- **정직은 1개월 이상 3개월 이하**의 기간으로 하고, **정직 처분을 받은 자는 그 기간 중 공무원의 신분은 보유하나 직무에 종사하지 못하며 보수는 전액을 감한다.**
- **감봉은 1개월 이상 3개월 이하**의 기간 동안 **보수의 3분의 1을 감한다.**
- **견책(譴責)은 전과(前過)에 대하여 훈계하고 회개**하게 한다.
- 공무원으로서 징계처분을 받은 자에 대하여는 **그 처분을 받은 날 또는 그 집행이 끝난 날부터 대통령령등으로 정하는 기간 동안 승진임용 또는 승급**할 수 없다. 다만, 징계처분을 받은 후 직무수행의 공적으로 포상 등을 받은 공무원에 대하여는 대통령령등으로 정하는 바에 따라 승진임용이나 승급을 제한하는 기간을 단축하거나 면제할 수 있다.

◆ 기획관리 ◆

기획과정의 순서

<1> 목표설정 ➜ <2> 상황분석 ➜ <3> 기획전제의 설정 ➜
<4> 대안의 탐색.평가 ➜ <5> 최적안의 선택

가. 기획관리계획(plan)

어떤 대상에 대해 그 대상의 변화를 가져올 목적을 확인하고 그 목적을 성취하는 데에 가장 적합한 행동을 설계하는 것을 관리 운용하는 것을 말한다. 이에 대해 계획(plan)은 기획을 통해 산출된 결과를 의미하며, 사업계획(program)과 단위사업계획(project)은 계획의 하위 개념으로 볼 수 있다.

■ 해양경찰청 기획관리 부서 : 기획조정관

나. 기획과정

어떠한 문제에 대하여 미래를 예측하며 방책을 구상하고 목표를 설정하여 이에 따르는 대체 행동 방안을 선택, 방침을 결정하는 과정이며, 목표를 달성하기 위하여 가장 경제적이고 효율적으로 자원을 배분하여 최선의 방책을 수립하는 것이다.

다. 기획의 원칙

목적성, 신축성, 경제성, 계속성, 단순성, 안전성, 장래예측성,
표준화 (의 원칙)이 있다.

라. 해양경찰청 핵심정책과 실천운동

■ **해양경찰청 4대 핵심정책**
  ① 해상 사망사고 반으로 줄이기, ② 외국어선 조업질서
확립, ③ 5대 해양부조리 근절, ④ 국민과 함께하는 깨끗
한 바다 만들기
  ☞ **5대 해양부조리**
  1. 국민안전 저해행위
  2. 해·수산 국고 보조금 등 부정수급행위
  3. 기업형·토착형 해양 비리행위
  4. 해·수산 공공기관 채용·선거 비리행위
  5. 사회적 약자에 대한 갑질 행위

■ **2개 실천운동**
  ① 범국민 구명조끼 착용, ② 해양쓰레기 줄이기

◆ 재정 예산(財政 豫算) ◆

> ## 경찰 예산의 편성과정
>
> <1> 중기사업계획서제출 → <2> 예산안편성지침통보 →
> <3> 예산요구서 제출 → <4> 예산안의 편성 →
> <5> 국무회의 심의 → <6> 예산안 국회의결

가. 예산제도

국가나 지방자치단체가 재정활동을 총괄적으로 예정하기 위하여 일정한 절차를 걸쳐 세운 일정기간 동안의 세입과 세출의 계획을 의미한다.

예산 제도는 편성·심의·집행·결산의 과정을 거쳐 이루어지므로 정치적·경제적·행정적인 의사결정이 모여 있는 제도이다.

수입의 재원이 국민에게서 징수한 조세를 중심으로 하고, 재정활동이 공공성을 지니고 있으므로 예산의 심의과정에서 국민의 대표기관인 의회의 조정을 받도록 되어 있다.

■ 해양경찰청 예산규모('21년) : 약 1조 5,407억원

국가재정운용계획의 수립

「국가재정법」 제7조

■ 정부는 재정운용의 효율화와 건전화를 위하여 매년 해당 회계연도부터 5회계연도 이상의 기간에 대한 **재정운용계획을 수립하여 회계연도 개시 120일 전까지 국회에 제출**하여야 한다.

■ 기획재정부장관은 **40회계연도 이상의 기간을 대상으로 5년마다 장기 재정전망을 실시**하여야 한다.

■ 기획재정부장관은 국가재정운용계획을 수립하기 위하여 필요한 때에는 관계 국가기관 또는 공공단체의 장에게 중·장기 대내·외 거시경제전망 및 재정전망 등에 관하여 **자료의 제출을 요청하거나, 관계 국가기관 또는 공공단체의 장과 이에 관하여 협의**할 수 있다.

■ 기획재정부장관은 국가재정운용계획을 수립하는 때에는 **관계 중앙관서의 장과 협의**하여야 한다.

■ **국가재정운용계획의 수립**에 관하여 필요한 사항은 **대통령령**으로 정한다.

■ 기획재정부장관은 제35조에 따른 수정예산안 및 제89조에 따른 추가경정예산안이 제출될 때에는 재정수지, 국가채무 등 **국가재정운용계획의 재정총량에 미치는 효과 및 그 관리방안에 대하여 국회에 보고**하여야 한다.

■ 기획재정부장관은 **국가재정운용계획을 국회에 제출하기 30일 전에 재정규모, 재정수지, 재원배분 등 수립 방향을 국회 소관 상임위원회에 보고**하여야 한다.

■ 각 중앙관서의 장은 재정지출을 수반하는 **중·장기계획을 수립하는 때에는 미리 기획재정부장관과 협의**하여야 한다.

■ 지방자치단체의 장은 국가의 재정지원에 따라 수행되는 사업으로서 **대통령령으로 정하는 규모 이상인 사업의 계획을 수립하는 때에는 미리 관계 중앙관서의 장과 협의**하여야 한다. 이 경우 중앙관서의 장은 기획재정부장관과 협의하여야 한다.

\<제출(통보) 기한 및 내용\>

제출(통보) 기한	내용
1월 31일까지	중기사업계획서의 제출
4월 30일까지	다음연도 예산편성지침 통보
6월 30일까지	다음연도 세입세출예산, 명시이월비 등 제출
회계연도 개시 90일 전까지	예산안 국회 제출

중기사업계획서의 제출
「국가재정법」 제28조

- 제28조 내지 제33조(예산안의 국회제출) -

각 중앙관서의 장은 **매년 1월 31일까지** 해당 회계연도부터 **5회계연도 이상의 기간 동안의 신규사업 및 기획재정부장관이 정하는 주요 계속사업에 대한 중기사업계획서를 기획재정부장관에게 제출**하여야 한다.

예산안편성지침의 통보(제29조)

기획재정부장관은 국무회의의 심의를 거쳐 **대통령의 승인을 얻은 다음 연도의 예산안편성지침을 매년 3월 31일까지 각 중앙관서의 장에게 통보**하여야 한다.

예산안편성지침의 국회보고(제30조)

기획재정부장관은 제29조제1항의 규정에 따라 각 중앙관서의 장에게 통보한 **예산안편성지침을 국회 예산결산특별위원회에 보고**하여야 한다.

예산요구서의 제출(제31조)

① 각 중앙관서의 장은 제29조의 규정에 따른 예산안편성지침에 따라 그 소관에 속하는 **다음 연도의 세입세출예산·계속비·명시이월비 및 국고채무부담행위 요구서("예산요구서")를 작성하여 매년 5월 31일까지 기획재정부장관에게 제출**하여야 한다.

③ 기획재정부장관은 제1항의 규정에 따라 제출된 예산요구서가 제29조의 규정에 따른 **예산안편성지침에 부합하지 아니하는 때**에는 **기한을 정하여 이를 수정 또는 보완하도록 요구**할 수 있다.

예산안의 편성(제32조)

기획재정부장관은 제31조제1항의 규정에 따른 예산요구서에 따라 예산안을 편성하여 **국무회의의 심의를 거친 후 대통령의 승인**을 얻어야 한다.

예산안의 국회제출(제33조)

정부는 제32조의 규정에 따라 **대통령의 승인을 얻은 예산안을 회계연도 개시 120일 전까지 국회에 제출**하여야 한다.

나. 예산의 탄력적 운영제도(전용, 이용, 이월)

(1) 예산의 전용(근거: 「국가재정법」 제46조)

① 각 중앙관서의 장은 예산의 목적범위 안에서 재원의 효율적 활용을 위하여 대통령령으로 정하는 바에 따라 **기획재정부장관의 승인을 얻어 각 세항 또는 목의 금액을 전용**할 수 있다. 이 경우 사업 간의 유사성이 있는지, 재해대책 재원 등으로 사용할 시급한 필요가 있는지, 기관운영을 위한 필수적 경비의 충당을 위한 것인지 여부 등을 **종합적으로 고려**하여야 한다.

② 각 중앙관서의 장은 제1항에도 불구하고 **회계연도마다 기획재정부장관이 위임하는 범위 안에서 각 세항 또는 목의 금액을 자체적으로 전용할 수 있다.**

③ **전용불가 사유**

    1. 당초 예산에 계상되지 아니한 사업을 추진하는 경우

    2. 국회가 의결한 취지와 다르게 사업 예산을 집행하는 경우

④ 기획재정부장관은 제1항의 규정에 따라 전용의 승인을 한 때에는 그 **전용명세서를 그 중앙관서의 장 및 감사원에 각각 송부**하여야 하며, 각 중앙관서의 장은 제2항의 규정에 따라 **전용을 한 때에는 전용을 한 과목별 금액 및 이유를 명시한 명세서를 기획재정부장관 및 감사원에 각각 송부**하여야 한다.

⑤ 각 중앙관서의 장이 전항에 따라 **전용을 한 경우에는 분기별로 분기만료일이 속하는 달의 다음 달 말일까지 그 전용 내역을 국회 소관 상임위원회와 예산결산특별위원회에 제출**하여야 한다.

■ 전용: 예산의 목적범위 안에서 재원의 효율적 활용을 위해 세항 또는 목 간의 경비를 기획재정부장관의 승인을 얻어 상호 전용할 수 있다.

■ 명시이월: 세출예산 중 연도 내에 그 지출을 하지 못할 것이 예측될 때에는 미리 국회의 승인을 얻어 예산을 다음 연도에 넘겨서 사용하는 것으로 사고이월과 달리 재이월은 가능하다.

■ 이체: 기획재정부장관은 정부조직 등에 관한 법령의 제정·개정 또는 폐지로 인하여 중앙관서의 직무와 권한에 변동이 있는 때에는 그 중앙관서의 장의 요구에 따라 그 예산을 상호 이용하거나 이체할 수 있다.

■ 이용: 예산집행상 필요에 의하여 미리 국회의 의결을 얻은 부분에 한하여 기획재정부장관의 승인을 얻어 장·관·항 간에 예산금액을 이용할 수 있다.

(2) 예산의 이용·이체(근거: 「국가재정법」 제47조)

① **각 중앙관서의 장은 예산이 정한 각 기관 간 또는 각 장·관·항 간에 상호 이용(移用)할 수 없다**. 다만, 다음 각 호의 어느 하나에 해당하는 경우에 한정하여 미리 예산으로써 국회의 의결을 얻은 때에는 기획재정부장관의 승인을 얻어 이용하거나 **기획재정부장관이 위임하는 범위 안**에서 자체적으로 이용할 수 있다.

 1. 법령상 지출의무의 이행을 위한 경비 및 기관운영을 위한 필수적경비의 부족액이 발생하는 경우

 2. 환율변동·유가변동 등 사전에 예측하기 어려운 불가피한 사정

 3. 재해대책 재원 등으로 사용할 시급한 필요가 있는 경우

 4. 그 밖에 대통령령으로 정하는 경우

② **기획재정부장관은 정부조직 등에 관한 법령의 제정·개정 또는 폐지로 인하여 중앙관서의 직무와 권한에 변동이 있는 때에는 그 중앙관서의 장의 요구에 따라 그 예산을 상호 이용하거나 이체(移替)할 수 있다**.

③ 각 중앙관서의 장은 제1항 단서의 규정에 따라 예산을 자체적으로 이용한 때에는 기획재정부장관 및 감사원에 각각 통지하여야 하며, 기획재정부장관은 제1항 단서의 규정에 따라 이용의 승인을 하거나 제2항의 규정에 따라 예산을 이용 또는 이체한 때에는 그 중앙관서의 장 및 감사원에 각각 통지하여야 한다.

④ 각 중앙관서의 장이 제1항 또는 제2항에 따라 **이용 또는 이체를 한 경우에는 분기별로 분기만료일이 속하는 달의 다음 달 말일까지 그 이용 또는 이체 내역을 국회 소관 상임위원회와 예산결산특별위원회에 제출**하여야 한다.

(3) 세출예산의 이월(근거: 「국가재정법」 제48조)

① 매 회계연도의 세출예산은 <u>다음 연도에 이월하여 사용할 수 없다.</u>
② 제1항에도 불구하고 <u>다음 각 호의 어느 하나에 해당하는 경비의 금액은 다음 회계연도에 이월하여 사용할 수 있다. 이 경우 이월액은 다른 용도로 사용할 수 없으며, 제2호에 해당하는 경비의 금액은 재이월할 수 없다.</u>
1. **명시이월비**
2. 연도 내에 지출원인행위를 하고 불가피한 사유로 인하여 연도 내에 지출하지 못한 경비와 지출원인행위를 하지 아니한 그 부대경비

3. 지출원인행위를 위하여 입찰공고를 한 경비 중 입찰공고 후 지출원인행위까지 장기간이 소요되는 경우로서 대통령령으로 정하는 경비

4. 공익사업의 시행에 필요한 손실보상비로서 대통령령으로 정하는 경비

5. 경상적 성격의 경비로서 대통령령으로 정하는 경비

③ 제1항에도 불구하고 계속비의 <u>연도별 연부액 중 해당 연도에 지출하지 못한 금액</u>은 **계속비사업의 완성연도**까지 **계속 이월하여 사용할 수 있다.**

④ 각 중앙관서의 장은 제2항 및 제3항의 규정에 따라 예산을 이월하는 때에는 대통령령으로 정하는 바에 따라 **이월명세서**를 작성하여 **다음 연도 1월 31일까지** 기획재정부장관 및 감사원에 각각 송부하여야 한다.

⑤ 각 중앙관서의 장이 제2항 및 제3항의 규정에 따라 **예산을 이월한 경우 이월하는 과목별 금액은 다음 연도의 이월예산으로 배정된 것으로 본다.**

⑥ 매 회계연도 세입세출의 결산상 잉여금이 발생하는 경우에는 제2항 및 제3항의 규정에 따른 세출예산 이월액에 상당하는 금액을 다음 연도의 세입에 **우선적으로 이입**하여야 한다.

⑦ **기획재정부장관**은 세입징수상황 등을 고려하여 필요하다고 인정하는 때에는 미리 제2항 및 제3항의 규정에 따른 **세출예산의 이월사용을 제한하기 위한 조치**를 취할 수 있다.

다. 예산의 기능

■ 통제기능·관리기능·계획기능·감축기능으로 나눌 수 있다.

■ 품목별 예산제도는 통제 기능을 중심으로 한 예산제도이다.

- 성과주의 예산제도는 관리 기능을 강조하는 제도이다.
- 계획예산제도(planning programming budgeting, PPB)는 계획의 기능을 강조하는 제도이다.
- 영기준 예산제도(zero base budgeting, ZBB)는 감축 기능을 강조하는 예산제도이다.

라. 예산원칙

공개의 원칙	예산의 편성·심의·집행·결산 과정이 일반국민에게 알려져야 한다.
완전성의 원칙	정부의 모든 세입과 세출이 총액으로 표시되어야 한다.
사전승인의 원칙	예산안은 사전에 의회의 의결을 거쳐 성립되어야 한다.
예산통일의 원칙	특정한 세입과 특정한 세출을 직접 연계시켜서는 안 된다.

마. 예산의 종류

본예산	국회에서 의결을 통해 확정된 예산
수정예산	일부내용을 변경하여 다시 국회에 제출한 예산
추가경정예산	변경하고자 할 때 국회 승인이 필요하다.
준예산	전년도에 준해서 임시로 지출하는 예산

그 밖에 조세수입을 주요 재원으로 하여 일반적인 국가활동에 쓰이는 **일반회계예산**, 특정한 사업을 운영하거나 특정한 세입으로 특정한 세출에 충당할 필요가 있을 때 법률을 근거로 임시로 편성하는 **특별회계예산이 있다.**

Q 다음 중 예산의 탄력적 운영제도에 대한 설명으로 가장 옳지 않은 것은? <2020년 간부후보 채용>

① 전용 - 예산의 목적범위 안에서 재원의 효율적 활용을 위해 세항 또는 목 간의 경비를 기획재정부장관의 승인을 얻어 상호 전용할 수 있다.

② 명시이월 - 세출예산 중 연도 내에 그 지출을 하지 못할 것이 예측될 때에는 미리 국회의 승인을 얻어 예산을 다음 연도에 넘겨서 사용하는 것으로 사고이월과 달리 재이월은 불가능하다.

③ 이용 - 국회의 의결을 얻은 부분에 한하여 기획재정부장관의 승인을 얻어 장·관·항 간에 예산금액을 이용할 수 있다.

④ 예비비 - 예측할 수 없는 예산 외의 지출 또는 예산초과지출에 충당하기 위하여 세입세출예산에 계상한 금액을 말한다.

▶ ② 명시이월 - 재이월이 가능하다.

___

Q 경찰 예산의 편성과정을 가장 옳게 나열한 것은?
<2020년 간부후보 채용>

㉠ 중기 사업계획서 제출	㉡ 예산요구서 제출
㉢ 예산안편성지침 통보	㉣ 예산안 국회의결
㉤ 국무회의 심의	㉥ 예산안의 편성

① ㉠, ㉢, ㉡, ㉥, ㉤, ㉣　　② ㉠, ㉢, ㉡, ㉥, ㉣, ㉤

③ ㉠, ㉢, ㉡, ㉤, ㉥, ㉣　　④ ㉠, ㉡, ㉢, ㉣, ㉤, ㉥

▶ ① / ㉠ 중기사업계획서제출 → ㉢ 예산안편성지침통보 → ㉡ 예산요구서 제출 → ㉥ 예산안의 편성 → ㉤ 국무회의 심의 → ㉣ 예산안 국회의결

제5편 해양경찰 각 기능별 주요업무

◆ 국제정보(國際情報) ◆

정보

정보의 분석형태에 따른 분류

기본정보	기본적·서술적 또는 일반 자료적 유형의 정보
현용정보	현실의 동적인 사항에 관한 정보
판단정보	특정문제를 체계적이며 실증적으로 연구하여 미래에 있을 상태를 추리, 평가한 정보

정보가치의 평가기준

정확성	정보가 얼마나 정확한 것인지 여부 / 정보가 사실과 일치되는 성질
완전성	제시된 주제와 얼마나 완전한 지식인지 여부 / 추가 정보가 필요하지 않는 상태
적실성	정보사용자의 사용목적, 당면 문제 해결 관련 여부/ 상황파악과 대안 분석에 도움을 주는 성질
적시성	사용자가 필요 시, 사용할 수 있도록 제공 여부 / 정보가 정책결정이 이루어지는 시점에 비추어 가장 적절한 시기에 존재하는 성질

정보요구방법

☞ **EEI(Essential Elements of Information)**

각 정보부서에서 맡고 있는 정책을 수행함에 있어 필요한 일반적.포괄적 정보로서 계속적이고 반복적으로 수집해야 할 필요가 있는 경우

☞ **OIR(other Intelligence requirement)**

급변하는 정세의 변화에 따라 불가피하게 정책상 수정이 필요하거나 또는 이를 위한 자료가 절실히 요구될 때 필요한 경우

☞ **PNIO(Priority of National Intelligence Objective)**

한 국가의 1년간 기본정보 운용지침

☞ **SRI(Special requirement for information)**

어떤 수시적 돌발상황의 해결에 필요한 한도 내에서 임시적·단편적·지역적인 특수사건을 단기에 해결하기 위하여 필요한 경우

Q 다음 정보요구방법 중 "한 국가의 1년간 기본정보 운용지침"과 관련 있는 것은?

① EEI   ② OIR   ③ PNIO   ④ SRI

▶ ③ PNIO 이다.

Q 경찰 정보의 일반적 특성을 설명한 것이다. 순서대로 옳게 나열한 것은?

> ㉠ 정보는 정보 사용자가 현재 당면하고 있거나 당면하게 될 문제와 관련되어야 한다.
> ㉡ 정보는 정책결정이 이루어지는 시점에 제공되어야 그 가치를 발휘한다.
> ㉢ 정보는 그 자체로서 정책결정에 필요한 모든 내용을 가능한 망라하고 있어야 한다.
> ㉣ 정보는 사실과 일치되어야 하며 그렇지 못한 경우 정보라 할 수 없다.

① 적실성 → 적시성 → 완전성 - 정확성
② 적시성 → 적실성 → 완전성 - 정확성
③ 적실성 → 정확성 → 적시성 - 완전성
④ 완전성 → 적시성 → 적실성 - 정확성

➡ ① 적실성 → 적시성 → 완전성 - 정확성

Q 특정문제를 체계적이며 실증적으로 연구하여 미래에 있을 상태를 추리, 평가한 정보는?

① 기본정보 ② 현용정보
③ 판단정보 ④ 추리정보

➡ ③ 판단정보

보안

보안의 수단

■ 신원 조사	■ 보안교육

방첩(비밀·보안 유지) 수단

적극적 방첩	■ 간첩신문, 간첩 역용공작, 적에 대한 첩보수집, ■ 대상인물 감시, 적의 공작방향 등 첩보공작 분석
소극적 방첩	■ (정보, 자재, 인원, 시설) 보안의 확립 ■ 보안업무 규정화 ■ 방첩 관련 제규정 수정, 개정 등 입법사항 건의
기만적 방첩	■ 허위정보 및 유언비어 유포 ■ 양동간계시위(거짓행동을 적에게 보임으로써 우리가 기도한 바를 적이 오인하도록 하는 방법)

❿ 방첩 수단 중 '양동간계시위'를 옳게 정의한 것은?

① 적극적 방첩   ② 소극적 방첩

③ 기만적 방첩   ④ 유도적 방첩

▶ ③ **기만적** 방첩 / <보안> 편 '방첩 수단' 참조.

문서보안

> I, II, III급의 표시가 없더라도 국가 기밀에 해당하는 문서를
> 모두 포함한다. (일반문서 및 비밀문서 모두 포함)
>   ☞ *비밀은 적절히 보호할 수 있는 최저등급으로 분류*
>   *과도하거나 과소하게 분류해서는 아니된다.*

- **I 급 비밀**: 누설될 경우 **대한민국과 외교관계가 단절**되고 전쟁을 일으키며, 국가의 방위계획·정보활동 및 국가방위에 반드시 필요한 과학과 기술의 개발을 **위태롭게 하는 등의 우려**가 있는 비밀

- **II 급 비밀**: 누설될 경우 국가안전보장에 **막대한 지장**을 끼칠 우려가 있는 비밀

- **III 급 비밀**: 누설될 경우 국가안전보장에 **손해를 끼칠 우려**가 있는 비밀

> ◆ **해양경찰청장은**
>   ☞ **II 급 및 III 급 비밀취급인가권자 겸**
>   ☞ **III 급 비밀 소통용 암호자재취급인가권자이다.**
> ◆ **해양경찰공무원은 임용과 동시에 II 급 비밀 취급권**

< II 급 및 III 급 비밀취급인가권자: 7개 관서장>
- 근거: 해양경찰청 보안업무 시행세칙 제10조 -

1. 해양경찰청장	2. 해양경찰교육원장
3. 해양경찰정비창장	4. 해양경찰연구센터장
5. 중앙해양특수구조단장	6. 지방해양경찰청장
7. 해양경찰서장	

❹ 비밀에 관한 다음 설명 중 옳지 않은 것은?

① 해양경찰공무원은 임용과 동시 II 급 비밀취급권을 가진다.

② II 급 비밀은 누설될 경우 국가안전보장에 막대한 지장을 끼칠 우려가 있는 비밀이다.

③ III 급 비밀은 누설될 경우 국가안전보장에 손해를 끼칠 우려가 있는 비밀이다.

④ 비밀은 적절히 보호할 수 있는 최고등급으로 분류하며 과도하거나 과소하게 분류해서는 아니된다.

➡️ ④ / 비밀은 적절히 보호할 수 있는 '**최저등급**'으로 분류

<남북교류협력>

┌───┐

「남북교류협력에 관한 법률」

- 남한의 주민이 **북한을 방문**하거나, **북한으로 물품 등을 반출**하려는 자는 **통일부장관의 승인**을 받아야 한다.

- 남한과 북한 간 거래는 **국가 간의 거래가 아니라, 민족내부의 거래**로 본다.

└───┘

외사·국제

국제경찰 공조(수배서) ☞ 또 출제 예상

Red Notice	(적색수배서) 국제체포 수배서	- **살인, 강도, 강간등 강력범** - 50억원 이상 경제사범 - **범죄인 인도 목적**
Yellow Notice	(황색수배서) 가출인 수배서	**가출인** 소재확인, 기억상실자 신원파악 목적
Orange Notice	(오렌지수배서)	**폭발물, 위험물 경고** 목적
Green Notice	(녹색수배서) 상습 국제범죄자 수배서	**상습 국제범죄자** 신원확인 목적
Black Notice	(흑색수배서) **변사자 수배서**	신원불상 사망자, **변사자 신원확인 목적**
Blue Notice	(청색수배서) 국제정보조회 수배서	**수배자의 신원, 전과, 소재**확인 목적
purple Notice	(자주색수배서) 국제정보조회 수배서	**새로운 특이 범죄수법 분석**하여 회원국에 배포
INTERPOL-UN	인터폴-유엔 수배서	INTERPOL-UN 협력, **국제테러범, 테러단체** 제재 목적
stolen property Notice	장물수배서	**도난, 불법취득 문화재 등 수배**

■ **국가기관간 공조수사**가 필요한 경우 **지방해양경찰청장**은 **관계기관과 합동수사본부를 설치·운용**할 수 있다.

ⓠ 다음 괄호 안에 들어갈 인터폴 국제수배서의 명칭을 바르게 배열한 것은?

> ㉠ (   ) 수배자의 신원과 소재 확인을 위해 발행
>
> ㉡ (   ) 일반 형법을 위반하여 체포영장이 발부된 범죄인에 대해 범인인도를 목적으로 발행
>
> ㉢ (   ) 가출인의 소재확인 또는 기억상실자 등의 신원을 파악할 목적으로 발행

① ㉠ 적색수배   ㉡ 청색수배   ㉢ 녹색수배
② ㉠ 적색수배   ㉡ 청색수배   ㉢ 황색수배
③ ㉠ 청색수배   ㉡ 적색수배   ㉢ 녹색수배
④ ㉠ 청색수배   ㉡ 적색수배   ㉢ 황색수배

➡ ④ / ㉠ 청색수배. ㉡ 적색수배. ㉢ 황색수배

ⓠ 다음의 경우 사용할 수 있는 인터폴 국제수배서는?

> 00지방해양경찰청 00해양경찰서 형사계에 근무하는 A경위는 항구 인근에서 국적불명의 변사체를 발견하고, 그 소지품 등을 조사하였으나 신분증이 없어 신원을 확인할 수 없다.

① 적색수배서   ② 황색수배서
③ 흑색수배서   ④ 청색수배서

➡ ③ / 신원불상 사망자, **변사자 신원확인 목적**(흑색수배서)

「영해 및 접속수역법」 및 동법 시행령
제4조(외국군함 등의 통항)

외국의 군함 또는 비상업용 정부선박이 영해를 통항하고자 할 때에는 **통항 3일 전까지(공휴일은 제외한다) 외교부장관**에게 다음 각호의 사항을 **통고하여야 한다**. 다만, 전기선박이 통과하는 수역이 국제항행에 이용되는 해협으로서 동 수역에 공해대가 없을 경우에는 그러하지 아니하다.

1. 당해 선박의 선명·종류 및 번호
2. 통항목적
3. 통항항로 및 일정

Q 「영해 및 접속수역법」 및 같은 법 시행령 상 우리의 영해 및 접속수역에서 외국군함의 무해통항에 관한 제한요건으로 가장 옳은 것은?
<2019년 간부후보 채용>

① 사전승인   ② 사전허가

③ 사전통고   ④ 사후통고

➡ ③ 사전통고 / 「영해 및 접속수역법」 제5조(외국선박의 통항)
외국의 군함 또는 비상업용 정부선박이 영해를 통항시는 관계당국에 **미리 알려야 한다.**

「배타적 경제수역 및 대륙붕에 관한 법률」

목 적

「해양법에 관한 국제연합 협약」에 따라 배타적 경제수역과 대륙붕에 관하여 대한민국이 행사하는 주권적 권리와 관할권 등을 규정하여 대한민국의 해양권익을 보호하고 국제해양질서 확립에 기여함

배타적 경제수역과 대륙붕의 범위

① 대한민국의 배타적 경제수역은 협약에 따라 「영해 및 접속수역법」 제2조에 따른 기선(基線)으로부터 그 바깥쪽 200해리의 선까지에 이르는 수역 중 **대한민국의 영해를 제외한 수역**으로 한다.

② 대한민국의 대륙붕은 협약에 따라 영해 밖으로 영토의 자연적 연장에 따른 대륙변계(大陸邊界)의 바깥 끝까지 또는 대륙변계의 바깥 끝이 200해리에 미치지 아니하는 경우에는 **기선으로부터 200해리까지의 해저지역의 해저와 그 하층토**로 이루어진다. 다만, 대륙변계가 기선으로부터 200해리 밖까지 확장되는 곳에서는 **협약에 따라 정한다.**

③ 대한민국과 마주 보고 있거나 인접하고 있는 국가간의 배타적 경제수역과 대륙붕의 경계는 제1항 및 제2항에도 불구하고 **국제법을 기초로 관계국과의 합의**에 따라 획정한다.

❷ 다음 중 법령에 대한 설명으로 가장 옳지 않은 것은?

<2019년 간부후보 채용>

① 「영해 및 접속수역법」상 대한민국의 영해는 기선으로부터 측정하여 그 바깥쪽 12해리의 선까지에 이르는 수역으로 한다.

② 「영해 및 접속수역법」상 영해의 폭을 측정하기 위한 통상의 기선은 대한민국이 공식적으로 인대축척해도에 표시된 해안의 저조선으로 한다.

③ 「배타적 경제수역 및 대륙붕에 관한 법률」상 대한민국의 배타적 경제수역은 협약에 따라 기선부터 그 바깥쪽 200해리의 선까지에 이르는 수역 중 대한민국의 영해를 포함한 수역으로 한다.

④ 「배타적 경제수역 및 대륙붕에 관한 법률」상 대한민국은 협약에 따라 배타적 경제수역에서 천원의 탐사·개발·보존 및 관리를 목적으로 하는 주권적 권리를 갖는다.

▶ ③ 제2조(배타적 경제수역과 대륙붕의 범위) 대한민국의 배타적 경제수역은 협약에 따라 「영해 및 접속수역법」 제2조에 따른 기선으로부터 그 바깥쪽 200해리의 선까지에 이르는 수역 중 **대한민국의 영해를 제외한 수역**으로 한다.

「UN해양법협약」 요약 ☞ 출제 빈번

- **영해, 접속수역, 배타적경제수역 등**에 관한 사항이 규정
- **추적권**은 추적당하는 선박이 **그 국적국 또는 제3국 영해에 들어 감과 동시에 소멸된다.**
- **추적권**은 연안국의 주권적 권리가 미치는 수역에서 자기나 라의 **법령을 위반하였다고 믿을만한 충분한 이유가 있을 때에는 그 추적을 영해 밖까지 할 수 있는 권리**이다.
- **공해**에 있는 **군함**은 기국외의 **어떠한 국가의 관할권으로부 터도 완전히 면제된다.**

「UN해양법협약」 (개요)

- **영해, 내수, 접속수역, 배타적 경제수역** 등 해양의 모든 영 역을 대상으로 하는 포괄적인 해양 헌장이다. **12해리 영해제도 와 국제해협 통과통항제도, 200해리 배타적 경제수역제도 등**을 확립했다. 또한 심해저자원을 인류의 공동재산으로 인식하고 국제해저기구를 설립해 심해저 개발을 관리·규제, 포괄적인 해 양분쟁 해결을 위해 국제해양법재판소를 설립

- 한국은 1983년 3월 14일에 서명 / 1994년 UN총회에서 '1982년 UN해양법협약 제11장의 이행에 관한 협약'이 채택되 면서 미국 등 협약에 서명했다. **1994년 정식으로 발효**

UN해양법협약(추적권에 대하여)

- UN해양법협약에 따르면 연안국은 **자국의 법령을 위반**했다고 믿을만한 충분한 이유가 있는 경우 외국선박을 공해상에까지 추적하여 나포할 수 있는 **추적권을 행사**할 수 있다.

- 추적권은 공해상의 선박에 대해서는 기국이 관할권을 갖는다는 **기국주의 원칙**에 대한 중요한 예외의 하나이다. 추적권 행사시 가능한 한 무력의 사용은 회피되어야 할 것이며, 무력의 사용을 회피할 수 없다면 그 상황에서 **합리적이고 필요한 정도를 초과해서는 아니된다**.

기국(flag state)주의

- 공해상에 있는 선박은 선박의 소속국, 즉 선박을 등록하고 **그 국기를 게양한 국가만이 관할권을 갖는다**는 국제법 상의 일반 원칙이다. 선박이나 항공기는 국적을 가진 국가의 국기를 게양하도록 하고, 그 기국법(旗國法)에 따라 선박이나 항공기에 대한 관할권을 결정하는 원칙을 말한다. 기국주의는 법의 효력에 대한 속지주의(屬地主義)의 특수한 경우라고 할 수 있다.

- 공해상에서의 범법행위 발견 시는 검색, 나포, 운항정지 등이 불가하며 **필요시 증거를 수집, 기국(旗國)에 통보**해야 한다.

ⓠ 「UN해양법협약」에 명시되지 않은 수역은?

① EEZ   ② 영해, 군도   ③ 접속수역   ④ 통제수역

▶ ④ / **영해, 내수, 접속수역, 배타적 경제수역** 등 명시

ⓠ 「UN해양법협약」 중 기국주의(旗國主義) 등에 대한 설명이다. 다음 중 옳지 않은 것은?

① 군함, 경비함정이 공해상에서의 일반 선박의 범법행위 발견 시는 검색, 나포 등을 할 수 있다

② 기국주의는 공해상에 있는 선박은 선박의 소속국, 즉 선박을 등록하고 그 국기를 게양한 국가만이 관할권을 갖는다는 국제법 상의 일반원칙이다.

③ 추적권은 공해상의 선박에 대해서는 기국이 관할권을 갖는다는 기국주의 원칙에 대한 중요한 예외의 하나이다.

④ 연안국은 자국의 법령을 위반했다고 믿을 만한 충분한 이유가 있는 경우 외국선박을 공해상에까지 추적하여 나포할 수 있는 추적권을 행사할 수 있다.

▶ ① 공해상에서는 검색, 나포 등을 **할 수 없다.**

「국제항해선박 및 항만시설의 보안에 관한 법률」
제3조(적용범위)

① 이 법은 다음 각 호의 **국제항해선박 및 항만시설**에 대하여 적용한다. 다만, 이 법에 특별한 규정이 있으면 그 규정에 따른다.

  1. 다음 각 목의 어느 하나에 해당하는 대한민국 국적의 국제항해선박
    가. **모든 여객선**
    나. **총톤수 500톤 이상의 화물선**
    다. **이동식 해상구조물(천연가스 등 해저자원의 탐사·발굴 또는 채취 등에 사용되는 것을 말한다)**
  2. 제1호 각 목의 어느 하나에 해당하는 대한민국 국적 또는 외국 국적의 **국제항해선박과 선박항만연계활동이 가능한 항만시설**

② 제1항에도 불구하고 **비상업용 목적으로 사용되는 선박**으로서 **국가 또는 지방자치단체가 소유하는 국제항해선박**에 대하여는 이 법을 **적용하지 아니한다.**

  ※ 아래의 *제18조(선박식별번호)와* *헷갈리지 마시오.*

> ■ 제18조(선박식별번호)는 2가지
>   1. **총톤수 100톤 이상의 여객선**
>   2. **총톤수 300톤 이상의 화물선**

Q 2001년 9월 11일 미국에서 발생한 테러사건 이후 해상화물 운송선박 및 항만시설에 대한 해상 테러 가능성을 대비하기 위한 해상분야 보안강화 규정 관련 협약이 탄생되었다. 이 협약과 관련된 설명 중 가장 옳지 않은 것은?
<2020년 간부후보 채용>

① ISPS CODE로 불린다.

② 우리나라는 「국제항해선박 및 항만시설의 보안에 관한 법률」을 국내법으로 수용하였다.

③ 「국제항해선박 및 항만시설의 보안에 관한 법률」에서 대한민국 국적이면 고정식 해상구조물도 포함된다.

④ 「국제항해선박 및 항만시설의 보안에 관한 법률」에서 비상업용 목적으로 사용되는 국가소유 국제항해선박은 이 법의 적용이 제외된다.

▶ ③ 고정식 해상구조물은 포함 안 됨.

■ ③ **고정식** 해상구조물도 포함 ☞ **이동식** 해상구조물(천연가스 등 해저자원의 탐사·발굴 또는 채취 등에 사용되는 것)을 포함
■ **비상업용** 목적으로 사용되는 선박은 **제외**

Q 「국제항해선박 및 항만시설의 보안에 관한 법률」에 따라 선박식별번호를 표시하여야 하는 선박은?

〈2020년 간부후보 채용〉

① 모든 여객선   ② 모든 화물선

③ 총톤수 50톤 이상의 여객선

④ 총톤수 300톤 이상의 화물선

▶ ④

> ■「국제항해선박 및 항만시설의 보안에 관한 법률」
>   제18조(선박식별번호)
> 1. 총톤수 100톤 이상의 여객선
> 2. 총톤수 300톤 이상의 화물선

Q 「국제항해선박 및 항만시설의 보안에 관한 법률」 에서 규정한 적용범위가 아닌 것은?

① 총톤수 20톤의 여객선

② 총톤수 500톤의 어선

③ 해저자원의 탐사용 이동식 해상구조물

④ 국제항해선박과 선박항만연계활동이 가능한 항만시설

▶ ② / **어선**은 해당 없음.

국가 대테러

◆ **해양경찰청장**은 __5년마다__ 해양 대테러 계획을 수립하여야 한다.(「해양경비법」 제16조의2)

◆ **해양경찰청장**은 다음 각호의 기준을 고려하여 단계별 조치를 **취하여야 한다.**(「국가 대테러활동 세부운영 규칙」 제27조)

국가 대테러 단계별 조치

단계	조치
관심	선박 및 해상을 통한 항만, 임해중요시설 테러 관련 미확인 첩보를 입수한 때
주의	해상을 통한 테러이용물질의 국내 반입기도 첩보 입수한 때
경계	해상테러관련 첩보를 입수한 때
심각	대테러 관계공무원의 비상근무, 해양테러사건 대책본부 등 사건 대응조직의 운영준비, 필요한 장비 인력 등 동원태세유지

'대테러특공대' 설치·운영자

◆ 「국민보호와 공공안전을 위한 테러방지법」 시행령 18조 상 '대테러특공대'를 설치·운영하는 __3개 기관__

　■국방부장관　　　　　■경찰청장　　　　　■해양경찰청장

❶ 「국민보호와 공공안전을 위한 테러방지법」시행령 상
　 '대테러특공대'를 설치·운영하는 기관이 아닌 것은?

① 국가정보원　　　　　② 국방부

③ 경찰청　　　　　　　④ 해양경찰청

　➡ ① / 설치·운영자는 **해양경찰청장, 경찰청장, 국방부장관** 이다.

----

❷ 「국가대테러활동세부운영규칙」상 '해상을 통한
　 테러이용물질의 국내 반입기도 첩보를 입수한 때'
　 의 단계는?

① 관심　　　　　　② 주의

③ 심각　　　　　　④ 경계

　➡ ② 주의

----

❸ 선박 및 해상을 통한 항만, 임해중요시설 테러 관련
　 미확인 첩보를 입수한 때의 단계는?

① 관심　　　　　　② 주의

③ 심각　　　　　　④ 경계

　➡ ① 관심

◆ 수사(捜査) ◆

> 수사란 범죄의 혐의 유무를 명백히 하여 **공소의 제기와 유지 여부를 결정**하기 위하여 범인을 발견·확보하고 증거를 수집·보전하는 수사기관의 활동으로 **임의수사가 원칙**이다.

해양경찰청장의 지휘·감독

해양경찰청장은 개별 사건의 수사에 대하여 구체적으로 지휘 감독할 수 없다. (다만, 해양주권 침해, 대형 재난 등 긴급하고 중요한 사건은 예외)

◆ 해양경찰청 「범죄수사규칙」 제14조

① 해양경찰청장은 **해양경찰청 소속 국가경찰의 수사에 관한 사무를 총괄하고 지휘·감독**하며, 해양경찰청의 수사업무를 관장한다.

② 해양경찰청장은 제1항에도 불구하고 다음 각 호의 사항을 제외한 일반적인 사건수사에 대한 지휘는 **지방해양경찰청장에게 위임**할 수 있다.

  1. **수사관할이 수개의 지방해양경찰청**에 속하는 사건

  2. **고위공직자 또는 경찰관이 연루된 비위 사건으로 해당관서에서 수사하게 되면 수사의 공정성이 의심받을 우려**가 있는 경우

  3. 해양경찰청장이 **수사본부 또는 특별수사본부를 설치**하여 지정하는 사건

  4. 그 밖에 **사회적 이목이 집중되거나, 파장이 큰 사건**으로 해양경찰청장이 **특별히 지정**하는 사건

지방해양경찰청장의 수사지휘 방식

◈ 해양경찰청 「범죄수사규칙」 제20조

① **지방해양경찰청장이 해양경찰서장에게 사건에 대한 구체적 지휘를 할 때**에는 별지 제2호 서식의 **수사지휘서**(관서간)를 작성하거나 제43조에서 규정하는 **형사사법정보시스템을 이용하여 지휘**하여야 한다. 다만, 다음 각 호의 경우에는 **구두나 전화 등 간편한 방식으로 지휘**할 수 있으며, 사후에 신속하게 서면 또는 형사사법정보시스템을 이용하여 지휘내용을 송부하여야 한다.

1. **천재지변 또는 긴급한 상황**
2. **이미 수사지휘 한 내용을 보완하거나 지휘 내용이 명확**한 경우
3. **수사 현장에서 지휘**하는 경우

② **해양경찰서장**은 전항 단서에도 불구하고 지휘내용을 송부받지 못한 경우에는 지방해양경찰청장에게 서면 또는 형사사법정보시스템을 이용하여 **지휘내용을 송부해 줄 것을 요청**할 수 있다.

③ 제2항의 요청을 받은 지방해양경찰청장은 신속하게 지휘내용을 **서면 또는 형사사법정보시스템을 이용**하여 송부하여야 한다.

④ 경찰관은 제1항 또는 제3항에 따라 작성된 수사지휘서를 사건기록에 편철하여야 하며, 제3항에도 불구하고 지방해양경찰청장의 서면 또는 형사사법정보시스템을 이용한 지휘를 받지 못한 경우에는 **관련사항을 수사보고서로 작성**하여야 한다.

해양경찰서장

◈ 해양경찰청 「범죄수사규칙」 제16조

해양경찰서장은 해당 해양경찰서 **관내의 범죄수사에 대하여 지휘·감독**을 하며, **합리적이고 공정한 수사**를 위하여 그 책임을 다하여야 한다.

수사본부 설치

근거: 「(해양경찰청) 수사본부 운영 규칙」

◈ 중요사건(제2조) ☞ 출제 빈번

1. 살인, 강도, 강간, 약취유인, 방화사건
2. **5인 이상** 상해 또는 업무상과실치사상 사건
3. 국가중요시설물 파괴 및 인명피해가 발생한 테러사건 또는 그러한 테러가 예상되는 사건 4. <삭 제>
5. 집단 특수공무집행 방해사건
6. 선박의 충돌·침몰·도주사건
7. **기름 또는 유해물질 30㎘ 이상** 해양오염사고
8. 그 밖의 사회적 이목을 집중시키거나 중대한 영향을 미칠 우려가 있는 사건

◈ **수사본부의 설치(제3조)**

① 해양경찰청장은 **중요사건이 발생한 경우**, 필요하다고 인정할 때에는 지방해양찰청장에게 수사본부 또는 합동수사본부의 설치를 명하여 그 사건을 특별수사하게 할 수 있고, 이 경우 **지방해양경찰청장은 수사본부를 설치**하여야 한다.

② 지방해양경찰청장은 제2조의 중요사건이 발생한 경우, 필요하다고 인정할 때에는 수사본부를 설치하거나 해양경찰서장에게 수사본부의 설치를 명하여 그 사건을 특별수사하게 할 수 있다.

③ 수사본부에는 **본부장, 부본부장, 수사전임관, 홍보관, 분석연구관, 지도관, 관리관 및 수사반**을 둔다.

④ **국가기관간 공조수사가 필요한 경우** 지방해양경찰청장은 **관계기관과 합동수사본부를 설치·운용**할 수 있으며, 수사본부의 조직, 설치장소, 인원구성, 수사분담 등에 관하여는 **상호 협의하여 운용**한다.

◈ **수사본부의 설치장소(제4조)**

수사본부는 **사건 발생지를 관할하는 해양경찰서에 설치함을 원칙**으로 한다. 다만, 관계기관과 공조가 필요하거나 사건내용에 따라 다른 곳에 설치하는 것이 적당하다고 인정될 때에는 그러하지 아니한다.

◈ **수사본부장(제6조)**

① 수사본부장은 다음 각 호의 어느 하나에 해당하는 자 중에서 지방해양경찰청장이 지명한다.

 1. **지방해양경찰청 안전총괄부장 또는 수사과장**

2. 해양경찰서 수사과장

② 본부장은 수사본부 수사요원을 지휘·감독하여 수사본부를 운영 관리한다.

◈ 비치서류(제18조)

① 수사본부에서는 다음 각 호의 서류를 갖추고 수사진행상황을 기록하여야 한다.

　1. 사건수사지휘 및 진행부　2. 수사일지 및 수사요원 배치표

　3. 수사보고서철　4. 용의자 명부　5. 참고인 명부

② 해양경찰관서 해당과장은 제1항의 서류와 사건기록의 사본을 작성하여 한꺼번에 철하여 두고, 연구하는 동시에 앞으로의 수사 및 교양자료로 한다.

③ 제1항의 서류와 사건기록 사본의 보존기간은 범인을 검거하였을 경우에는 3년, 검거하지 못한 사건인 경우에는 공소시효 완성 후 1년으로 한다.

◈ 수사본부의 해산(제19조)

① 지방해양경찰청장이 수사본부의 해산사유

　1. **범인을 검거하였을 때**

　2. **오랜 기간 수사하였으나 사건해결의 전망이 없을 때**

　3. 그 밖에 **특별수사를 계속할 필요가 없게 되었을 때**

② 지방해양경찰청장은 수사본부를 해산하였을 때에는 각 해양경찰서장, 그 밖에 관련 기관장에게 해산사실 및 사유를 알려야 한다.

ⓠ 다음 중 「해양경찰청 수사본부 운영 규칙」상 '중요사건' 의 규정으로 옳지 않은 것은?

① 살인, 강도, 강간, 약취유인, 방화사건

② 5인 이상 상해 또는 업무상과실치사상 사건

③ 집단 특수공무집행 방해사건

④ 기름 또는 유해물질 20㎘ 이상 해양오염사고

▶ ④ **기름 또는 유해물질 30㎘ 이상이 옳다.**

ⓠ 다음 중 「해양경찰청 수사본부 운영 규칙」상 지방해양경찰청장이 수사본부를 해산할 수 있는 규정으로 옳지 않은 것은?

① 범인을 추적 중일 때

② 특별수사를 계속할 필요가 없게 되었을 때

③ 범인을 검거하였을 때

④ 오랜 기간 수사하였으나 사건해결의 전망이 없을 때

▶ ① **범인을 추적 중일 때는 해산할 수 없다.**

수사주책임관

◈ 범죄수사규칙 제25조(수사주책임관)

① **지방해양경찰청장**은 자신이 지휘하는 사건에 대하여 사건의 수사를 주재하는 **수사주책임관을 지정**하여야 한다.

② 해양경찰서장은 필요한 경우 자신이 지휘하는 사건에 대하여 수사주책임관을 지정할 수 있다.

③ 수사주책임관의 지정 기준

1. **지방해양경찰청장 지휘사건: 지방청 과·계장 또는 경찰서 과장급**

2. **해양경찰서장 지휘사건: 경찰서 과장급 또는 수사 계(팀)장**

④ 수사주책임관은 소속 경찰관 등을 지휘·감독하며, 상급자에게 수사관련 사항을 보고하고 수사지휘를 받아 다음 각호의 직무를 수행한다.

1. 수사할 사항과 수사 **경찰관의 임무분담** 지정

2. **압수물 및 그 환가대금의 출납 승인과 보관상황** 파악

3. **수사방침** 수립   4. **수사 경찰관에 대한 수사보고 요구**

5. **유치장에 유치된 피의자를 경찰시설 외에서 실황조사**, 현장검증 등의 수사를 하는 경우, **수사 경찰관의 임무분담과 일시·장소, 이동경로 등 사전 계획 수립**

6. 수사의 적정한 수행 및 피의자의 도주와 자살, 각종 사고방지 등에 대한 **지도·교양**

7. 그 밖에 법령의 규정에 의해 그 권한에 속하거나 지방해양경찰청장 또는 **해양경찰서장으로부터 특별히 명령을 받은 사항**

범죄수사 3대 원칙

① **신속수사**의 원칙
② **현장보존**의 원칙
③ **공중협력**의 원칙

수사의 기본 원칙

임의수사의 원칙   **강제수사 법정주의**
수사비례의 원칙   **영장주의**
수사비공개의 원칙   **제출인 환부**의 원칙
자기부죄 강요금지의 원칙   (장물은 피해자 환부 인정)

범죄피해자 보호 원칙

◆ **해양경찰청 「범죄수사규칙」 제219조**

① 경찰관은 피해자의 심정을 이해하고 그 인격을 존중하며 신체적·정신적·경제적 피해의 회복과 권익증진을 위하여 노력하여야 한다.

② 본장의 '피해자'는 타인의 범죄행위로 피해를 당한 사람과 그 배우자(사실상의 혼인관계를 포함한다), 직계친족 및 형제자매를 말한다.

③ 범죄신고자 및 참고인으로서 범죄수사와 관련하여 보복을 당할 우려가 있는 경우 이 장을 준용한다.

Q 해양경찰청 수사본부 운영 규칙 상 수사본부장으로 지명될 수 없는 사람은?

① 지방해양경찰청 안전총괄부장
② 해양경찰서 파출소장
③ 해양경찰서 수사과장
④ 지방해양경찰청 수사과장

➡ ② / 해양경찰서 파출소장은 아님.

Q 해양경찰청 수사본부 설치요건 중 중요사건이 아닌 것은?

① 2인 이상 상해 또는 업무상과실치사상 사건
② 기름 또는 유해물질 30㎘ 이상 해양오염사고
③ 선박의 충돌·침몰·도주사건
④ 집단 특수공무집행 방해사건

➡ ① 5인 이상이 옳다.

- **5인 이상** 상해 또는 업무상과실치사상 사건
- 국가중요시설물 파괴 및 인명피해가 발생한 **테러사건 또는 그러한 테러가 예상되는 사건**
- 그 밖의 **사회적 이목을 집중시키거나 중대한 영향**을 미칠 우려가 있는 사건

과학수사기본규칙

◈ 과학수사기본규칙 제3조(용어의 정의)

1. **"과학수사"**란, **법의학, 생물학, 화학, 물리학, 독물학, 혈청학 등 자연과학 및 범죄학, 심리학, 사회학, 철학, 논리학 등 사회과학적 지식과 과학기구 및 시설을 이용**하는 체계적이며 합리적인 수사를 말한다.

2. **"현장감식"**이란, **범죄현장에 임하여 현장 및 변사체의 상황과 유류된 여러 자료를 통하여 현장을 재구성하고 증거자료를 수집하는 활동**을 말한다.

3. **"과학수사요원"**이란, 해양경찰청 및 각 해양경찰관서의 과학수사 업무 담당부서에 소속되어 과학수사 관련 증거자료 수집, 분석, 감정 등에 종사하는 사람을 말한다.

4. **"과학적범죄분석시스템(SCAS)"**이란, 체계적인 범죄분석자료의 관리를 통한 효율적 수사지원을 위하여 범죄 개별항목 등을 입력·분석하고, 현장 데이터·장비·과학수사요원 현황 등을 효율적으로 관리하고자 구축한 전산 시스템을 말한다.

5. **"미세증거"**란, 범죄현장 또는 사건 관계자의 신체에 유류되어 있는 작은 증거물을 의미하는 용어로, 주로 섬유, 페인트, 유리, 토양, 먼지, 연소 잔류물, 총기발사 잔사, 유류분 등을 말한다.

6. **"검시경찰관"**이란, 변사자 또는 변사의 의심이 있는 시체 및 그 주변 환경을 종합적으로 조사하여 범죄 관련성을 판단하기 위하여, 과학수사학·생물학·법의학·해부학·병리학·간호학·생리학 등 전문 지식을 갖추고 과학수사 기능에 배치된 변사체 검시요원을 말한다.

7. **"증거물 연계성"**이란, 과학수사 활동을 통해 획득한 증거물이 법정 증거능력을 확보할 수 있도록 **채취부터 감정, 송치까지의 매 단계에서 증거물별 이력이 관리**되는 것을 말한다.

8. **"증거물보관실"**이란, 해양경찰청(수사과), 지방해양경찰청(수사과)에서 보관 중인 증거물을 최적의 방법으로 관리할 수 있는 공간을 말한다.

9. **"지문감정"**이란, 지문의 문형, 특징(점, 단선, 접합, 도형 등) 그 밖에 지문에 나타난 모든 정보를 이용, 분석·비교·확인·검증하여 동일지문 여부를 판정하는 것을 말한다.

10. **"지문검색시스템(AFIS)"**이란, 주민등록증발급신청서, 외국인지문원지 및 수사자료표를 이미지 형태로 전산입력하여 필요시 단말기에 현출시켜 지문을 열람·대조 확인할 수 있는 시스템을 말한다.

11. **"족·윤적 감정"**이란, 현장에 유류된 발자국·타이어자국 등 흔적 정보를 족·윤적감정시스템의 데이터베이스와 비교하여 동일 여부를 판정, 수사 자료로 활용하는 것을 말한다.

12. **"디엔에이 감정"**이란, 현장에 유류된 **타액, 혈흔 등 생체정보를 디엔에이신원확인정보데이터베이스와 비교**하여 동일 여부를 판정, 수사 자료로 활용하는 것을 말한다.

13. **"음성분석"**이란, <u>유·무선 통신장비 또는 범죄현장기록 등을 통해 유류된 음성 정보를 용의자의 음성정보와 비교하여 동일 여부를 판정, 수사 자료로 활용</u>하는 것을 말한다.

----

❹ 다음은 과학수사기본규칙 제3조(용어의 정의)를 설명한 것이다. 순서대로 옳게 나열한 것은?

ㄱ 범죄현장에 임하여 현장 및 변사체의 상황과 유류된 여러 자료를 통하여 현장을 재구성하고 증거자료를 수집하는 활동을 말한다.

ㄴ 법의학, 생물학, 화학, 물리학, 독물학, 혈청학 등 자연과학 및 범죄학, 심리학, 사회학, 철학, 논리학 등 사회과학적 지식과 과학기구 및 시설을 이용하는 체계적이며 합리적인 수사를 말한다.

ㄷ 유·무선 통신장비 또는 범죄현장기록 등을 통해 유류된 음성 정보를 용의자의 음성정보와 비교하여 동일 여부를 판정, 수사 자료로 활용하는 것을 말한다.

① 과학수사 → 현장감식 → 음성분석

② 과학수사 → 현장감식 → 통신분석

③ 현장감식 → 과학수사 → 음성분석

④ 현장감식 → 과학수사 → 통신분석

➡ ③ 현장감식 → 과학수사 → 음성분석

긴급배치의 실시 ☞ 출제 빈번

◈ 수사긴급배치규칙 제9조

① 긴급배치의 실시는 **범행현장 및 부근의 교통요소, 범인의 도주로, 잠복, 배회처, 주요 항·포구 등 예상되는 지점 또는 지역**에 경찰력을 배치하고, **탐문수사 및 검문검색**을 실시한다. 다만, 사건의 상황에 따라 그 일부만 실시할 수 있다.

② 관외 중요사건 발생을 관할 해양경찰서장보다 먼저 인지한 해양경찰서장은 신속히 해양경찰청장 또는 관할지방해양경찰청장에게 보고하는 동시에 관할을 불문, 초동조치를 취하고 즉시 관할 해양경찰서장에게 사건을 인계하여야 하며, **필요한 경우 공조수사**를 하여야 한다.

③ 사건발생지 관할 해양경찰서장은 당해사건에 대하여 타 해양경찰서장으로부터 사건을 인수하였을 때에는 전항에 준하여 조치하여야 한다.

■ 해양경찰 수사긴급배치규칙 제7조 '경력동원 기준'

갑호 배치	형사(수사)요원, 형사기동정요원, 해양파출소 요원 가동경력 **100%**
을호 배치	형사(수사)요원, 형사기동정요원은 가동경력 **100%**, 해양파출소 요원은 가동경력 **50%**

▶ **발령권자**는 **추가로 경력을 동원 배치**할 수 있다.

■ 불기소처분의 정의와 종류 ☞ 출제 빈번

피의사건이 범죄를 구성하지 않거나, 공소를 제기함에 충분한 혐의가 없거나, 소송조건이 결여되어 적법한 공소제기를 할 수 없는 경우, 범죄의 객관적 혐의가 충분하고 소송조건이 구비되어 있더라도 **검사의 재량에 의하여 공소를 제기하지 않음.**

1. **협의의 불기소처분**: 혐의 없음, 죄 안됨. **공소권 없음(피의 자 사망 등)**, 각하

2. **기소유예: 피의사건에 대하여 범죄의 혐의가 인정되고 소송조건 이 구비되었으나 범인의 연령, 성행, 지능과 환경, 피해자에 대 한 관계, 범행의 동기, 범행 후의 정황 등을 참작하여 공소를 제 기하지 아니하는 불기소처분**

3. **기소중지**: 피의자의 소재 불명, 해외여행, 심신 상실, 질병 등의 사유로 인하여 수사를 종결할 수 없는 경우에 그 사 유가 해소될 때까지 행하는 중간 처분

4. **공소보류**: 검사가 국가 보안법을 위반한 자에 대하여 범인 의 연령 성행 지능과 환경, 피해자와의 관계, 범행의 동기 및 수단과 결과, 범행 후의 정황 등을 참작해 공소 제기를 보류하는 것

5. **참고인 중지**: 참고인의 소재를 파악할 수 없는 것 등의 이유로 검사가 참고인의 진술을 듣기 어려울 경우에 내리는 처분.

<범죄징표와 그 흔적> ☞ 출제 빈번

■ **심리학적 징표 - 원한, 치정, 알리바이 공작·현장답사 등**

■ **사회학적 징표 - 성명, 가족, 주거, 직업, 경력 등**

임의수사 ☞ 출제 빈번

근거: 형사소송법 199조 1항

◆ **임의수사** ☞ **(원칙이다)**

(피의자 신문, 참고인 조사, 실황조사, 출석요구 등)

강제력을 행사하지 않고 수사 대상의 동의나 승낙을 받아서 행하는 수사이고 **강제수사**는 법률에 규정이 없으면 할 수 없으므로, **임의수사가 원칙이다.**

◆ **실황조사**

범죄와 관련 물건이나 사람의 신체, 장소 또는 현장상황을 수사기관의 오관의 작용을 통하여 조사·감지하는 수사의 한 방법으로 실질적으로 검증과 같으나 검증은 형사소송법상 규제를 받는 강제처분이므로 원칙적으로 영장에 의하여 행하여지나, **실황조사**는 수사기관의 내부규정에 의하여 **영장 없이 임의수사 방법**으로 행하여지는 점이 차이가 있다.

「범죄수사규칙」 상 수사의 개시는
범죄의 혐의가 있다고 판단되는 단계에서 한다.

2021.01.01. 시행   개정 『형사소송법』 주요 내용

1. **검사와 사법경찰관**은 수사, 공소제기 및 공소유지에 관하여 서로 **협력**하도록 함(제195조 신설).

2. **경무관, 총경, 경정, 경감, 경위**가 하는 **모든 수사에 관하여 검사의 지휘를 받도록 하는 규정 등을 삭제**하고, 경무관, 총경 등은 범죄의 혐의가 있다고 사료하는 때에 **범인, 범인사실과 증거를 수사**하도록 함(제196조).

3. **검사**는 송치사건의 공소제기 여부 결정 또는 공소의 유지에 관하여 필요한 경우 등에 해당하면 **사법경찰관에게 보완수사를 요구**할 수 있고, 사법경찰관은 정당한 이유가 없는 한 지체 없이 이를 이행하도록 함(제197조의2 신설).

4. **검사**는 사법경찰관리의 수사과정에서 법령위반, 인권침해 또는 현저한 수사권 남용이 의심되는 사실의 신고가 있거나 그러한 사실을 인식하게 된 경우에는 **사법경찰관에게 사건기록 등본의 송부를 요구**할 수 있고, 송부를 받은 검사는 필요한 경우 **사법경찰관에게 시정조치를 요구**할 수 있으며, 검사는 시정조치 요구가 정당한 이유 없이 이행되지 않은 경우에 **사법경찰관에게 사건을 송치할 것을 요구**할 수 있도록 함(제197조의3 신설).

5. **검사**는 사법경찰관과 동일한 범죄사실을 수사하게 된 때에는 사법경찰관에게 사건을 송치할 것을 요구할 수 있고, 요구를 받은 **사법경찰관은 지체 없이 검사에게 사건을 송치**하도록 하되, 검사가 영장을 청구하기 전에 동일한 범죄사실에 관하여 사법경찰관이 영장을 신청한 경우에는 **해당 영장에 기재된 범죄사실을 계속 수사**할 수 있도록 함(제197조의4 신설).

6. **검사**가 사법경찰관이 신청한 영장을 정당한 이유 없이 판사에게 청구하지 아니한 경우 **사법경찰관은 관할 고등검찰청에 영장 청구 여부에 대한 심의를 신청**할 수 있고, 이를 심의하기 위하여 **각 고등검찰청에 외부 위원으로 구성된 영장심의위원회**를 둠(제221조의5 신설).

7. **사법경찰관**은 범죄를 수사한 때에는 **범죄의 혐의가 인정되면 검사에게 사건을 송치**하고, 그 밖의 경우에는 그 이유를 명시한 서면과 함께 관계 서류와 증거물을 검사에게 송부하도록 함(제245조의5 신설).

8. **사법경찰관**은 사건을 검사에게 송치하지 아니한 경우에는 **서면으로 고소인·고발인·피해자 또는 그 법정대리인에게 사건을 검사에게 송치하지 아니하는 취지와 그 이유를 통지**하도록 함(제245조의6 신설).

9. **사법경찰관**으로부터 사건을 검사에게 송치하지 아니하는 취지와 그 이유를 통지받은 사람은 **해당 사법경찰관의 소속 관서의 장에게 이의를 신청**할 수 있고, 사법경찰관은 이의신청이 있는 때에는 지체 없이 검사에게 사건을 송치하도록 함(제245조의7 신설).

10. **검사**는 **사법경찰관이 사건을 송치하지 아니한 것이 위법 또는 부당**한 때에는 그 이유를 문서로 명시하여 **사법경찰관에게 재수사를 요청**할 수 있도록 하고, 사법경찰관은 요청이 있으면 사건을 재수사하도록 함(제245조의8 신설).

11. **특별사법경찰관은 모든 수사에 관하여 검사의 지휘**를 받음(제245조의10 신설).

12. **검사**가 작성한 피의자신문조서는 공판준비 또는 공판기일에 그 피의자였던 피고인 또는 변호인이 **그 내용을 인정할 때에 한하여 증거**로 할 수 있음(제312조).

〈출처〉 법제처(2021년)

긴급체포

근거: 「형사소송법」 제200조의3(긴급체포)

① 검사 또는 사법경찰관은 피의자가 **사형·무기 또는 장기 3년 이상의 징역이나 금고**에 해당하는 죄를 범하였다고 의심할 만한 상당한 이유가 있고, 다음 각 호의 어느 하나에 해당하는 사유가 있는 경우에 **긴급을 요하여 지방법원판사의 체포영장을 받을 수 없는 때**에는 그 사유를 알리고 **영장 없이 피의자를 체포**할 수 있다. 이 경우 긴급을 요한다 함은 피의자를 우연히 발견한 경우등과 같이 **체포영장을 받을 시간적 여유가 없는 때**를 말한다.

> **1. 피의자가 증거를 인멸할 염려가 있는 때**
> **2. 피의자가 도망하거나 도망할 우려가 있는 때**

② 사법경찰관이 제1항의 규정에 의하여 피의자를 체포한 경우에는 즉시 **검사의 승인**을 얻어야 한다.

③ 검사 또는 사법경찰관은 제1항의 규정에 의하여 피의자를 체포한 경우에는 **즉시 긴급체포서를 작성**하여야 한다.

④ 제3항의 규정에 의한 **긴급체포서**에는 범죄사실의 요지, 긴급체포의 사유등을 기재하여야 한다.

기소(起訴) 관련 법률용어 ☞ 출제 빈번

(기소) 검사의 기소 독점 주의(起訴는 檢事만의 권한) / 검사가 형사재판에 세울 만한 잘못이 있다고 생각되는 자(피의자)를 법정에 세우기 위해 공소를 신청하는 것인데 검사가 기소를 하면 형사재판이 열림.

(수사중지) 피의사건에 대하여 공소조건이 구비되고 범죄의 객관적 혐의가 충분하더라도 피의자나 참고인의 소재불명 등의 사유로 수사를 종결할 수 없는 경우, 검사가 그 사유가 없어질 때까지 수사중지를 결정할 수 있다.**(검찰사건사무규칙 73조)**

(공소시효) 법의 안정성을 확보하기 위해 결정된 사항 / 어떠한 범죄 사건이 일정기간이 지나면 형벌권이 소멸되므로 검사는 공소를 제기할수없게되고 공소시효 지난 후에 나타난 범인이나 그 여죄는 면소판결(면죄)을 받게 됨 / **(공소시효기간)** 사형: 25년, 무기징역 또는 무기금고: 15년, 장기 10년 이상의 징역 또는 금고: 10년, 장기 10년 미만의 징역 또는 금고: 7년, 장기 5년 미만의 징역 또는 금고, 장기 10년 이상의 자격정지 또는 벌금: 5년, 장기 5년 이상의 자격정지: 3년, 장기 5년 미만의 자격정지, 구류, 과료 또는 몰수: 1년

(告發) 가해자나 피해자가 아닌 제삼자가 어떤 범죄 사실을 수사기관에 신고하여 그 소추를 요구하는 의사표시. 단순한 피해신고는 고발이 아님.

(告訴) 고소권자(당사자)가 수사기관에 대하여 범죄사실을 신고하여 그 소추를 요구하는 의사표시이다. **고소는 한 번 취하하면 같은 사건에 대해서 다시 고소할 수 없음.**

지명수배·지명통보 대상 ☞ 출제 빈번
「범죄수사규칙」 제4조

■ **지명통보 대상**은 아래와 같다.

① 법정형이 장기 3년 미만의 징역 또는 금고, 벌금에 해당하는 죄를 범하였다고 의심할 만한 상당한 이유가 있는 자

② 법정형이 장기 3년 이상의 징역이나 금고에 해당하는 죄를 범하였다고 의심되더라도 사안이 경미하거나 기록상 혐의를 인정키 어려운 자

③ 사기, 횡령, 배임죄의 혐의를 받는 자로서 그 피해액이 5백만원 이하에 해당하는 자

④ 긴급체포되었다가 구속영장을 청구하지 않거나 발부받지 못하여 석방된 지명수배자

■ **지명수배 대상**은 아래와 같다.

☞ 법정형이 사형, 무기 또는 장기 3년 이상의 징역이나 금고에 해당하는 죄를 범하였다고 의심할 만한 상당한 이유가 있어 체포영장 또는 구속영장이 발부된 자 (다만, 수사상 필요한 경우에는 체포영장 또는 구속영장을 발부받지 아니한 자를 포함)

☞ 지명통보의 대상인 자로서 지명수배의 필요가 있어 체포영장 또는 구속영장이 발부된 자

☞ 긴급사건 수배에 있어 범죄혐의와 성명 등을 명백히 하여 그 체포를 의뢰하는 피의자

❷ 다음 중 「범죄수사규칙」에 따른 소재불명인 자 중 지명통보 대상으로 가장 옳지 않은 것은?
<2019년 경장 승진>

① 법정형이 장기 3년 미만의 징역 또는 금고, 벌금에 해당하는 죄를 범하였다고 의심할 만한 상당한 이유가 있는 자

② 법정형이 장기 3년 이상의 징역이나 금고에 해당하는 죄를 범하였다고 의심되더라도 사안이 경미하거나 기록상 혐의를 인정키 어려운 자

③ 사기, 횡령, 배임죄의 혐의를 받는 자로서 그 피해액이 1천만원 이하에 해당하는 자

④ 긴급체포되었다가 구속영장을 청구하지 않거나 발부받지 못하여 석방된 지명수배자

➡️ ③ 피해액이 **1천만원** ☞ **5백만원**

■ 「범죄수사규칙」 상 영해 안에 있는 외국선박 내에서 발생한 범죄로서 수사에 착수할 수 있는 경우

① 범죄가 승무원 이외의 자와 관계가 있을 경우
② 사회적 물의야기 중대한 범죄가 행하여졌을 때
③ 대한민국 육상이나 항내의 안전을 해할 때
④ 범죄가 대한민국의 국민과 관계가 있을 경우

◆ 해양오염 방제(防除) ◆

「해양환경감시원 운영 규칙」

[시행 2018. 10. 31.] [해양경찰청훈령 제82호, 2018. 10. 31., 일부개정]

1. 정의(제2조)

1. "출입검사"라 함은 해양환경감시원이 **선박·해양시설 또는 해양오염방제업·유창청소업자가 운영하는 시설등에 출입**하여 오염물질 배출감시 및 방지 설비·시설의 적정운영, 기름 등 폐기물의 인도·인수증 등 관계서류 또는 그 밖에 해양오염 감시에 관한 사항을 지도·검사하는 것을 말한다.
2. "선외검사"라 함은 **방제정 및 함정 등으로 정박 또는 항해중인 선박의 주변을 순회**하면서 오염물질의 배출여부를 점검하는 것을 말한다.
3. "부두순찰검사"라 함은 부두순찰을 통하여 **부두안벽에 계류되어 있는 선박 또는 해양시설에서의 오염물질 배출여부**를 확인 조사하는 것을 말한다.
4. **"항공감시"**라 함은 항공기로 선박 또는 해양시설에서 오염물질 배출여부 감시와 대량 오염사고시 오염군을 탐색하는 것을 말한다.
5. 삭제

6. **"해양오염예방관리시스템**(MPMS: Marine Pollution Preventi on Management System, 이하"MPMS"라 한다)"이란 **선박, 해 양시설 및 방제·유창청소업체 등에 지도점검 사전 예고 및 결과 등에 대한 전산 관리**를 위하여 구축된 시스템을 말한다.

2. 직무(제5조)

1. 해양환경관리법 시행령 제94조 제2항 제8호에 따른 **출입검사 와 보고**에 관한 사항
2. 해양시설에서의 오염물질 배출감시 및 해양오염예방을 위한 지도·점검(해양시설오염물질기록부, 해양시설오염비상계획서 및 해양오염방지관리인과 관련된 업무로 한정한다)
3. **방제·유창청소업체**에 대한 검사·지도
4. **해양시설에서의 방제선등의 배치·설치 및 자재·약제의 비치** 상 황에 관한 검사
5. 오염물질의 배출 또는 배출혐의가 있다고 인정된 경우 **조사활 동 및 감식·분석**을 위한 오염시료 채취 등

3. 출입검사(제9조)

① 선박에 대한 출입검사는 해양경찰서 관할 항구에 입항하는 선 박에 대하여 실시한다. 다만, 다음 각 호의 어느 하나에 해당하 는 경우에는 **출입검사를 생략**할 수 있다.
1. 해양경찰서 관할 항구에 입항하는 **검사대상 선박이 다수이어 서 선별하여 출입검사**를 하는 경우

2. 출입검사를 실시하여야 할 선박이 해당 항구에 입항하기 전에
   국내의 다른 항구에서 **이미 출입검사를 필**한 경우
3. 해당 해양경찰서 소속 감시원이 대량 오염사고의 방제, 불명
   오염사고의 조사, 그 밖에 부득이한 사유 등으로 **출입검사 업무
   수행이 곤란**한 경우
4. 「해양오염 지도점검 규칙」 제18조에 따른 **모범선박으로 지정**
   된 경우

② **해양시설, 방제·유창청소업체 등**에 대한 출입검사는 「해양오
   염 지도점검 규칙」 별표 2에 따라 실시하되, 제1항제3호에 준
   하는 경우에는 생략 할 수 있다.

③ 감시원은 출입검사를 실시할 경우에는 **「해양오염 지도점검
   규칙」** 제10조부터 제12조까지의 방법과 절차를 따라야 한다.

개정 방제대책본부 운영 규칙(요약) ☞ 출제 빈번

구분	본부장	사고 규모
중앙	해양경찰청장	지속성 기름 500kl 이상
광역	지방 해양경찰청장	**지속성 기름 50kl**, 비지속성 기름 또는 위험·유해물질 **300kl 이상**
지역	해양경찰서장	**지속성 기름 10kl**, 비지속성 기름 또는 위험·유해물질 **100kl 이상**

「방제대책본부 운영 규칙」

[시행 2019. 9. 9.] [해양경찰청훈령 제140호, 2019. 9. 9., 일부개정]

1. 정의(제3조)

1. **"지속성 기름"**이란 「**유류오염손해배상 보장법**」 **제2조제5호**
2. **"비지속성 기름"**이란 **휘발유, 경유 등** 제1항 **이외의 기름**
3. **"위험·유해물질"**이란 「해양환경관리법 시행규칙」 제26조제2항
4. **"해안오염조사평가팀"**이란 해양오염사고로 인하여 오염된 해안의 기름 상태 및 지형특성 등을 조사·평가하고 적절한 방제방법 및 우선 순위 등의 결정을 위하여 해양경찰서장이 구성·운영하는 비상설 조직
5. **"기동방제지원팀"**이란 해양경찰청장 또는 지방해양경찰청장이 대규모 해양오염사고 발생에 대비하여 해양오염방제요원 중 방제경험이 풍부한 사람으로 구성·운영하는 비상설 조직

2. 방제대책본부의 설치 기준(제4조)

① 해양경찰청장은 다음 각 호의 어느 하나에 해당하는 경우에는 방제대책본부를 설치하여야 한다.
1. **지속성기름이 10㎘ 이상**이 유출되거나 유출될 우려가 있는 경우
2. **비지속성기름 또는 위험·유해물질이 100㎘ 이상**이 유출되거나 유출될 우려가 있는 경우

3. 제1호 및 제2호에서 규정한 사고 이외의 경우라도 국민의 재산이나 해양환경에 현저한 피해를 미치거나 미칠 우려가 있어 **해양경찰청장이 방제대책본부의 설치가 필요하다고 인정**하는 경우

② 제1항의 규정에도 불구하고 다음 각 호의 경우에는 방제대책본부를 설치하지 아니할 수 있다.

1. **육지로부터 먼 해상에서 해양오염사고가 발생하여 연안유입 우려가 없는 경우**

2. **단기간 내 방제조치 완료가 예상될 경우**

3. **침몰한 선박 등에서 장기간에 걸쳐 소량씩 유출되어 대규모 오염피해의 우려가 없는 경우**

③ 제1항 및 제2항에 따른 방제대책본부의 설치 여부는 「해양경찰청 상황센터 및 지방해양경찰관서 상황실 운영 규칙」에 따른 상황대책팀 회의를 통해 결정한다. 다만, 긴급한 경우에는 해양경찰서장이 상황대책팀 회의 개최 이전에 설치를 지시할 수 있다.

3. 방제대책본부의 설치 방법(제5조) ☞ 출제 빈번

① 해양경찰청장은 오염물질의 유출 규모를 고려하여 다음 각 호의 기준에 따라 방제대책본부를 구분하여 운영할 수 있다. 다만, 유출 규모를 판단하기 곤란한 사고 초기에는 지역방제대책본부를 우선 설치하고, 이후 사고 상황을 평가하여 광역 또는 중앙방제대책본부로 전환하여 운영할 수 있다.

1. **중앙방제대책본부**: **지속성 기름이 500㎘ 이상** 유출되거나 유출될 우려가 있는 경우

2. **광역방제대책본부**: **지속성 기름이 50㎘ 이상(비지속성 기름 또**

는 **위험·유해물질은 300㎘ 이상**) 유출되거나 유출될 우려가 있는
경우
3. 지역방제대책본부: **지속성 기름이 10㎘ 이상(비지속성 기름 또
는 위험·유해물질은 100㎘ 이상)** 유출되거나 유출될 우려가 있는
경우
② 제1항의 규정에 따른 방제대책본부장(이하 '본부장'이라 한다)
은 다음 각 호와 같다.
1. 중앙방제대책본부장: 해양경찰청장
2. 광역방제대책본부장: 지방해양경찰청장
3. 지역방제대책본부장: 해양경찰서장
③ 제1항의 규정에 따른 방제대책본부는 사고발생 해역을 관할하
는 해양경찰서에 설치하는 것을 원칙으로 한다. 다만, 사고상황
에 따라 필요한 경우에는 해양경찰청, 관할 지방해양경찰청 또는
별도의 장소에 설치할 수 있다.

4. 본부장의 임무(제8조)

① 본부장은 다음 각 호의 임무를 수행한다.
1. 오염사고 분석·평가 및 방제 총괄 지휘
2. 인접 국가 간 방제지원 및 협력
3. 오염물질 유출 및 확산의 방지
4. 방제인력·장비 등 동원범위 결정과 현장 지휘·통제
5. 방제전략의 수립과 방제방법의 결정·시행
6. 제1호부터 제5호까지에서 규정한 사항 외에 방제조치와 관련
하여 필요한 사항

② 본부장은 「해양환경관리법 시행령」 제45조제4항 및 제5항에 따른 **방제기술지원협의회 및 지역방제대책협의회를 운영**할 수 있다.

■ <u>방제장비 및 기자재(요약)</u> ☞ 출제 빈번

- **오일펜스**: 유출유 확산 방지/커튼형, 펜스형, 특수 목적용
  - **1set의 길이는 20m**로서 쟈크 및 샤클 등으로 연결하여 해상에 설치한다.
- **유회수기**: 기계적으로 흡입 수거/흡착식, 위어식, 진공식 등
- **유처리제**: 기름 분산/수용제형, 농축형, 탄화수소 용제형
- **유흡착재**: 기름 흡착흡수재/매트(패드)형, 붐형, 쿠션형

❶ 「방제대책본부 운영 규칙」상 방제대책본부의 설치 기준에 대한 설명이다. 가장 옳지 않은 것은?

① 지속성기름이 10㎘ 이상이 유출되거나 유출될 우려가 있는 경우 설치할 수 있다.

② 비지속성기름 또는 위험·유해물질이 100㎘ 이상이 유출되거나 유출될 우려가 있는 경우는 설치할 수 있다.

③ 육지로부터 먼 해상에서 해양오염사고가 발생하여 연안유입 우려가 없는 경우는 설치하지 아니할 수 있다.

④ 단기간 내 방제조치 완료가 예상될 경우에도 설치하여야 한다.

▶ ④ 단기간 내 방제조치 완료가 예상될 경우는 설치하지 아니할 수 있다.

방제장비 및 기자재

오일펜스(Oil fence)

1. 개요

해상에 유출된 오염물질의 **확산 방지**, 해양환경 **민감해역 보호 및 확산된 오염물질의 포집**에 사용된다.

2. 종류: 커튼형, 펜스형, 특수 목적용

3. 구성

구 성	역 할
부력부 (Buoyant body)	- 수면부터 상단까지 높이, 크기에 따라 바람 영향을 크게 받는다. - 기름이 오일펜스를 흘러 넘치는 것을 방지 또는 감소 - 외해에서는 높은 파도에 충분히 견딜 수 있어야 한다.
부력체 (Flood)	- 수면에서 오일펜스를 보유시킬 수 있는 공기·부양재로 채워져 있다. - 파도의 요동에 견딜 수 있는 충분한 부력이 필요
치마 (Skirt)	- 펜스 밑으로 기름이 새어나가지 못하게 하기 위한 수면 하의 부분. - 치마가 길면 기름유출을 방지하는 데 유리하다.
장력 부재 (Tension)	- 오일펜스에 발생하는 수평 방향의 장력을 이겨내기 위한 부재 - 섬유 벨트, 밧줄, 체인 사용, 펜스의 균형 유지와 기름을 차단
밸러스트 (Ballast)	- 치마의 하부를 수직으로 유지 - 밑자락 벨트의 추가 장력 부재의 역할
닻 고리 (Anchor Point)	- 닻 밧줄과 계류 밧줄을 장치하는 고리이다. - 치마와 장력 부재에 부착, 강도 유지, 고리 주변을 보강
접속부 (Connector)	- 펜스의 각 끝부분을 서로 연결하는 부분 - 견인에 충분한 강도를 유지하고, 기름이 새지 말아야 한다.

4. 성능시험기준에 따른 분류

※ 근거: 해양경찰청 고시 제2008-4호

유형	본 체 부		접속부(㎝)	용도
	수면상 높이(㎝)	물밑 깊이(㎝)		
A형	20 이상 ~ 30 미만	30 이상 ~ 40 미만	60 이상 ~ 80 미만	항만, 내해용
B형	30 이상 ~ 60 미만	40 이상 ~ 90 미만	80 이상 ~ 150 미만	연안용
C형	60 이상	90 이상	150 이상	대양용

유(油) 회수기

1. 개요

기름의 물리적·화학적 특성을 변화시키지 않고 **회수**할 수 있도록 고안된 **기계장치**이다.

2. 종류: 흡착식, 위어식, 진공식, 원심력식, 패들벨트식 등

3. 구성

구 성	내 용
회수부 (Recovery section)	유회수 방식에 따라 다양한 형태로 제작되고 있다.
동력부 (Power unit)	디젤엔진과 유압발생 장치로 이루어져 있으며 유회수부 및 펌프가 가동되도록 동력을 발생시킨다.
이송부 (Transfer section) -펌프(Pump)등	회수유를 저장시설에 옮기는 장치이며 유회수부에 내.외장 형태로 되어 있다.

4. 유형별 장·단점

형 식	장 점	단 점	type
흡착식 (Oleophilic)	함유율이 상대적으로 많음 구조가 간단하고 가벼움 크기, 종류가 다양	파고, 조류에 취약 중질유 등 흡잡물에 취약 회수량이 적음	디스크 브러쉬 케밥
위어식 (Weir)	단위 시간당 회수량이 많고 점도유 회수에 적합 다양한 기름에 적용	함수량이 상대적으로 많음 구조가 복잡하고 무거움 수심이 얕은 곳에 작업 곤란	트롤 미니맥스 스크루
진공식 (Vacuum)	해안부착 기름 회수에 적합 설치 용이 얕은 물에서 작업 용이	구조가 복잡, 운용 불편 기름 회수효율이 제한적임 파도, 조류에 취약	스필박 스킴팩
원심력식 (Hydro cyclone Vortex)	다양한 기름에 적용 기계적 원리가 간단 적은 인력으로 운용	파도, 조류에 취약 가격이 저렴 쓰레기 처리가 곤란	사이클론 볼텍스

유(油) 처리제(Oil Dispersant)

1. 개요

해상에 유출된 기름을 화학 및 생화학적 방법에 따라 **분산작용**을 촉진하는 약제로 **기름을 미립자화하여 유화**시켜 바닷물과 섞이기 쉬운 상태로 만든다. 그 종류에 따라 구성성분 및 조성비율의 차이가 있으나, 주로 용제, 계면활성제, 기타 첨가제 등으로 구성되어 있다.

2. 종류: 수용제형, 농축형, 탄화수소 용제형

유(油) 흡착재(Oil Absorbent)

1. 개요

흡수, 흡착으로 기름을 회수하는 물질로 **유출량이 적거나 엷은 유막**을 회수할 때 사용된다. 표면에 기름을 묻히는 것과 흡수하는 것이 있다. 흡착재를 대량으로 살포하려면 많은 노동력이 필요하고, 많은 폐기물이 발생하므로 방제작업 마무리 단계에서 사용하거나, **선박 접근이 곤란한 해역**에 사용한다.

2. 종류: 매트(패드)형, 붐형, 쿠션형

해양환경관리법 제2조(용어의 정의)

1. **"해양환경"**이란 「해양환경 보전 및 활용에 관한 법률」 제2조제1호에 따른 해양환경을 말한다.
2. **"해양오염"**이란 「해양환경 보전 및 활용에 관한 법률」 제2조제3호에 따른 해양오염을 말한다.
3. "배출"이라 함은 오염물질 등을 유출(流出)·투기(投棄)하거나 오염물질 등이 누출(漏出)·용출(溶出)되는 것을 말한다. 다만, 해양오염의 감경·방지 또는 제거를 위한 학술목적의 조사·연구의 실시로 인한 유출·투기 또는 누출·용출을 제외한다.
4. "폐기물"이라 함은 해양에 배출되는 경우 그 상태로는 쓸 수 없게 되는 물질로서 해양환경에 해로운 결과를 미치거나 미칠 우려가 있는 물질(제5호·제7호 및 제8호에 해당하는 물질을 제외한다)을 말한다.
5. **"기름"이라 함은 「석유 및 석유대체연료 사업법」에 따른 원유 및 석유제품(석유가스를 제외한다)과 이들을 함유하고 있는 액체상태의 유성혼합물및 폐유**를 말한다.
6. "선박평형수(船舶平衡水)"란 「선박평형수 관리법」 제2조제2호에 따른 선박평형수를 말한다.
7. "유해액체물질"이라 함은 해양환경에 해로운 결과를 미치거나 미칠 우려가 있는 액체물질(기름을 제외한다)과 그 물질이 함유된 혼합 액체물질로서 해양수산부령이 정하는 것

8. "포장유해물질"이라 함은 포장된 형태로 선박에 의하여 운송되는 유해물질 중 해양에 배출되는 경우 해양환경에 해로운 결과를 미치거나 미칠 우려가 있는 물질로서 해양수산부령이 정하는 것을 말한다.

9. "유해방오도료(有害防汚塗料)"라 함은 생물체의 부착을 제한·방지하기 위하여 선박 또는 해양시설 등에 사용하는 도료중 유기주석 성분 등 생물체의 파괴작용을 하는 성분이 포함된 것으로서 해양수산부령이 정하는 것을 말한다.

10. "잔류성오염물질(殘留性汚染物質)"이라 함은 해양에 유입되어 생물체에 농축되는 경우 장기간 지속적으로 급성·만성의 독성(毒性) 또는 발암성(發癌性)을 야기하는 화학물질로서 해양수산부령으로 정하는 것을 말한다.

11. **"오염물질"**이라 함은 **해양에 유입 또는 해양으로 배출되어 해양환경에 해로운 결과를 미치거나 미칠 우려가 있는 폐기물·기름·유해액체물질 및 포장유해물질**을 말한다.

12. "오존층파괴물질"이라 함은 「오존층 보호를 위한 특정물질의 제조규제 등에 관한 법률」 제2조제1호에 해당하는 물질

13. "대기오염물질"이란 오존층파괴물질, 휘발성유기화합물과 「대기환경보전법」 제2조제1호의 대기오염물질 및 같은 조 제3호의 온실가스 중 이산화탄소를 말한다.

14. "황산화물배출규제해역"이라 함은 황산화물에 따른 대기오염 및 이로 인한 육상과 해상에 미치는 악영향을 방지하기 위하여 선박으로부터의 황산화물 배출을 특별히 규제하는 조치가 필요한 해역으로서 해양수산부령이 정하는 해역을 말한다.

15. "휘발성유기화합물"이라 함은 탄화수소류 중 기름 및 유해액체물질로서 「대기환경보전법」 제2조제10호에 해당하는 물질

16. "선박"이라 함은 수상 또는 수중에서 항해용으로 사용하거나 사용될 수 있는 것(선외기를 장착한 것을 포함) 및 해양수산부령이 정하는 고정식·부유식 시추선 및 플랫폼

17. **"해양시설"**이라 함은 **해역(「항만법」규정에 따른 항만을 포함)의 안 또는 해역과 육지 사이에 연속하여 설치·배치하거나 투입되는 시설 또는 구조물로서 해양수산부령이 정하는 것**

18. **"선저폐수(船底廢水)"**라 함은 **선박의 밑바닥에 고인 액상 유성혼합물**을 말한다.

19. **"항만관리청"**이라 함은 「항만법」 제20조의 관리청, 「어촌·어항법」 제35조의 어항관리청 및 「항만공사법」에 따른 항만공사

20. **"해역관리청"**이란 「해양환경 보전 및 활용에 관한 법률」 제2조제8호(**관할해역의 해양환경개선, 해양오염방지활동 등 해양환경관리업무를 수행하는 행정관청**)

가. 「영해 및 접속수역법」에 따른 영해, 내수 및 대통령령으로 정하는 해역은 **해당 광역시장·도지사 및 특별자치도지사**

나. 「배타적 경제수역 및 대륙붕에 관한 법률」 제2조에 따른 **배타적 경제수역, 대통령령으로 정하는 해역 및 항만 안의 해역은 해양수산부장관**)에 따른 해역관리청을 말한다.

21. **"선박에너지효율"**이란 **선박이 화물운송과 관련하여 사용한 에너지량을 이산화탄소 발생비율로 나타낸 것**을 말한다.

22. **"선박에너지효율설계지수"**란 **1톤의 화물을 1해리 운송할 때 배출되는 이산화탄소량**을 해양수산부장관이 정하여 고시하는 방법에 따라 계산한 **선박에너지효율을 나타내는 지표**를 말한다.

국가긴급방제계획의 수립·시행
(해양환경관리법 제61조)

① 해양경찰청장은 해양수산부령으로 정하는 **오염물질이 해양에 배출될 우려가 있거나 배출되는 경우**를 대비하여 대통령령이 정하는 바에 따라 해양오염의 사전예방 또는 방제에 관한 **국가긴급방제계획을 수립·시행**하여야 한다. 이 경우 해양경찰청장은 **미리 해양수산부장관의 의견**을 들어야 한다.

② **국가긴급방제계획**은 「해양수산발전 기본법」 제7조에 따른 **해양수산발전위원회의 심의**를 거쳐 확정한다.

방제대책본부 등의 설치
(해양환경관리법 제61조)

① 해양경찰청장은 해양오염사고로 인한 긴급방제를 총괄지휘하며, 이를 위하여 **해양경찰청장 소속으로 방제대책본부를 설치**할 수 있다.

② 해양경찰청장은 제1항에 따라 설치한 방제대책본부의 조치사항 및 결과에 대하여 해양수산부령으로 정하는 바에 따라 **해양수산부장관에게 보고**하여야 한다.

③ 제1항에 따른 방제대책본부의 구성·운영 등에 필요한 사항은 **대통령령**으로 정한다.

선박 해양오염방지관리인

근거: 해양환경관리법 제32조(선박 해양오염방지관리인)

① 해양수산부령이 정하는 선박의 소유자는 그 선박에 승무하는 선원 중에서 선장을 보좌하여 선박으로부터의 오염물질 및 대기오염물질의 배출방지에 관한 업무를 관리하게 하기 위하여 해양오염방지관리인을 임명하여야 한다. 이 경우 <u>**유해액체물질을 산적하여 운반하는 선박**의 경우에는 유해액체물질의 해양오염방지관리인 **1인 이상을 추가로 임명**하여야 한다.</u>

② 선박의 소유자는 제1항의 규정에 따른 해양오염방지관리인을 임명한 증빙서류를 선박 안에 비치하여야 한다.

③ 제1항에 따라 해양오염방지관리인을 임명한 선박의 소유자는 해양오염방지관리인이 여행·질병 또는 그 밖의 사유로 일시적으로 직무를 수행할 수 없는 경우 대리자를 지정하여 그 직무를 대행하게 하여야 한다. 이 경우 <u>대리자가 해양오염방지관리인의 직무를 대행하는 기간은 **30일을 초과**할 수 없다.</u>

④ 선박의 소유자는 제1항에 따른 **해양오염방지관리인** 또는 제3항에 따른 **해양오염방지관리인의 대리자**에게 오염물질 및 대기오염물질을 이송 또는 배출하는 작업을 지휘·감독하게 하여야 한다.

⑤ 제1항부터 제4항까지에서 규정한 사항 외에 해양오염방지관리인 및 대리자의 자격·업무내용·준수사항 등에 관하여 필요한 사항은 대통령령으로 정한다. <개정 2017. 10. 31.>

"해양시설의 범위"

[표] 해양시설의 범위(제3조 관련)[별표 1]
〈개정 2013.3.24〉

구분	시설의 종류	범위
1. 기름, 유해액체물질, 폐기물, 그 밖의 물건의 공급(공급받는 경우를 포함한다)·처리 또는 저장 등의 목적으로 해역 안 또는 해역과 육지 사이에 연속하여 설치·배치된 시설 또는 구조물(해역과 일시적으로 연결되는 시설 또는 구조물을 포함)	가. 기름 및 유해액체물질 저장(비축을 포함)시설	계류시설(돌핀), 선박 - 저장시설 연결 이송설비, 저장시설, 자가처리시설
	나. 오염물질저장시설	저장시설, 교반시설, 처리시설
	다. 선박 건조 및 수리시설, 해체시설	저장시설, 상가시설 및 수리시설(이동식 시설은 제외)
	라. 시멘트·석탄·사료·곡물·고철·광석·목재·토사의 하역시설	해수부장관 고시 계류시설, 하역설비(컨베이어 벨트를 포함)
	마. 폐기물저장시설	폐기물저장시설, 교반시설 및 이송관
2. 해양레저, 관광, 주거, 해수이용, 그 밖의 목적으로 해역 안 또는 해역과 육지 사이에 연속하여 설치·배치·투입된 시설 또는 구조물	가. 연면적 100㎡ 이상의 해상관광시설, 주거시설(호텔·콘도), 음식점(「선박안전법」상 선박은 제외)	해역 안에 설치된 시설, 해역과 육지 사이에 연속하여 설치된 시설 취수 및 배수시설(배관 포함)
	나. 관경의 지름이 600㎜ 이상의 취수·배수시설	취수 및 배수시설(배관을 포함)
	다. 유어장	유어시설, 가두리낚시터

	라. 그 밖의 시설	해상송전철탑, 해저광케이블, 해상부유구조물
3. 그 밖에 해역 안에 설치·배치·투입된 시설 또는 구조물	「해양수산발전기본법」에 따른 국가해양관측을 위한 종합해양과학기지	기상관측 등 그 밖의 목적시설

비고 1. 자가처리시설이란 해양시설의 소유자가 그의 해양시설에서 발생하거나 기름 및 유해액체물질을 선박으로부터 공급받거나 선박에 공급하는 과정에서 생기는 기름 및 유해액체물질을 처리하기 위한 시설을 말한다. 2. 처리시설이란 선박 또는 해양시설에서 수거한 유성혼합물을 처리하기 위한 유수분리시설 등의 시설을 말한다.

대기오염물질의 배출방지

1. 질소산화물의 배출규제(법 제43조)

질소산화물 배출규제 대상선박

○ 선박에 설치된 130kw 이상의 디젤기관

○ 규제 제외: 비상업용 목적의 선박, 군함·경찰용 선박

2. 연료유의 황 함유량 기준(법 제44조)

○ **황산화물배출규제해역**의 황 함유량: 연료유에 포함된 황의 함유량이 **0.1% 이하**

○ 황산화물배출규제해역 **이외의** 지역에서의 **황함유량** 기준

☞ **경유**: **1% 이하**

(영해 및 **배타적경제수역** 안에서만 운항하는 선박은 **0.05% 이하**)

☞ **중유**: 벙커A유는 2.0%, 벙커B유는 3.0%, **벙커C유는 3.5% 이하**

황산화물 배출규제해역의 지정 및 운영

<출처: 해양경찰청 홈페이지, 2020년>

1. 목   적

항만지역 등의 대기질을 개선함으로써 항만 및 인근지역 주민의 건강을 보호하고 쾌적한 생활환경을 조성하기 위함

2. 주요 내용

○ 배출규제해역 지정: 인천항(경인항 포함), 평택 당진항, 여수 광양항(하동항 포함), 부산항, 울산항의 각 항계 및 인근해역

○ 배출규제해역 의무: **황함유량 0.1% 이하**인 연료유 사용 (단, 해수부령 기준적합 배기가스정화장치 설치선박 제외)

3. 시행 시기

○ 정박, 접안선박: 투묘 또는 계류 후 1시간 후부터 양묘 또는 이안 1시간 전까지; '20.9.1. 이후부터 시행

○ 모든선박: 황산화물 배출규제해역에 들어올 때부터 나갈 때까지; '22.1.1. 이후부터 시행

4. 조치 사항

○ 해당 선박이 배출규제해역을 운항하는 경우 기관일지에 기재(연료유 교환 날짜, 시간, 위치, 연료유 탱크에 남아 있는 양 등)

○ 연료유를 공급받은 때부터 **최소 6개월** 선박에 견본 보관

○ 배출규제해역의 황함유량 기준을 만족하기 위하여 황함유량이 다른 연료유를 각기 다른 탱크에 저장하여 사용하는 선박의 경우 연료유 전활방법이 적혀 있는 절차서를 비치하여야 함.

Q 다음 중 오일펜스를 전장하는 목적으로 가장 옳지 않은 것은? <2020년 간부 후보 채용>

① 유출유의 확산 방지
② 유출유로부터 환경민감지역(어장, 양식장 등)의 보호
③ 유출유의 자연방산을 촉진
④ 유출유의 회수효율 향상

▶ ③ <u>자연방산을 더디게 하거나 방해</u>한다.

Q 다음 중 유(油) 처리제에 대한 설명으로 가장 옳지 않은 것은?

① 유출유의 분산작용을 촉진하는 약제
② 사고 초기, 주로 선박의 접근이 곤란한 해역에 사용한다.
③ 기름을 미립자화하여 유화시켜 바닷물과 섞이기 쉬운 상태로 만든다.
④ 종류는 수용제형, 농축형, 탄화수소 용제형 등이 있다.

▶ ② <u>유흡착재</u>에 대한 설명이다.

◆ 해양경찰파출소 ◆

■ **파출소 및 출장소 운영 규칙** 제11조(**구조거점**파출소)

1. 해양경찰서 구조대와 **원거리에 위치**하고 **해양사고 빈발해역**을 관할하는 **구조거점파출소**를 운영할 수 있다.
2. 구조거점파출소장은 **경정 또는 경감**으로 보한다.
3. 구조거점파출소에는 **잠수구조요원**을 배치·운영할 수 있다.

■ 제13조(**탄력근무형 출장소**)

1. 상주 근무자를 두지 않고, 해당 출장소를 관할하는 파출소 경찰관이 출장소에 일정 시간 근무하다, 파출소로 귀소하는 방법으로 운영한다.
2. 해양경찰서장은 근무시간을 탄력적으로 조정할 수 있다.
3. 탄력근무형 출장소의 **관할은 따로 지정하지 아니한다.**

■ 제14조(**순찰형 출장소**)

1. 상주 근무자를 배치하지 않고, 관할 파출소에서 탄력적으로 기동순찰하며 치안업무를 수행하는 출장소이다.
2. 파출소장은 구체적으로 순찰지시 하여야 한다.
3. 선박출입항 업무를 위하여 대행신고소를 병행하여 운영할 수 있다.

■ **파출소 및 출장소에서 발급할 수 있는 민원서류**는 **2가지**

㉠ **선원 승선신고 사실 확인서,**

㉡ **선박 출항·입항 신고 사실 확인서**

※ 발급신청서 보존기간은 **3년**

※ **고소 고발** 진정 탄원 범죄 또는 피해신고 접수 시는 신속하게 **해양경찰서에 이송**한다. 출장소에서 접수한 경우는 **파출소장을 경유**하여야 한다.

「파출소 및 출장소 운영 규칙」제2조(정의)

1. **"파출소"**란 해양경찰서장의 소관 사무를 분장하기 위하여 **해양경찰서장 소속**하에 설치하는 지방관서를 말한다.

2. **"출장소"**란 **해양경찰서장의 소관 사무를 분장**하기 위하여 파출소장 소속하에 설치한다.

3. **"지역경찰 활동"**이란 지역사회의 주민과 기관·단체 등과 협력을 통해 범죄와 안전사고를 예방하고 민원사항이나 지역주민의 의견을 청취하여 치안활동에 반영하며 해양경찰활동에 **지역주민의 이해와 참여**를 이끌어내어 함께하는 해양경찰 활동을 말한다.

4. **"연안구조정"**이란 **연안해역의 안전관리와 해상치안활동을 위해 파출소 및 출장소에 배치하여 운용하는 선박 등**을 말한다.

5. **"연안구조장비"**란 **파출소 및 출장소에 배치하여 운용하는 연안구조정 및 수상오토바이 등**을 말한다.

6. **"교대근무"**란 근무조를 나누어 **일정한 계획**에 의한 **반복 주기**에 따라 **교대로 업무**를 수행하는 근무형태를 말한다.

7. **"일근"**이란 「국가공무원 복무규정」 제9조제1항에 **규정된 근무형태**를 말한다.

8. **"당번"**이란 **교대근무자가 일정한 계획에 따라 근무하는 날 또는 시간**을 말하며, **주간근무와 야간근무를 포함**한다.

9. **"상황대기근무"**란 파출소장이 파출소의 전반적 **안전관리와 긴급상황에 대응**하기 위해 **토요일·공휴일 및 일과시간 후에 근무**하는 것을 말한다.

10. **"휴무"**란 근무일에 해당함에도 불구하고 누적된 피로 회복 등 건강 유지를 위하여 **근무에서 벗어나 자유롭게 쉬는 것**을 말한다.

11. **"비번"**이란 **교대근무자가 다음 근무시작 전까지 자유롭게 쉬는 것**을 말한다.

12. **"휴게"**란 교대근무자 또는 연일 근무자 등을 대상으로 **근무 중 청사 내에서 자유롭게 쉬는 시간**을 말한다.

----

❶ 「파출소 및 출장소 운영 규칙」 상 '정의'에 대한 다음 설명 중 가장 옳지 않은 것은?

① "출장소"란 해양경찰서장의 소관 사무를 분장하기 위하여 파출소장 소속하에 설치한다.

② "연안구조정"이란 연안해역의 안전관리와 해상치안활동을 위해 파출소 및 출장소에 배치하여 운용하는 선박 등을 말한다.

③ "연안구조장비"란 파출소 및 출장소에 배치하여 운용하는 연안구조정 및 수상오토바이 등을 말한다.

④ "당번"이란 파출소장이 파출소의 전반적 안전관리와 긴급상황에 대응하기 위해 토요일·공휴일 및 일과시간 후에 근무하는 것을 말한다.

▶ ④번의 내용은 **"상황대기근무"**에 대한 설명이다.

> ▪ **"당번"**이란 **교대근무자가 일정한 계획에 따라 근무하는 날 또는 시간**을 말하며, **주간근무와 야간근무를 포함**

Q 「파출소 및 출장소 운영 규칙」상 '정의'에 대한 다음 설명 중 가장 옳지 않은 것은?

① "일근"이란 교대근무자가 일정한 계획에 따라 근무하는 날 또는 시간을 말하며, 주간근무와 야간근무를 포함한다.

② "휴게"란 교대근무자 또는 연일 근무자 등을 대상으로 근무 중 청사 내에서 자유롭게 쉬는 시간을 말한다

③ "휴무"란 근무일에 해당함에도 불구하고 누적된 피로 회복 등 건강 유지를 위하여 근무에서 벗어나 자유롭게 쉬는 것을 말한다.

④ "비번"이란 교대근무자가 다음 근무시작 전까지 자유롭게 쉬는 것을 말한다.

▶ ① 번은 **"당번"**에 대한 설명이다. / "일근"이란 「**국가공무원 복무규정**」 **근무형태**이다.

Q 상주근무자를 배치하지 않고, 관할 파출소에서 탄력적으로 기동순찰하며 치안업무를 수행하는 출장소는?

① 탄력형 출장소　　　　② 구조거점 출장소
③ 순찰형 출장소　　　　④ 입주형 출장소

▶ ③ **순찰형 출장소**이다. / 탄력근무형 출장소가 **아님.**

❷ 해양경찰청은 체계적이고 효율적인 안전관리와 치안활동을 위해「파출소 및 출장소 운영 규칙」을 훈령으로 제정하여 시행하고 있다. 이와 관련하여 다음 중 가장 옳지 않은 것은?

〈2020년 간부 후보 채용〉

① 해양경찰서장의 소관사무를 분장하기 위해 서장 소속하에 파출소를 설치하며, 파출소장 소속으로 출장소를 설치한다.

② 파출소 및 출장소에 배치하여 운용하는 연안구조정 및 수상오토바이 등을 "연안구조장비"라고 한다.

③ 상주근무자를 배치하지 않고, 관할파출소에서 탄력적으로 기동순찰하며 치안업무를 수행하는 출장소를 "순찰형 출장소"라고 한다.

④ 상주근무자를 두지 않고, 해당 출장소를 관할하는 파출소 경찰관이 출장소에 일정 시간 근무하다 파출소로 귀소하는 방법으로 운영하는 출장소를 "교대일근형 출장소"라고 하며, 교대일근형 출장소의 관할은 따로 지정한다.

▶ ④ / 교대일근형 출장소의 관할은 따로 **지정하지 않는다.**

■ 「파출소 및 출장소 운영 규칙」 제23조(상황근무)

1. 민간구조세력 등 관내 안전관리 및 치안상황 파악, 전파

2. 중요사건·사고 및 수배사항 전파

3. 민원 및 사건의 접수, 조사, 처리

4. 피보호자 또는 피의자, 수배자에 대한 보호·감시

5. 순찰 근무자와의 무전상황 유지 및 자체경비

6. 그 밖에 파출소장이 지시한 업무

Q 「파출소 및 출장소 운영 규칙」 상 근무를 지정 받은 경찰관은 파출소 및 출장소 내에서 다음 각 호의 업무를 수행한다. 다음 중 가장 옳은 것은?

> 1. 민간구조세력 등 안전관리 및 치안상황 파악, 전파
> 2. 중요사건·사고 및 수배사항 전파
> 3. 민원 및 사건의 접수, 조사, 처리
> 4. 피보호자 또는 피의자, 수배자에 대한 보호·감시
> 5. 순찰 근무자와의 무전상황 유지 및 자체경비 등

① 순찰근무   ② 상황근무

③ 행정근무   ④ 대기근무

▶   ② 상황근무

❷「파출소 및 출장소 운영규칙」상 해양사고 또는
해양오염사고의 신고를 받았거나 사고 발생사항
을 인지하였을 때 처리사항으로 옳지 않은 것은?
<2020년 간부 후보 채용>

① 해양경찰서 구난담당자 또는 해양오염방제 담당자 등이 현
장에 도착하면 상황을 인계하고, 사고처리에 협조하여야 한
다.

② 사고현장을 보존하고 조사를 행하여야 한다.

③ 해양경찰서장에게 즉시 보고와 동시에 현장에 임하여 인명
과 재산피해의 확대 방지 및 필요한 초동조치를 취할 수 있
다.

④ 경미한 사건·사고에 대하여 파출소장이 직접 처리할 수 있
으며, 이 경우에는 조사 또는 처리사항을 해양경찰서장에게
보고하여야 한다.

➡ ③

> ▪ 해양경찰서장에게 즉시 보고와 동시에 현장에 임하여 인명
> 과 재산피해의 확대 방지 및 필요한 초동조치를 **취할 수 있다**.
> ☞ **취하여야 한다**.
> ▪ 「파출소 및 출장소 운영규칙」 제31조

◆ 함정 운영◆
「함정운영관리규칙」 제3조(정의)

1. **"함정"**이란 **해양경찰 업무수행**을 위하여 운용되는 선박(**부선 및 부선거를 제외한다**)을 말한다.

2. **"경비함정"**이란 **해상경비를 주임무**로 하는 함정을 말한다.

3. **"특수함정"**이란 해양경찰 특수목적 수행을 위해 운용되는 함정을 말한다.

4. **"배속함정"**이란 해양경찰서, 서해5도 특별경비단(이하 '서특단'이라 한다) 소속 함정을 일정한 기간 다른 해양경찰서, 서특단에 소속시키는 것을 말한다.

5. **"대기함정"**이란 전용부두 안전관리 및 각종 상황에 대한 조치 목적으로 매일 09:00부터 다음날 09:00까지 특별히 임무가 부여된 함정을 말한다.

6. **"대기예비함정"**이란 대기함정이 긴급 출동 시 대기함정 임무를 수행하기 위해 매일 09:00부터 다음날 09:00까지 지정된 함정을 말한다.

7. **"대기유보함정"**이란 대기함정, 대기예비함정을 제외한 정박함정을 말한다.

8. **"전용부두(기지)"**란 함정운항의 근거지로서 평상시 정박장소로 지정된 항·포구의 부두를 말한다.

9. **"출동"**이란 함정이 출동 지시서를 받고 임무수행을 위하여 전용부두(기지)를 출항하는 경우를 말한다(**기상악화로 인하여 피항 중인 경우를 포함한다**).

10. **"정박"**이란 출동임무를 마치고 모항(전진기지를 포함한다)에 입항 하는 것을 말한다.

11. **"모항"**이란 **함정운항의 근거지로서 평상시 관할 해양경찰서 소속 함정의 정박장소로 지정된 전용부두가 있는 항·포구**를 말한다.

12. **"대기근무"**란 정박 중인 함정의 각종 기동장비 관리 등 함정의 전반적 안전관리와 긴급출동 등 긴급 상황에 대응하기 위해 함정에서 토요일, 공휴일, 휴무일 및 일과시간 후에 근무하는 것을 말한다.

13. **"해상종합훈련"**이란 함정직원의 정신자세와 근무기강 확립으로 함정의 안전운항, 긴급상황의 효과적 대처, 해상사격 등 직무수행 능력의 향상을 위하여 실시하는 종합적인 훈련으로 해양경찰교육원 종합훈련지원단에서 수립하는 연간 함정 교육훈련계획에 따라 실시하는 훈련을 말한다.

14. **"지방해양경찰청 주관 함정훈련"**이란 함정의 안전운항과 대형 해양사고 등 긴급 상황 대응, 해상 대간첩 작전 등 직무수행 능력 향상을 위하여 지방해양경찰청 자체 계획에 따라 실시하는 종합적인 훈련을 말한다.

15. **"직무훈련"**이란 지방해양경찰청 훈련단 및 해양경찰서에서 **정기수리를 완료**한 함정에 대하여 수리기간 동안 **침체된 임무수행 능력을 정상수준으로 향상**시키기 위한 훈련을 말한다.

16. **"취역훈련"**이란 지방해양경찰청 훈련단 및 해양경찰서에서 신조함정에 대하여 장비 운용 및 함정 안전운항능력 확보와 해상치안 임무수행 능력향상을 위하여 실시하는 훈련을 말한다.

17. **"함정자체훈련"**이란 함정 승무원의 기본임무 수행에 필요한 지식 및 기술의 습득과 행동요령의 숙달을 위하여 함정별로 자체계획에 따라 실시하는 훈련으로 해양경찰교육원 종합훈련지원단에서 수립하는 연간 함정 교육훈련계획에 따른 함정별 자체계획에 따라 실시한다.

18. **"특수직무"**란 함정의 출·입항, 상황배치, 그 외의 특정한 상황에 따라 승무원에게 부여되는 직무를 말한다.

19. **"통합대기근무"**란 중형함정, 소형함정 또는 특수함정이 전용부두에 2척 이상, 동일한 장소에 정박계류시 통합하여 대기근무를 편성·운용하는 것을 말한다.

20. **"복수승조원제"**란 경비함정 출동률을 향상시키기 위해 2개 팀 이상의 승조원이 1척 이상의 함정에서 교대근무를 실시하는 인력 중심의 제도를 말한다.

21. **"대외지원"**이란 관련 법령에 따라 해상경비 등 해양경찰 고유임무 수행을 제외한 국가기관, 지방자치단체, 공공기관, 언론사, 민간단체 등의 요청에 따라 관련 사람을 편승하여 함정이 출항하거나 항공기가 이륙하는 것을 말한다.

22. **"운용부서"**란 함정과 항공기 운항일정을 수립하는 부서로 해양경찰청은 경비과(형사기동정은 형사과, 방제정 및 화학방제함은 방제기획과), 지방해양경찰청은 경비과 및 경비안전과, 해양오염방제과, 해양경찰교육원은 교육훈련과, 해양경찰서는 경비구조과(형사기동정은 수사과, 방제정 및 화학방제함은 해양오염방제과, 순찰정, 순찰차 및 연안구조장비는 해양안전과)를 말한다.

❷ 「함정운영관리규칙」의 정의 중 함정 운영관리 에 대한 설명이다. 올바르게 짝지어진 것은?

(㉠)이란 해양경찰서, 서해5도 특별경비단 소속 함정을 일정한 기간 다른 해양경찰서, 서특단에 소속시키는 것을 말한다.
(㉡)이란 대기함정이 긴급 출동 시 대기함정 임무를 수행하기 위해 매일 09:00부터 다음날 09:00까지 지정된 함정을 말한다.

	㉠		㉡
①	배속함정	-	대기예비함정
②	배속함정	-	대기함정
③	특별함정	-	배속함정
④	특별함정	-	대기예비함정

➡ ① 배속함정   -   대기예비함정

----

❷ 「함정운영관리 규칙」 의 '정의' 중 함정운항의 근거지로서 평상시 관할 해양경찰서 소속 함정의 정박장소로 지정된 전용부두가 있는 항·포구는?

① 모항   ② 기지항   ③ 계류항   ④ 전단

➡ ① **모항**이다.

「함정운영관리규칙」 훈련
☞ 출제 빈번

■ **해상종합훈련**이란 함정직원의 정신자세와 근무기강 확립으로 함정의 안전운항, 긴급상황의 효과적 대처, 해상사격 등 직무수행 능력의 향상을 위하여 실시하는 종합적인 훈련으로 해양경찰교육원 종합훈련지원단에서 수립하는 연간 함정 교육훈련계획에 따라 실시하는 훈련

■ **취역훈련**은 지방해양경찰청 훈련단 및 해양경찰서에서 신조함정에 대하여 장비 운용 및 함정 안전운항 능력확보와 해상치안 임무수행 능력향상을 위하여 실시하는 훈련

■ **함정자체훈련**은 함정 승무원의 기본임무 수행에 필요한 지식 및 기술의 습득과 행동요령의 숙달을 위하여 함정별 자체계획에 따라 실시하는 훈련을 말한다.

■ **지방해양경찰청 주관 함정훈련**이란 함정의 안전운항과 대형 해양사고 등 긴급 상황 대응, 해상 대간첩 작전 등 직무수행능력 향상을 위하여 지방해양경찰청 자체 계획에 따라 실시하는 종합적인 훈련

■ **직무훈련**이란 지방해양경찰청 훈련단 및 해양경찰서에서 정기수리를 완료한 함정에 대하여 수리기간 동안 침체된 임무수행 능력을 정상수준으로 향상시키기 위한 훈련

❶「함정운영관리규칙」상 훈련에 대한 설명으로 옳지 않은 것은?

① 함정의 훈련은 해양경찰교육원 종합훈련지원단 주관 해상종합훈련, 지방해양경찰청 및 해양경찰서, 서특단 주관 함정훈련, 직무훈련, 취역훈련 및 함정자체 훈련으로 구분한다.

② 함정장은 출동종료 후에만 교육·훈련을 실시한다.

③ 해상훈련에 관한 세부사항은 해양경찰교육원 종합훈련지원단의 연간 함정 교육훈련 계획 및 함정훈련교범에 따른다.

④ 함정의 훈련은 함정요원의 직무수행 능력 향상에 필요한 훈련 위주로 실시한다.

▶ ② / **출동 중 함정장**은 **경비·작전임무 수행**을 위한 **교육·훈련을 실시해야 한다.**

----

❷ 지방해양경찰청 훈련단 등에서 정기수리를 완료한 함정에 대하여 수리 기간 동안 침체된 임무 수행 능력을 정상 수준으로 향상시키기 위한 훈련은?

① 직무훈련   ② 해상종합훈련

③ 취역훈련   ④ 지방해양경찰청 주관 함정훈련

▶   ① **직무훈련은 정기수리 동안 침체된 임무 수행 능력을 향상.**

❶ 「함정운영관리규칙」상 훈련에 대한 설명이다. 올바르게 짝지어진 것은?

<2019년 순경 채용>

(㉠)은 지방해양경찰청 훈련단 및 해양경찰서에서 신조함정에 대하여 장비 운용 및 함정 안전운항 능력확보와 해상치안 임무수행 능력향상을 위하여 실시하는 훈련을 말한다. (㉡)은 함정 승무원의 기본임무 수행에 필요한 지식 및 기술의 습득과 행동요령의 숙달을 위하여 함정별 자체계획에 따라 실시하는 훈련을 말한다.

	㉠		㉡
①	신조훈련	-	함정기본훈련
②	신조훈련	-	함정자체훈련
③	취역훈련	-	함정기본훈련
④	취역훈련	-	함정자체훈련

▶ ④ 취역훈련 － 함정자체훈련

- **(취역훈련)** 신조함정에 대하여 장비 운용 및 함정 안전운항 능력확보와 해상치안 임무수행 능력향상을 위하여 실시하는 훈련
- **(함정자체훈련)** 함정별 자체계획에 따라 실시하는 훈련

함정의 호칭 및 분류 (「함정운영관리규칙」 제6조)

① **함정의 호칭 및 분류** (함정 총 350여척)

경비함정 호칭	250톤 이상 함정은 "함", 250톤 미만 함정은 "정"
특수함정 호칭	500톤 이상은 '함', 500톤 미만은 '정'

② 함정은 운용목적에 따라 **경비함정과 특수함정으로 구분**한다.

③ 경비함정은 톤수에 따라 **경비함과 경비정**으로 구분한다.

1. 대형 경비함(영문표기 MPL): 1,000톤급 이상

2. **중형 경비함**(영문표기 MPM): **1,000톤급 미만 250톤 이상**

3. 소형 경비정(영문표기 MPS): 250톤 미만

④ **경비함정은 해상경비 및 민생업무 등 해상에서의 전반적인 업무**

⑤ **특수함정**은 그 **운용 목적에 따라** 다음 각 호와 같이 구분

1. **형사기동정**: 해상범죄의 예방과 단속활동이 주 임무

2. **순찰정**: 항·포구 중심로 해상교통 및 민생치안 업무가 주 임무

3. **소방정**: 해상화재 진압업무를 주 임무로 하는 함정

4. **방제정**: 해양오염 예방활동 및 방제업무가 주 임무

5. **예인정**(영문표기 T): 예인업무를 주 임무로 하는 함정

6. **수리지원정**: 함정수리 지원업무를 주 임무로 하는 함정

7. **공기부양정**(영문표기 H): 천해, 갯벌, 사주 등 특수해역에서 해난구조와 테러예방 및 진압 임무

8. **훈련함**: 해양경찰교육원에서 실시하는 신임·기본·전문교육 및 대형 해양오염 방제 업무 등을 수행(500톤이상은 "함")

9. **훈련정**: 불법외국어선 단속 훈련용으로 사용

10. **잠수지원함**(영문표기 D): 해상 수색구조 및 잠수 지원업무

11. **화학방제함**: 해상 화학사고 대비·대응 업무가 주 임무

12. **특수기동정**(영문표기 S): 불법조업 외국어선 단속 임무, 해양사고 대응 임무, 해양테러 및 PSI 상황 대응 임무를 수행

❷ 「함정운영관리규칙」에 대한 설명으로 옳은 것은?
<2020년 순경 채용>

① 특수함정의 호칭에 있어서는 250톤 이상은 "함", 250톤 미만은 "정"이라고 한다.

② "중형 경비함"은 1,000톤급 미만 250톤 이상의 경비함을 말한다.

③ "순찰정"은 해상범죄의 예방과 단속활동을 주 임무로 하는 함정을 말한다.

④ 500톤급 경비함정에는 취역순서로 "해우리 00호"라는 명칭을 부여한다.(해우리 1호, 2호, ...)

▶ ② ☞ 변형 유사 문제 또 출제 예상

- **옳게 바로잡음**
① **특수함정**의 호칭에 있어서는 **500톤 이상**은 "함", **500톤 미만**은 "정"이라고 한다. 단, 일반 함정은 **250톤 기준**이다.
③ **"순찰정"**은 **해상교통 및 민생치안활동**을 주 임무로 하는 함정
④ **500톤급 경비함정**에는 취역순서로 "**태극 00호**"라는 명칭을 부여한다.(**태극** 1호, 2호, ...)

함정의 운용 개념

「함정운영관리규칙」 제14조(함정의 운용 개념)

① 삭제

② **지방청장 또는 해경서장, 서특단장**이 함정 **증가배치**를 하는 경우는 다음 각호와 같다.

1. 간첩선 출현 등 적정상황 발생시
2. 대형 해양오염사고 발생시
3. 대형 해양사고 발생시
4. 해상 집단 행동 발생시
5. 중앙언론매체 보도 등 사회적 이목이 집중되는 사고
6. 그 외의 중요 긴급상황으로 함정증가 배치가 불가피한 경우라고 판단될 때

③ 긴급상황 발생시 1차 초동조치는 인근 출동함정이 2차는 상황에 따라 연안해역 출동함정, 특수함정, 대기함정이 대응하도록 한다.

④ **소속기관장**은 경비함정에 복수증조원제 운영 관련하여 **대기함정, 대기근무, 휴무일 지정, 함정 정비 등 함정 운영**에 관하여 필요한 사항은 **지침으로 정하거나 별도의 운영규칙을 제정**하여 시행할 수 있다.

대기함정 및 대기예비함정 규정

근거: 「함정운영 관리규칙」 규칙 제19조

① **해경서장, 서해5도 특별경비단장(서특단장)**은 대기함정, 대기예비함정을 **매일 1척씩 09:00시부터 다음날 09:00시까지** 지정하여 운용

② 관할해역, 서특단 구역 내 상황발생시 인근 출동함정이 초동조치하고, 상황에 따라 **2차 대응을 위해 대기함정은 긴급출동에 대비함.**

③ 대기함정이 긴급 출동 시 **대기예비함정이 대기함정 임무를 수행**

④ 출동함정이 전용부두로 피항시에는 피항함정이 대기함정 임무를 겸하여 수행하며 총원대기 긴급출동에 대비한다. 다만, 출동함정 2척 이상이 전용부두에 피항한 경우 대기함정 임무를 겸하는 함정을 제외한 피항함정은 기상, 치안수요 등을 고려하여 **해경서장, 서특단장이 적의 조정할 수 있다.**

⑤ 경비함정에 복수승조원제 운영 시 대기함정의 대기자는 복수승조원 팀 중 정박함정에 근무하는 승조원 팀 직원으로 한다.

⑥ **대기근무자를 제외한 다른 직원**은 일과시간 후 긴급출동에 대비하여 **자가대기를 원칙**으로 한다.

⑦, ⑧ <삭 제>

⑨ 제1항부터 제5항까지의 **규정에도 불구**하고, **해경서장, 서특단장은 대기함정 운용에 관한 세부사항 등을 치안 여건 및 지역 특성에 맞게 적절하게 조정**할 수 있다.

◆ 공통 출제 핵심 ◆

(출제 빈번)「해양경찰 비상소집 및 근무규칙」

① **"가용인력"**은 출장·휴직·휴가·파견·교육 중인 인원과 가용경비세력 운용인력을 제외하고 **실제 동원될 수 있는 인원**을 말한다.

② **비상근무**의 종류에는 **경비비상, 구조비상, 정보수사비상** 등이 있다.

③ **비상소집** 시 **필수요원은 1시간 이내, 일반요원은 2시간 이내** 응소함을 원칙으로 한다.

④ **비상근무발령권자**는 전화 확인 방식으로 **반기 1회 이상 불시 비상소집 전화훈련**을 실시할 수 있으며, 비상소집 **전화응소는 30분 이내 응소**함을 원칙으로 한다.

(출제 빈번) 전자 이미지 관인

「행정 효율과 협업 촉진에 관한 규정」에 따라 관인의 인영(印影)을 컴퓨터 등 정보처리능력을 가진 장치에 **전자적인 이미지(Image) 형태로 입력하여 사용하는 관인**이다.

「국가공무원법」에 규정된 의무

[시행 2021. 1. 12.] [법률 제17894호, 2021. 1. 12., 타법개정]

1. 일반적 의무
   - 선서, 성실, 청렴, 품위유지(~의 의무)

2. 직무상 의무
   - 법령준수, 복종, 직장이탈금지, 친절 공정, 영예 제한, 비밀엄수, 영리업무 및 겸직금지, 정치운동 금지, 집단 행위 금지, 종교 중립(~의 의무)

「경찰공무원법」에 규정된 의무

[시행 2021. 1. 1.] [법률 제17687호, 2020. 12. 22., 전부개정]

- 정치 관여 금지(제23조)   - 거짓보고 등의 금지(제24조)
- 지휘권 남용 등의 금지(제25조)   - 복제 및 무기휴대(제26조)

「경찰공무원 복무규정」에 규정된 의무

[시행 2021. 1. 5.] [대통령령 제31380호, 2021. 1. 5., 타법개정]

- 근무시간 음주금지의 의무(제9조)
- 상관에 대한 신고의무(제11조)
- 여행제한 의무(제13조)
- 비상소집 의무(제14조)

「행정절차법」 제42조(예고방법)

① 행정청은 입법안의 취지, 주요 내용 또는 전문(全文)을 다음 각 호의 구분에 따른 방법으로 공고하여야 하며, 추가로 인터넷, 신문 또는 방송 등을 통하여 공고할 수 있다.

　1. **법령의 입법안**을 입법예고하는 경우: **관보 및 법제처장이 구축·제공하는 정보시스템을 통한 공고**

　2. **자치법규의 입법안**을 입법예고하는 경우: **공보를 통한 공고**

② 행정청은 대통령령을 입법예고하는 경우 **국회 소관 상임위원회**에 이를 제출하여야 한다.

③ 행정청은 입법예고를 할 때에 입법안과 관련이 있다고 인정되는 중앙행정기관, 지방자치단체, 그 밖의 단체 등이 예고사항을 알 수 있도록 **예고사항을 통지하거나 그 밖의 방법으로 알려야 한다.**

④ 행정청은 제1항에 따라 예고된 입법안에 대하여 **전자공청회** 등을 통하여 널리 **의견을 수렴**할 수 있다.

----

❿ 경찰 통제의 유형 중 그 성격이 가장 다른 것은?
<2019년 순경 채용>

① 국회의 국정조사·감사권　　　② 행정심판
③ 「행정절차법」상 입법예고제　④ 행정소송

【정답】 ③ **사전 통제** 규정이다. / 행정소송 등은 **외부 통제**

「어선안전 조업법」상 '동·서해 조업보호본부'

☞ **동해 조업보호본부: 속초해양경찰서**(본부장: 속초해양경찰서장)
☞ **서해 조업보호본부: 인천해양경찰서**(본부장: 인천해양경찰서장)

조업보호본부(특정해역 어로보호에 관한 사무)

1. 조업보호를 위한 경비 및 단속
2. 어선의 출입항 및 출어등록의 현황 파악과 출어선의 동태 파악
3. 해양사고 구조
4. 조업을 하는 자의 위법행위의 적발·처리 및 관계 기관 통보
5. 특정해역에 출입하는 어획물운반선의 통제
☞ **해양수산부장관은 조업보호본부의 소관업무를 지도·감독할 수 있다.**

Q 특정해역 어로보호에 관한 사무를 담당하기 위해
조업보호본부를 설치한 곳은?

① 속초·인천   ② 동해·인천

③ 속초·목포   ④ 동해·평택

▶ ① / **동해조업보호본부**(속초해양경찰서)
　　　서해조업보호본부(인천해양경찰서)

❶ 「선박안전조업규칙」 상 출·입항 신고기관에 대한 설명으로 가장 옳지 않은 것은?

<2020년 간부후보 채용>

① 신고기관은 통제소, 신고소, 대행신고소로 구분하여 설치한다.

② 신고소에는 경찰요원을 배치하여 운영한다.

③ 대행신고소는 그 항·포구에 거주하는 자 중에서 해양경찰청장 이 위촉하는 자가 운영한다.

④ 통제소의 등급 구분과 경찰요원 및 수협요원의 배치기준은 항.포구별로 선적을 둔 선박의 수, 출항, 입항의 빈도 및 치안 수요를 고려하여 해양수산부장관이 정하여 고시한다.

▶ ③ **해양경찰서장**이 **위촉**하는 자이다. / 해양경찰청장 **아님.**

❶ 「파출소 및 출장소 운영규칙」에 따라 파출소 및 출장소에서 발급할 수 있는 민원서류는?

> ㉠ 선원 승선신고 사실 확인서
> ㉡ 선박 조업사실 확인서
> ㉢ 선박 출항·입항 신고 사실 확인서
> ㉣ 선박 보험가입 사실 확인서

① ㉠, ㉡   ② ㉠, ㉢   ③ ㉠, ㉣   ④ ㉡, ㉢

▶ ② / 선원 승선신고 사실 확인서, 선박 출항·입항 신고 사실 확인서

「해사안전법」의 핵심

[시행 2020. 8. 28.] [법률 제16568호, 2019. 8. 27., 타법개정]

〈제1조(목적)〉

선박의 안전운항을 위한 안전관리체계를 확립하여 선박 항행과 관련된 모든 위험과 장해를 제거함으로써 해사안전 증진과 선박의 원활한 교통에 이바지함을 목적으로 한다.

---

1. 거대선 등의 항행안전확보 조치(제11조)

해양경찰서장은 거대선, 위험화물운반선, 고속여객선, 그 밖에 해양수산부령으로 정하는 선박이 교통안전특정해역을 항행하려는 경우 항행안전을 확보하기 위하여 필요하다고 인정하면 선장이나 선박소유자에게 다음 각 호의 사항을 명할 수 있다.

- 통항시각의 변경
- 항로의 변경
- 제한된 시계의 경우 선박의 항행 제한
- 속력의 제한
- 안내선의 사용
- 그 밖에 해양수산부령으로 정하는 사항

2. 항로 등의 보전 (제34조)

■ **대통령령**으로 정하는 수역에서는 해상교통의 안전에 장애가 되는 **스킨다이빙, 스쿠버다이빙, 윈드서핑 등** 대통령령으로 정하는 행위를 하여서는 아니 된다.

■ 다만, 해상교통안전에 장애가 되지 아니한다고 인정되어 **해양경찰서장의 허가를 받은 경우**와 「체육시설의 설치·이용에 관한 법률」 제20조에 따라 신고한 **체육시설업과 관련된 해상에서 행위**를 하는 경우에는 **그러하지 아니하다.**

3. 수역등 및 항로의 안전 확보(제35조)

■ 누구든지 수역등 또는 수역등의 밖으로부터 **10킬로미터 이내의 수역**에서 선박 등을 이용하여 수역등이나 항로를 점거하거나 차단하는 행위를 함으로써 **선박 통항을 방해**하여서는 아니 된다.

■ **해양경찰서장**은 선박 통항을 방해한 자 또는 방해할 우려가 있는 자에게 일정한 시간 내에 스스로 해산할 것을 요청하고, 이에 따르지 아니하면 해산을 명할 수 있고 **해산명령**을 받은 자는 **지체 없이 물러가야 한다.**

4. 순찰(제39조)

■ **해양경찰서장**은 선박 통항의 안전과 질서를 유지하기 위하여 **소속 경찰공무원**에게 **수역등·항로 또는 보호수역을 순찰**하게 하여야 한다.

5. 술에 취한 상태에서의 조타기 조작 등 금지(제41조)

■ 술에 취한 상태의 기준은 **혈중알코올농도 0.03퍼센트 이상**
세부 절차 및 측정기록의 관리 등은 **해양수산부령**으로 정함

6. 해기사면허의 취소·정지 요청 (제42조)

■ **해양경찰청장**은 해양수산부장관에게 해당 **해기사면허를 취소**하거나 **1년의 범위에서 해기사면허의 효력을 정지할 것을 요청**할 수 있는 경우

1. **술에 취한 상태**에서 운항을 하기 위하여 **조타기를 조작**하거나 그 **조작을 지시**한 경우
2. 술에 취한 상태에서 조타기를 조작하거나 조작할 것을 지시하였다고 인정할 만한 상당한 이유가 있음에도 불구하고 **해양경찰청 소속 경찰공무원의 측정요구에 따르지 아니한 경우**
3. **약물·환각물질의 영향**으로 인하여 **정상적으로 조타기를 조작하거나 그 조작을 지시하지 못할 우려**가 있는 상태에서 조타기를 조작하거나 그 조작을 지시한 경우

----

❶ 선박 통항의 안전과 질서를 유지하기 위하여 수역등·항로를 순찰하게 하여야 하는자는?

① 항만관리사업소장   ② 해양경찰서장

③ 지방해양경찰청장   ④ 해양수산청장

▶ ② 해양경찰서장 / 「해사안전법」 제39조에 따름.

❶ 「해사안전법」상 선박충돌을 피하기 위한 안전한 속력을 결정함에 있어서 고려되어야 할 사항으로 가장 옳지 않은 것은? <2020년 간부후보 채용>

① 시계의 상태
② 해상교통량의 밀도
③ 선박의 흘수와 수심과의 관계
④ 업무의 긴급성

➡ ④ 업무의 긴급성은 옳지 않다.

---

❶ 「해사안전법」상 해상교통의 안전에 장애를 감안한 스킨다이빙, 스쿠버다이빙, 윈드서핑 행위 등의 허가권자는? <2019년 순경 채용 기출 변형>

① 관할 지자체의 장   ② 지방해양경찰청장
③ 해양경찰서장   ④ 지방해양수산청장

➡ ③ 해상교통안전에 장애가 되지 아니한다고 인정되어 **해양경찰서장**의 **허가를 받은 경우**는 스쿠버다이빙, 윈드서핑 등이 가능하다.

제**2**부

예상문제 풀이

제1편 해양경찰의 역사와 정체성 (예상문제)

01 정부조직법을 일부개정(법률 제5153호)하여 해양수산부를 신설하고 해양경찰청을 경찰청으로부터 해양수산부 소속 외청으로 변경한 시기는?

① 1955년   ② 1991년   ③ 1996년   ④ 2017년

【풀이】

■ <u>1996.08.08.</u> 해양에서의 경찰 및 오염방제업무를 담당

02 1953년 해양경찰대 창설 당시 해양경찰의 소속은?

① 내무부 치안국   ② 상공부 해무청

③ 국방부   ④ 경찰청 치안본부

【풀이】

■ 1953.12. 내무부 치안국 소속 해양경찰대로 창설

| 정답 | 01. ③   02. ① |

03

우리나라는 1996년 2월 28일자로 (A)을 정식으로
발효하였는데, 이 협약이 중요한 의미를 갖는 이유는
이 협약에 따라 우리나라도 (B)선포로 해양주권
수호 차원에서 관할해야 할 해역의 범위가 어업자원
보호선 내측에서 배타적 경제수역으로 확대되었다.

다음 중 A, B에 옳은 내용은?

① UN해양법협약, 12해리 배타적 경제수역

② UN해양법협약, 200해리 배타적 경제수역

③ 공해협약, 12해리 배타적 경제수역

④ 공해협약, 200해리 배타적 경제수역

【풀이】

(A)UN해양법협약, (B)200해리 배타적 경제수역

> ■ **UN해양법협약**
>
> 1982년 채택된 해양 및 해양 자원의 이용과 보전에 관한
> 광범위한 사항을 규정한 국제 협약 / 영해, 내수, 접속수
> 역, 배타적 경제수역 등 해양의 모든 영역을 대상으로 하
> 는 포괄적인 해양 헌장 / 12해리 영해제도와 국제해협 통
> 과통항제도, 200해리 배타적 경제수역제도 심해저 개발을
> 관리·규제, 국제해양법재판소를 설립 / 1994년 UN총회에
> 서 '1982년 UN해양법협약 제11장의 이행에 관한 협약'이
> 채택되면서 미국을 비롯한 선진국이 서명 / 1994년 발효,
> 한국은 1983년 3월 14일에 서명하였다.

정답 | 03. ②

04 2014년 육·해상에서 일어나는 모든 유형의 재난을 총괄·조정하기 위해 안전행정부 안전관리본부와 해양경찰청·소방방재청을 통폐합한 해양경찰 조직은?

① 국민안전처소속 해양경비안전본부

② 국민안전처소속 해양경찰본부

③ 행정안전부소속 해양경비안전본부

④ 행정안전부소속 해양경찰본부

【풀이】

■ 국민안전처소속 해양경비안전본부(세월호 사고 이후)

05 다음 중 해양경찰의 정체성과 가장 거리가 먼 것은?

① 독립외청   ② 중앙행정기관

③ 육·해상 경찰 사무   ④ 해양수산부 소속

【풀이】

■ ③번의 육상은 아님 / 해양에서의 경찰 및 오염방제에 관한 사무를 관장하기 위하여 해양수산부장관 소속으로 해양경찰청을 둔다. ☞ 「정부조직법」 제43조

정답 | 04. ① 05. ③

06 우리나라 해양경찰 관련 역사에 대한 설명이다. 과거에서 현재 순으로 바르게 나열된 것은?

ⓒ 해양경찰대에서 경찰청 소속 전환
ⓒ 해양경찰정비창 신설
ⓒ 해양경찰학교 개교
ⓒ 국토해양부에서 해양수산부 외청으로 변경

---

① ㉣ - ㉢ - ㉠ - ㉡
② ㉠ - ㉢ - ㉡ - ㉣
③ ㉢ - ㉣ - ㉠ - ㉡
④ ㉠ - ㉡ - ㉢ - ㉣

【풀이】

■ ㉠1991년 - ㉡1995년 - ㉢2004년 - ㉣ 2013년
㉠ 1991년 7월 해양경찰대에서 경찰청 소속 전환
㉡ 1995년 9월 해양경찰정비창 신설
㉢ 2004년 5월 해양경찰학교 개교
㉣ 2013년 3월 국토해양부에서 해양수산부 외청으로 변경

정답 | 06. ④

07 우리나라 해양경찰 관련 역사에 대한 설명이다. 과거에서 현재 순으로 바르게 나열된 것은?

> ㉠ 특수해난구조대 발대
> ㉡ 울산해양경찰서 신설
> ㉢ 방제업무 책임기관 해양경찰청으로 일원화
> ㉣ 경찰청의 여객선 임검업무 해양경찰청으로 이관

① ㉠ - ㉡ - ㉢ - ㉣
② ㉡ - ㉢ - ㉣ - ㉠
③ ㉢ - ㉣ - ㉠ - ㉡
④ ㉣ - ㉢ - ㉠ - ㉡

【풀이】

■ ㉠ 1991년 - ㉡ 1992년 - ㉢ 1995년 - ㉣ 2001년
 ㉠ 1991년 6월 **특수해난구조대** 발대
   ※ **중앙해양특수구조단은 2014년** 창단
     (위 **특수해난구조대**와 헷갈리지 말 것)
 ㉡ 1992년 10월 **울산해양경찰서** 신설
 ㉢ 1995년 12월 **방제업무 책임기관** 해양경찰청으로 일원화
 ㉣ 2001년 12월 경찰청의 **여객선 임검업무** 해양경찰청으로 이관

| 정답 | 07. ① |

제2편 해양경찰의 조직, 권한과 작용 (예상문제)

01 해양경찰 해양항공 업무 관련 계획의 수립 및 조정 업무, 해양에서의 항공기 사고조사 및 원인분석 업무를 담당하는 곳은?

① 장비기술국　　　　　② 수사국
③ 경비국　　　　　　　④ 구조안전국

【풀이】 **장비기술국** 소관 업무이다.

02
| 해양경찰교육원장은 (A)으로 보한다. |
| 해양경찰정비창장을 (B)으로 보한다. |

다음 중 A, B에 옳은 내용은?

① 치안감, 총경　　　　② 총경, 임기제 공무원
③ 경무관, 총경　　　　④ 경무관, 임기제 공무원

【풀이】 해양경찰교육원장은 경무관으로 보한다.
　　　　해양경찰청과 그 소속기관 직제 <개정 2021. 1. 14.>

정답 ┃ 01. ①　　02. ④

03 "서해5도특별경비단"의 소속은 다음 중 어디인가?

① 해양경찰교육원   ② 중부지방해양경찰청

③ 정비창   ④ 해양경찰청 구조국

【풀이】

> 해양경찰청과 그 소속기관 직제 시행규칙 제20조(지방해양경찰청) ☞ "서해5도특별경비단"의 소속은 중부지방해양경찰청

04 다음 중 "경찰권 발동의 원칙"이 아닌 것은?

① 경찰책임의 원칙   ② 경찰평등의 원칙

③ 경찰적극 목적의 원칙   ④ 경찰비례의 원칙

【풀이】

> ■ 경찰 적극 목적 ☞ 경찰 소극 목적
> ■ 적극 목적(국민복리증진 등)과
>   국가목적(재정, 군정)을 위해서는 발동될 수 없다.

| 정답 | 03. ② | 04. ③ |

05 경찰관이 수상한 행동이나 어떠한 죄를 범하였거나 범하려 하고 있다고 의심할 만한 상당한 이유가 있는 사람을 정지시켜 질문하는 것으로 옳은 것은?

① 긴급검문   ② 불심검문

③ 수사   ④ 대질심문

【풀이】

■ **경찰관 직무집행법 제3조(불심검문) - 1**

① 경찰관은 다음 각 호의 어느 하나에 해당하는 사람을 정지시켜 질문할 수 있다.

 1. **수상한 행동이나 그 밖의 주위 사정을 합리적으로 판단하여 볼 때 어떠한 죄를 범하였거나 범하려 하고 있다고 의심할 만한 상당한 이유**가 있는 사람

 2. 이미 행하여진 범죄나 행하여지려고 하는 범죄행위에 관한 사실을 안다고 인정되는 사람

② 경찰관은 제1항에 따라 같은 항 각 호의 사람을 정지시킨 장소에서 질문을 하는 것이 그 사람에게 불리하거나 교통에 방해가 된다고 인정될 때에는 질문을 하기 위하여 가까운 **경찰서·지구대·파출소 또는 출장소(지방해양경찰관서를 포함)로 동행할 것을 요구**할 수 있다. 이 경우 동행을 요구받은 사람은 그 요구를 거절할 수 있다.

③ 경찰관은 제1항 각 호의 어느 하나에 해당하는 사람에게 질문을 할 때에 그 사람이 **흉기를 가지고 있는지를 조사할 수 있다.**

☞ 문제 09번 "경찰관 직무집행법 제3조" 참고

정답   05. ②

06 경찰관 직무집행법 제4조(보호조치 등) 규정 중 옳은 것은 모두 몇 개인가?

> ⊙ 구호대상자에 대한 긴급구호를 요청받은 보건의료기관이나 공공구호기관은 정당한 이유 없이 긴급구호를 거절할 수 없다.
>
> ⓛ 구호대상자를 공공보건의료기관이나 공공구호기관에 인계하였을 때에는 즉시 그 사실을 소속 경찰서장이나 해양경찰서장에게 보고하여야 한다.
>
> ⓒ 구호대상자가 휴대하고 있는 무기·흉기 등은 경찰관서에 임시로 영치(領置)하여 놓을 수 있다.
>
> ⓔ 연고자가 발견되지 아니할 때에는 구호대상자를 적당한 공공보건의료기관 등에 즉시 인계하여야 한다.
>
> ⓜ 응급구호는 미아, 병자, 부상자 등으로서 적당한 보호자가 없으며 응급구호가 필요하다고 인정되는 사람으로서 본인이 구호를 거절하는 경우도 포함한다.

① 2개   ② 3개   ③ 4개   ④ 5개

【풀이】

> ■ **옳은 것** ⊙ ⓛ ⓒ ⓔ (4개)
>   ☞ ⓜ 미아, 병자, 부상자 등으로서 적당한 보호자가 없으며 응급구호가 필요하다고 인정되는 사람.
> **다만, 본인이 구호를 거절하는 경우는 제외한다.**

정답 | 06. ③

07 다음은 경찰관 직무집행법 제4조(보호조치 등) 규정에 관한 설명이다. ( ) 안에 들어갈 내용은?

> 응급구호가 필요하다고 믿을 만한 상당한 이유가 있는 사람(구호대상자)을 발견하였을 때에는 그 구호대상자를 경찰관서에서 보호하는 기간은 (㉠)을 초과할 수 없고, 물건을 경찰관서에 임시로 영치하는 기간은 (㉡)을 초과할 수 없다.

① ㉠ 24시간 ㉡ 10일   ② ㉠ 12시간 ㉡ 7일

③ ㉠ 6시간 ㉡ 30일   ④ ㉠ 3시간 ㉡ 7일

【풀이】

- ① ㉠ 24시간 ㉡ 10일
  ㉠ 경찰관서에서 **구호대상자 보호 기간**은 24시간
  ㉡ 경찰관서에 **물건 임시 보관 기간**은 10일

| 정답 | 07. ① |

08 경찰관 직무집행법 제10조의4(무기의 사용)의 내용 중 옳지 않은 것은?

① 사형·무기 또는 장기 3년 이상의 징역이나 금고에 해당하는 죄를 범하거나 범하였다고 의심할 만한 충분한 이유가 있는 사람이 경찰관의 직무집행에 항거하거나 도주하려고 할 때

② 체포·구속영장과 압수·수색영장을 집행하는 과정에서 경찰관의 직무집행에 항거하거나 도주하려고 할 때

③ 제3자가 범인을 도주시키려고 경찰관에게 항거할 때

④ 범인이 무기·흉기 등 위험한 물건을 지니고 경찰관으로부터 2회 이상 물건을 버리라는 명령이나 항복하라는 명령을 받고도 따르지 아니하면서 계속 항거할 때

【풀이】

- ④ 경찰관으로부터 **2회 이상** ☞ 경찰관으로부터 **3회 이상**이 옳다.

정답 | 08. ④

09 경찰관 직무집행법 제3조(불심검문) 규정 중 옳은 것은 모두 몇 개인가?

⊙ 동행을 요구할 경우 동행의 목적과 이유를 설명하여야 하며, 동행 장소를 밝혀야 한다.

ⓛ 질문을 받거나 동행을 요구받은 사람은 형사소송에 관한 법률에 따르지 아니하고는 신체를 구속당하지 아니하며, 그 의사에 반하여 답변을 강요당하지 아니한다.

ⓒ 동행한 사람의 가족이나 친지 등에게 동행한 경찰관의 신분, 동행 장소, 동행 목적과 이유를 알리거나 변호인의 도움을 받을 권리가 있음을 알려야 한다.

ⓔ 이미 행하여진 범죄행위에 관한 사실을 안다고 인정되어 동행한 사람을 24시간을 초과하여 경찰관서에 머물게 할 수 없다.

ⓜ 죄를 범하였거나 범하려 하고 있다고 의심할 만한 상당한 이유가 있는 사람에게 질문을 할 때에 그 사람이 흉기를 가지고 있는지를 조사할 수 있다.

① 2개   ② 3개   ③ 4개   ④ 5개

【풀이】

- 옳은 것은 ⊙, ⓛ, ⓒ, ⓜ (4개)
- ※ ⓔ **24시간**을 초과하여 경찰관서에 머물게 할 수 없다.
  - ☞ **6시간**이 옳다.

정답 | 09. ③

10 해양경찰청이 총괄하고 있는 업무가 아닌 것은?

① 해양오염 예방·방제   ② 해상 밀수·출입국 관리
③ 해상 교통질서 확립   ④ 해양주권 수호

【풀이】

■ ② 해상 밀수(관세청), 출입국 관리(법무부)

11 해양경찰청의 조직도에서 잘못 표기한 국(局)은?

① 구조안전국   ② 수사국
③ 국제협력국   ④ 해양오염방제국

【풀이】

■ ③ 국제협력국 ☞ 국제정보국(國際情報局)

12 다음 중 "해상교통 관제센터"의 소속은?

① 해양경찰청   ② 지방해양경찰청
③ 해양경찰서   ④ 해양경찰파출소

【풀이】

■ 해상교통 관제(VTS)센터는 지방해양경찰청 소속이다.

정답   10. ②   11. ③   12. ②

13 해양경찰청장 또는 차장의 보좌기관이 아닌 것은?

① 기획조정관   ② 감사담당관
③ 대변인   ④ 해양경찰연구센터장

【풀이】

- 청장 보좌기관: 대변인
- 차장 보좌기관: 기획조정관, 감사담당관
- 해양경찰연구센터는 해양경찰교육원 소속 기관임.

14 다음 중 해양경찰과 육상경찰의 차이점과 가장 거리가 먼 것은?

① 특별사법경찰권   ② 제복의 착용과 무기의 휴대
③ 작용법의 동일성   ④ 신분의 동일성

【풀이】

- 해양경찰과 경찰청 모두 **일반사법경찰권**을 수행함.
- 일본 해상보안청 직원은 **특별사법경찰권** 수행.

정답   13. ④   14. ①

15 안전총괄부장 밑에 종합상황실장을 두고 있는 기관은?

① 해양수산부   ② 서해 및 남해지방해양경찰청

③ 해양경찰청   ④ 동해 및 서해지방해양경찰청

【풀이】

■ 해양경찰청과 그 소속기관직제 시행규칙 제20조(지방해양경찰청)

지방 해양경찰청	부서명
중부	기획운영과·경비과·구조안전과·수사과· 정보외사과 및 해양오염방제과
서해 및 남해	안전총괄부 및 기획운영과. **안전총괄부**에 경비과·구조안전과·수사과· 정보외사과 및 해양오염방제과
동해 및 제주	기획운영과·경비안전과·수사과·정보외사과 및 해양오염방제과

지방해양경찰청장 밑에	청문감사담당관
	종합상황실장

다만, **서해 및 남해지방해양경찰청**은 **안전총괄부장 밑에**
종합상황실장을 둔다.

직할단	항공단
직할대	특공대

다만, **중부지방해양경찰청장** 밑에는 **서해5도 특별경비단 및**
항공단을 직할단으로 두고, 특공대를 직할대로 둔다.

정답 | 15. ②

16 괄호 안의 년도를 차례로 바르게 나열한 것은?

> 해양경찰은 (㉠)년 서해 및 동해 어로보호본부가 설치되고 (㉡)년 4부 합동부령으로 선박안전조업규칙이 제정되고 인천지구대장과 속초지구대장이 각 어로보호본부장을 겸하게 되었다.

① ㉠ 1953 ㉡ 1996 ② ㉠ 1969 ㉡ 1972

③ ㉠ 1968 ㉡ 1971 ④ ㉠ 1966 ㉡ 1995

【풀이】

> ■ **1969년** 어로보호본부(서해 및 동해)설치, **1972년** 선박안전조업규칙 제정, **인천**지구해양경찰대장과 **속초**지구해양경찰대장이 각 **어로보호본부장을 겸하였다.**
> ■ 동해 조업보호본부: **속초**해양경찰서
> ■ 서해 조업보호본부: **인천**해양경찰서

17 해양경찰청의 부속기관으로 가장 거리가 먼 것은?

① 중앙해양특수구조단   ② 해양경찰교육원
③ 중앙해난심판원   ④ 해양경찰 정비창

【풀이】

> ■ **중앙해난심판원**은 **해양수산부** 소속기관이다.

| 정답 | 16. ② | 17. ③ |

18 권한이란 법령상 국가를 위하여 그 의사를 결정하고
표시할 수 있는 능력이나 범위를 말한다. 해양경찰관
으로서의 관한 행사는 어디에 귀속된다고 볼 수 있나?

① 해양수산부   ② 해양경찰청 소속국
③ 국가   ④ 해양경찰청

【풀이】

- ③ 국가에 귀속된다.

19 가장 보편적인 경찰하명으로 "어떠한 행위를 하지
말라"는 의무를 명하는 것은?

① 작위 하명   ② 부작위 하명
③ 수인 하명   ④ 급부 하명

【풀이】

- ② 부작위 하명 ("경찰금지" 라고도 한다.)

정답 | 18. ③ 19. ②

20 해양경찰청 직원의 신분을 경찰관과 일반직 공무원으로 분류할 때 계급체계가 다른 사람은 누구인가?

① 경비국장   ② 해양오염방제국장

③ 해양경찰교육원장   ④ 기획조정관

【풀이】

■ 해양경찰청과 그 소속기관 직제 2021.01.14. 개정

직책	계급
경비국장 구조안전국장 수사국장 국제정보국장 장비기술국장	치안감 또는 경무관
해양오염방제국장	**고위공무원단에 속하는 일반직공무원**
대변인	4급 또는 총경
기획조정관	**치안감**
감사담당관	4급 또는 총경
해양경찰교육원장	**경무관**
중앙해양특수구조단장	총경
해양경찰정비창장	**임기제 공무원**

☞ 운영지원과장은 총경
☞ 정보통신과장은 서기관·기술서기관 또는 총경

정답   20. ②

21 한국 해양경찰청과 유사한 조직으로 볼 수 없는 것은?

① 미국 해안경비대   ② 일본 해상보안청

③ 중국 해양경찰국   ④ 러시아 국경관세청

【풀이】

■ 러시아 **국경수비부**   ■ 영국 **해양경비청**

22 실질적 의미의 경찰의 내용이 아닌 것은?

① 장래의 공공질서유지, 공공의 안녕질서유지

② 도로경찰, 행정경찰, 자치경찰

③ 비권력 작용

④ 위생, 영업경찰활동

【풀이】

■ 직접 사회공공의 안녕과 질서를 유지하기 위해 일반통치권에 의거 국민에게 명령·강제하는 권력적 작용 / 비권력 작용은 아님

| 정답 | 21. ④ 22. ③ |

23 형식적 의미의 해양경찰의 업무와 거리가 먼 것은?

① 선원 근로감독   ② 해양경비

③ 해양범죄수사   ④ 해양오염 예방 및 방제

【풀이】

- **선원 근로감독**은 **해양수산부** 업무 / **실질적 의미의 경찰 활동(해양경찰업무)** 해상경비, 해난구조, 해상교통안전관리, 해상범죄 예방 및 단속, 해양오염 예방 및 방제 / 해양경찰법, 해양경비법, 선박 교통관제에 관한 법률, 연안 사고 예방에 관한 법률, 수상에서의 수색·구조 등에 관한 법률, 수상레저안전법 관장

24 다음 중 해양경찰청과 경찰청 직원의 신분에 있어 같은 법 적용과 가장 거리가 먼 것은?

① 국가공무원법   ② 경찰공무원법

③ 경찰공무원임용령   ④ 경찰관직무집행법

【풀이】

- **경찰공무원임용령**(경찰청 직원)
- **해양경찰공무원임용규칙**(해양경찰청 직원)

정답   23. ①   24. ③

25 다음 중 "스마트해양경찰추진단"의 조직과 업무의 내용에 대한 설명 중 가장 옳지 않은 것은?

① 단장은 소관 업무에 관하여 차장을 보좌한다.
② 단장은 총경으로 보한다.
③ 해양경찰 개인 장비의 현장 적합성 제고에 관한 사항
④ 해양경찰 분야 맞춤형 기술 개발에 관한 연구·기획

【풀이】

- ② 총경 ☞ 서기관 또는 총경

26 다음 중 가장 옳지 않은 설명은?

① 실질적 의미의 해양경찰 작용은 국민에게 명령·강제함으로써 국민의 자연적 자유를 제한하는 작용을 말한다.
② 해양경찰공무원은 「수상에서의 수색·구조 등에 관한 법률」을 근거로 해상에서의 구조 업무를 수행한다.
③ 해양경찰공무원은 「경찰공무원법」, 「경찰공무원징계령」, 「해양경찰공무원 임용규칙」의 적용을 받는다.
④ 해양오염제국장은 치안감 또는 경무관으로 보한다.

【풀이】

- ④ / 해양오염제국장은 **고위공무원단 일반직 공무원**
- 「**경찰공무원징계령**」 징계위원회를 **각각 11명 이상 51명** 이하 위원 구성하여 회의마다 **4명 이상 6명** 이하로 성별을 고려 구성

정답   25. ②   26. ④

제3편 해양경찰 소관법률 (예상문제)

<공통 법률>

01 다음 중 해양경찰청 단독 소관법률이 아닌 것은?

① 연안 사고 예방에 관한 법률
② 수상에서의 수색·구조 등에 관한 법률
③ 수상레저안전법
④ 재난 및 안전관리 기본법

【풀이】

단독 소관 (6개)	해양경찰법, 해양경비법, 선박 교통관제에 관한 법률, 연안 사고 예방에 관한 법률, 수상에서의 수색·구조 등에 관한 법률, 수상레저안전법
공동 소관 (6개)	경찰공무원법, 경범죄 처벌법, 경찰공무원 보건안전 및 복지 기본법(경찰청 공동), 밀항단속법(법무부 공동), 자동차 등 특정동산 저당법(국토부, 법무부, 해수부 공동), **재난 및 안전관리 기본법(행안부, 소방청 공동)**

정답 01. ④

02 해양경찰청에서 단독으로 소관하는 법률이 아닌 것은?

① 수상에서의 수색 구조 등에 관한 법률

② 해양경찰법 및 해양경비법

③ 수상레저안전법 및 연안사고 예방에 관한 법률

④ 해양환경관리법

【풀이】

> ■ **해양환경관리법**은 **해양수산부** 소관법률이다.

03 해양경찰청과 타 부처 공동 소관법률이 아닌 것은?

① 경찰공무원법, 경범죄 처벌법

② 해양오염방제에 관한 법률

③ 자동차 등 특정동산 저당법

④ 재난 및 안전관리 기본법

【풀이】

> ■ 해양오염방제에 관한 법률: 부 존재(存在)
> ■ 해양환경관리법은 해양수산부 소관
> ■ **타 부처 공동 소관법률**
> 경찰공무원법, 경범죄 처벌법, 경찰공무원 보건안전 및 복지 기본법(경찰청 공동), 밀항단속법(법무부 공동), 자동차 등 특정동산 저당법(국토부, 법무부, 해수부 공동), 재난 및 안전관리 기본법(행안부, 소방청 공동)

| 정답 | 02. ④ | 03. ② |

04 해양경찰청 단독 소관법률은 모두 몇 개인가?

㉠ 해양경찰법	㉡ 재난 및 안전관리 기본법
㉢ 수상레저안전법	㉣ 선박 교통관제에 관한 법률
㉤ 해양경비법	㉥ 밀항단속법
㉦ 수상에서의 수색·구조 등에 관한 법률	
㉧ 연안 사고 예방에 관한 법률	

① 8개   ② 7개   ③ 6개   ④ 5개

【풀이】

■ 6개 / ㉡, ㉥은 공동 소관법률이다.

05 ㅇㅇ해양경찰서 A파출소에 근무하고 있는 S경위는 순찰 중 승선어선에서 무단이탈한 외국인을 검거하였다. 신병처리 절차가 가장 올바른 것은?

<2019년 간부후보 채용>

① 「출입국관리법」 위반 혐의로 입건, 불구속 수사한다.

② 불입건시 무단이탈 경위 등에 대하여 조사할 필요가 없다.

③ 「출입국관리법」 위반 혐의로 구속수사가 필요하다.

④ 입건의 실익이 없고 다른 범죄사실이 확인되지 않으면 불입건하고, 신병은 지방출입국·외국인 관서에 인계한다.

【풀이】

■ ④ 입건의 실익이 없고 ~ 관서에 인계한다.

정답   04. ③   05. ④

1. 『해양경찰법』 (예상문제)

- 2019년 8월 2일 국회 통과, 8월 20일 공포 **2020년 2월 21일 시행**
- 주요 내용: **해양경찰위원회 신설, 자체 청장 임명 규정 마련, 해양경찰 고유의 직무 정립, 해양안전 확보 및 연구개발의 지원** 등

- 국민으로 구성된 **해양경찰위원회**를 통하여 **일방적 행정에서 민주적 소통행정으로 변모.** 내부 인재 양성과 외부 전문가를 영입하여 전문성을 확보할 수 있도록 법률로서 명확히 근거를 마련

- **청장은 해양경찰 출신 청장을 임명**할 수 있도록 하였고 실제 수행하는 다양하고 복잡한 직무를 누구나 알 수 있도록 법률로 명확히 규정함으로써 조직의 책임과 역할을 정립하는 한편 조직의 정체성도 확보하게 되었으며 조직·직무·신분을 명확히 규정한 독립적인 법률을 통해 **조직법적 기반을 마련**

- **해양 및 해양 관련 치안을 담당하는 일반 사법경찰기관임을** 법률로 천명하여 국내 유일의 해양 수사기관으로서의 자긍심을 갖게 하였다. 또한, 해양경찰 업무의 기반이 되는 모법을 토대로 전문성과 특수성이 요구되는 법률 제정이 가능하게 되었고, **장비 도입·운영·관리 및 연구개발사업의 인력과 예산을 확보하는 법적 인프라를** 마련

- 해양경찰은 창설 이래 조직과 직무에 관한 독자적인 법률을 제정하지 못하고 「정부조직법」 제43조에서 규정한 '해양에서의 경찰 및 오염 방제에 관한 사무'라는 근거로 활동했었다. 해양치안 수요가 지속해서 증가하고 있는 현시점에서, 국민의 눈높이에 맞춘 정책을 실현하기 위하여 <u>조직과 직무 범위를 명확하게 규정</u>

01 「해양경찰법」 제1조(목적)와 거리가 먼 것은?

① 해양안보 확보

② 해양주권 수호

③ 해양경찰의 직무와 민주적이고 효율적인 운영에 필요한 사항을 규정

④ 해양 안전과 치안 확립

【풀이】 ①

■ 해양안보 확보는 해양경비법의 목적의 내용이다.

02 「해양경찰법」의 시행일과 그 제정일이 옳은 것은?

① 시행 2020. 4. 21, 제정 2019. 10. 20

② 시행 2020. 3. 21, 제정 2019. 9. 20

③ 시행 2020. 2. 21, 제정 2019. 8. 20

④ 시행 2020. 1. 21, 제정 2019. 7. 20

【풀이】

■ 시행 2020. 2. 21 / 제정 2019. 8. 20

정답 | 01. ① 02. ③

03 다음 중 「해양경찰법」의 법조 내용이 아닌 것은?

① 해양 직무수행의 독창성 확보

② 해양안전 확보 노력

③ 권한남용의 금지 등

④ 해양경찰위원회의 설치 등

【풀이】

- ① **독창성** ☞ "직무수행의 **전문성** 확보"가 옳다.

04 해양경찰의 책무가 아닌 것은?

① 해양에서 사람의 생명·신체 및 재산을 보호하고, 해양 사고에 효율적으로 대응하기 위한 시책을 추진하여야 한다.

② 대한민국의 국익을 보호하고 해양영토를 수호하며 해양치안질서 유지를 위하여 필요한 조치와 제도를 마련하여야 한다.

③ 해양경찰의 정책에 대한 국민의 의견을 존중하고, 민주적이고 투명한 조직운영을 위하여 노력하여야 한다.

④ 해상 출입국 관리 및 해상에서의 밀수단속을 통한 국내산업 보호를 위하여 노력하여야 한다.

【풀이】

- **출입국 관리**(법무부) 및 **해상에서의 밀수 단속**(관세청)

정답 03. ① 04. ④

05

국민에게 해양주권 수호의 중요성을 널리 알리고 해양 안전 의식을 높이기 위하여 매년 (Ⓐ)을 해양경찰의 날로 하고, 기념행사를 한다.

(Ⓐ)에 적합한 날짜는?

① 8월 10일   ② 9월 10일
③ 10월 21일   ④ 11월 21일

【풀이】

■ **배타적경제수역(EEZ)법 시행일(1996.09.10)**

06 해양경찰위원회의 심의·의결사항으로 옳지 않은 것은?

① 해양수산부장관은 심의·의결된 내용이 적정하지 아니하다고 판단할 때에는 재의를 요구할 수 없다.
② 인권보호와 부패방지, 청렴도 향상에 관한 정책사항
③ 해양경찰청 소관 법령 또는 행정규칙의 제정·개정·폐지, 소관 법령에 따른 기본계획·관리계획 등의 수립
④ 해양수산부장관 또는 해양경찰청장은 중요하다고 인정되어 위원회의 심의·의결이 필요한 사항

【풀이】

■ 재의를 요구할 수 **없음** ☞ **있음.**

| 정답 | 05. ② | 06. ① |

07 해양경찰위원회의 구성은?

① 위원장 1명을 포함한 5명의 위원

② 위원장 1명을 포함한 6명의 위원

③ 위원장 1명을 포함한 7명의 위원

④ 위원장 1명을 포함한 8명의 위원

【풀이】

> ■ 위원장 1명을 포함한 **7명의 위원(비상임)**

08 해양경찰위원회의 구성 및 위원의 임명에 관한 내용과 거리가 먼 것은?

① 위원장 1명을 포함한 7명의 위원으로 구성한다.

② 위원 중 2명은 법관의 자격이 있는 사람이어야 한다.

③ 위원은 해양수산부장관의 제청으로 국무총리를 거쳐 대통령이 임명한다.

④ 위원장 및 위원은 상임으로 한다.

【풀이】

> ■ **옳지 않음** ④ 위원장 및 위원은 **비상임**으로 한다.

| 정답 | 07. ③   08. ④ |

09 해양경찰위원회의 위원이 될 수 있는 사람은?

① 당적을 이탈한 날부터 3년이 지나지 아니한 사람
② 선거에 의하여 취임하는 공직에서 퇴직한 날부터 3년이 지나지 아니한 사람
③ 파산선고를 받고 복권된 사람
④ 경찰, 검찰, 국가정보원 직원 또는 군인의 직에서 퇴직한 날부터 3년이 지나지 아니한 사람

【풀이】

- 파산선고를 받고 **복권된** 사람은 결격사유 아님.

10 해양경찰청 소속 공무원의 구성은?

① 국가경찰공무원과 공안직공무원
② 국가경찰공무원과 일반직공무원
③ 자치경찰공무원과 공안직공무원
④ 자치경찰공무원과 일반직공무원

【풀이】

- **제13조(해양경찰청 소속 공무원)**
해양경찰청 소속 공무원은 **국가경찰공무원과 일반직 공무원** 등으로 구성

| 정답 | 09. ③ | 10. ② |

11

> 해양경찰위원회의 설치규정에 따라 해양수산부장관이 재의를 요구하려고 하는 경우에는 의결한 날부터 (Ⓐ) 이내에 재의요구서를 위원회에 제출하여야 한다. 위원 장은 재의요구가 있으면, 그 요구를 받은 날부터 (Ⓑ) 이내에 회의를 소집하여 다시 의결하여야 한다.

Ⓐ, Ⓑ에 적합한 것은?

① Ⓐ 7일, Ⓑ 10일　　　② Ⓐ 10일, Ⓑ 7일

③ Ⓐ 14일, Ⓑ 10일　　　④ Ⓐ 15일, Ⓑ 7일

【풀이】

Ⓐ 10일 이내 재의요구서 제출 Ⓑ 7일 이내 회의 소집

12

> 해양경찰위원회의 회의는 재적위원 (Ⓐ)의 출석과 출석 위원 (Ⓑ)의 찬성으로 의결한다.

Ⓐ, Ⓑ에 적합한 것은?

① Ⓐ 과반수, Ⓑ 과반수　　② Ⓐ 3분의 2, Ⓑ 과반수

③ Ⓐ 과반수, Ⓑ 3분의 2　　④ Ⓐ 전원, Ⓑ 과반수

【풀이】

■ 재적위원 **과반수**의 출석과 출석위원 **과반수**의 찬성

정답	11. ② 12. ①

13 해양경찰청장에 대한 설명 중 옳지 않은 것은?

① 치안총감으로 보한다.
② 해양경찰위원회의 동의를 받아 해양수산부장관의 제청으로 국무총리를 거쳐 대통령이 임명한다.
③ 각급 해양경찰기관의 장을 지휘·감독한다.
④ 해양경찰청장의 임기는 2년으로 하고 중임할 수 있다.

【풀이】

■ 임기는 2년으로 하고 **중임할 수 없다.**

14 해양경찰청 소속 국가경찰공무원의 계급은 치안총감부터 순경까지 모두 몇 개가 있는가?

① 9개   ② 10개
③ 11개   ④ 12개

【풀이】

■ 치안총감·치안정감·치안감·경무관·총경·경정·경감·경위·경사·경장·순경

정답 | 13. ④   14. ③

15

해양경찰청 소속 공무원의 임용·교육훈련·복무·신분보장 등에 관하여는 해양경찰법에서 특별히 정한 것을 제외하고는 Ⓐ에서 정하는 바에 따른다.

Ⓐ에 가장 적합한 것은?

① 「국가공무원법」과 「지방공무원법」
② 「국가공무원법」과 「경찰공무원법」
③ 「지방공무원법」과 「경찰공무원법」
④ 「경찰공무원법」과 「지방공무원법」

【풀이】

- 「국가공무원법」과 「경찰공무원법」이다.

16

해양경찰청장은 해양경찰 업무에 필요한 연구·실험·조사·기술개발 및 전문인력 양성 등 소관 분야의 (㉠)을 위한 시책을 추진하여야 한다.

㉠에 가장 적합한 것은?

① 수산진흥　　　　② 국제협력
③ 방제 및 예방　　④ 과학기술진흥

【풀이】

- 「해양경찰법」 제21조(연구개발의 지원 등) 과학기술진흥

| 정답 | 15. ② 　 16. ④ |

17 해양경찰청장은 Ⓐ 등을 통해 해양을 이용하는 사람의 안전을 보장하고 사고발생에 원활히 대응하기 위하여 적절한 교육·훈련 체계를 마련하여야 한다.

Ⓐ에 가장 적합한 것은?

① 선박 교통·양식 산업·해안 및 해양환경 조사 활동

② 해운·어로·자원개발·해양과학조사·관광 및 레저 활동

③ 양식 산업·해양생태계 환경조사·해저광물 개발 활동

④ 어장 양식장 ·해운 산업 및 해양환경 조사 활동

【풀이】

「해양경찰법」 제16조(해양안전 확보 노력) 해운·어로~레저 활동

18 해양경찰청장은 외부 전문가 영입을 위하여 「경찰공무원법」에 따른 Ⓐ 또는 「국가공무원법」에 따른 개방형직위 등을 활용한 Ⓑ 등을 실시할 수 있다.

Ⓐ, Ⓑ에 가장 적합한 것은?

① Ⓐ 경력경쟁채용시험, Ⓑ 경력경쟁채용시험

② Ⓐ 비경력경쟁채용시험, Ⓑ 비경력경쟁채용시험

③ Ⓐ 제한경쟁채용시험, Ⓑ 경력경쟁채용시험

④ Ⓐ 경력경쟁채용시험, Ⓑ 제한경쟁채용시험

【풀이】

■ Ⓐ 경력경쟁채용시험, Ⓑ 경력경쟁채용시험

| 정답 | 17. ② | 18. ① |

19 다음 Ⓐ ~ Ⓖ 중 옳은 문항은 모두 몇 개인가?

> Ⓐ 해양경찰청 소속 공무원은 상관의 지휘·감독을 받아 직무를
>   수행하고, 그 직무수행에 관하여 서로 협력하여야 한다.
> Ⓑ 해양경찰청 소속 공무원은 구체적 수사와 관련된 지휘·감
>   독의 적법성 또는 정당성 여부에 대하여 이견이 있는 경
>   우에는 이의를 제기할 수 없다.
> Ⓒ 해양경찰청장은 해양안전 확보와 해양사고 대응을 위해 상황
>   을 파악, 전파할 수 있도록 지휘·통신체계를 마련해야 한다.
> Ⓓ 해양경찰청장은 해양재난 또는 해양사고의 대응을 위하여
>   관계 행정기관의 장 등에게 필요한 협력을 요청할 수 있다.
> Ⓔ 해양경찰청장은 해양안전보장 및 사고대응을 위하여 관련
>   연구개발 및 제도개선을 위한 시책을 시행하여야 한다.
> Ⓕ 해양경찰청장은 해양경찰행정에 국민의 참여를 확대하기
>   위하여 다양한 참여방법과 협력의 기회를 제공하도록 노
>   력하여야 한다.
> Ⓖ 해양경찰청장은 민간단체·기관과의 협력관계를 증진하고
>   이에 필요한 계획과 시책을 마련하여 추진할 수 있다.

① 4개   ② 5개   ③ 6개   ④ 7개

【풀이】

- 옳은 문항 Ⓐ, Ⓒ, Ⓓ, Ⓔ, Ⓕ, Ⓖ (6개)
- Ⓑ ~ 이의를 제기할 수 **없다.** ☞ **있다.**

정답 | 19. ③

20 공무원 임용 결격사유에 해당하지 않는 자는?

① 피성년후견인

② 파산선고를 받고 복권되지 아니한 자

③ 금고 이상의 실형을 선고받고 그 집행이 종료되거나 집행을 받지 아니하기로 확정된 후 5년이 지나지 아니한 자

④ 금고 이상의 형을 선고받고 그 집행유예 기간이 끝난 날부터 3년이 지난 자

【풀이】

> ■ 「국가공무원법」 제33조(결격사유)
> 1. 피성년후견인
> 2. 파산선고를 받고 복권되지 아니한 자
> 3. 금고 이상의 실형을 선고받고 그 집행이 종료되거나 집행을 받지 아니하기로 확정된 후 5년이 지나지 아니한 자
> 4. 금고 이상의 형을 선고받고 그 집행유예 기간이 끝난 날부터 **2년이 지나지 아니한 자**

정답 | 20. ④

21 해양경찰청과 그 소속기관의 직무에 관한 설명으로 가장 옳지 않은 것은?

① 해상교통관제센터의 소속은 지방해양경찰청이다.

② 서해5도특별경비단의 소속은 중부지방해양경찰이다.

③ 해양경찰교육원장은 치안감으로 보한다.

④ 경비국장은 치안감 또는 경무관으로 보한다.

【풀이】

- ③ **경무관**으로 보한다.<2021.01.14. 개정>

22

해양경찰행정에 관한 사항을 심의·의결하기 위하여 (㉠)에 해양경찰위원회를 둔다.

(㉠)에 가장 적합한 것은?

① 해양수산부   ② 해양경찰청

③ 해양경찰청 경비국   ④ 경찰청

【풀이】

- 해양경찰법 제5조(해양경찰위원회의 설치 등)
  해양수산부에 해양경찰위원회를 둔다.
- 해양경찰위원회 *해양경찰청에 두는 것이 아님!*

| 정답 | 21. ③   22. ① |

23 각 국 해양경찰기관에 대한 설명 중 가장 옳은 것은?
〈2020년 간부후보 채용〉

① 미국 코스트가드(USCG)는 1913년 타이타닉호 침몰사고를 계기로 창설되었다.

② 전 세계 해상치안기관은 모두 'Coast Guard'라는 명칭을 사용한다.

③ 일본해상보안청 직원들은 특별사법경찰권을 보유하고 있다.

④ 미국 코스트가드(USCG)는 코스트가드 아카데미를 운영하며, 군사조직이라기보다 경찰조직의 성격이 강하다.

【풀이】③ 일본 해상보안청 직원들은 특별사법경찰권을 보유

■ USCG는 **1790년**에 관세밀수감시청 창설, **군사조직 성격**

24 해양경찰법에서 매년 9월 10일을 해양경찰의 날로 정하였다. 그 설명으로 가장 타당한 것은?

① 바다의 날

② 해양오염방지법 제정일

③ 평화선 선포일

④ 배타적경제수역법 시행일

【풀이】

■ **배타적경제수역법 시행일 1996.09.10.** 제정 1996.08.08.
■ 해양오염방지법 제정일 1977.12.31.
■ 바다의 날 5월 31일 / 평화선 선포일 1952.01.08.

| 정답 | 23. ③ | 24. ④ |

2. 『해양경비법』(예상문제)

01 다음 중 『해양경비법』상 "해양경비 활동의 범위"
중 옳은 것은 모두 몇 개인가?

> ㉠ 해양 관련 범죄에 대한 예방
>
> ㉡ 해양오염 방제 및 해양수산자원 보호에 관한 조치
>
> ㉢ 해상경호, 대(對)테러 및 대간첩작전 수행
>
> ㉣ 해양시설 보호, 해상항행 보호에 관한 조치
>
> ㉤ 경비수역에서 해양경비를 위한 공공 안녕과 질서유지

① 2개   ② 3개   ③ 4개   ④ 5개

【풀이】 모두 옳다.

■ 『해양경비법』 제7조(해양경비 활동의 범위)

| 정답 | 01. ④ |

02 다음은 이어도 종합 해양 과학 기지에 대한 설명이다. 이는 『해양경비법』상 어디에 해당하는가?

> ■ 우리나라는 2003년에 **이어도 종합 해양 과학 기지**를 세웠다. 이곳에서는 해양 및 기상 예보, 어장 정보, 해상 교통안전, 기후 변화 예측에 필요한 자료 등을 수집하고 있으며, 헬리콥터 착륙장이 있어 비상시 구조 활동을 위한 기지로 활용한다.
>
> ■ **이어도 종합 해양 과학 기지**가 위치한 해역은 아직 배타적 경제 수역으로 확정되어 있지 않지만, 국제 해양법에 따르면 무인도나 암초는 가장 가까운 유인도에 귀속되기 때문에 이어도의 관할권은 우리나라에 있다.
>
> ■ 한국과 중국의 영해 기선의 중간 지점을 경계로 배타적 경제 수역의 경계를 정하면, **이어도**는 우리나라의 배타적 경제 수역에 포함된다.

① 헬리콥터 착륙장　　　② 유인도

③ 해양시설　　　　　　④ 무인도

【풀이】

　■ 『해양경비법』 제2조에 따른 "해양시설"이다.

정답 ｜ 02. ③

03 다음은 이어도에 대한 설명이다. 가장 옳지 않은 것은?

① 이어도 종합 해양과학기지는 해양경비법과 해양환경 관리법 제2조에 다른 "해양시설"이다.

② 중국·동남아·유럽으로 향하는 주요 해상 길목으로 지정학적으로도 매우 중요한 전략적 요충지이다.

③ 중국은 이어도를 자국의 배타적 경제수역에 포함하고 우리나라의 실효적 지배를 희석하게 시키기 위해 주변 해역에 1.5달에 한 번(최근 3년 총 26회 출현)꼴로 관공선과 항공기를 보내고 있다.

④ 국제해양법 상 연안국의 배타적 경제수역 범위는 연안으로부터 12해리이며 이어도는 마라도로부터 287km, 중국 서산다오 섬으로부터 149km 떨어져 있다.

【풀이】

> ■ 국제해양법 상 연안국의 배타적 경제수역 범위는 연안으로부터 **200해리(약 370km)**이다.
> ■ 이어도는 **한국 마라도로부터 149km, 중국 서산다오 섬으로부터 287km** 떨어져 있다.

정답 | 03. ④

04 『해양경비법』상 해상항행 보호조치 순서는?

① 경고 ➡ 이동·해산·피난 명령 ➡ 이동·해산·피난 실행

② 이동·해산·피난 명령 ➡ 이동·해산·피난 실행 ➡ 경고

③ 이동·해산·피난 명령 ➡ 경고 ➡ 이동·해산·피난 실행

④ 경고 ➡ 이동·해산·피난 실행 ➡ 이동·해산·피난 명령

【풀이】

■ 시행규칙 제2조(해상항행 보호조치 등의 순서)

【경고】-【이동·해산·피난 명령】-【이동·해산·피난 실행】

■ 『해양경비법』 제14조(해상항행 보호조치 등)

① 해양경찰관은 경비수역에서 다음 각 호의 어느 하나에 해당하는 행위를 하는 선박등의 선장에 대하여 **경고, 이동·해산 명령 등 해상항행 보호조치**를 할 수 있다. 다만, **외국선박**에 대한 해상항행 보호조치는 **연안수역**에서만 실시한다.

　1. 선박등이 본래의 목적을 벗어나 **다른 선박등의 항행 또는 입항·출항 등에 현저히 지장**을 주는 행위

　2. 선박등이 항구·포구 내외의 수역과 지정된 항로에서 **무리를 지어 장시간 점거하거나 항법 상 정상적인 횡단방법을 일탈**하여 **다른 선박등의 항행에 지장**을 주는 행위

　3. **임해 중요시설 경계 바깥쪽**으로부터 **1킬로미터 이내** 경비수역에서 선박등이 **무리를 지어 위력적인 방법으로 항행 또는 점거함으로써 안전사고가 발생할 우려**가 높은 행위

정답 | 04. ①

05 경비수역 내의 점용, 점용허가 등의 통보는 "허가등"을 하기 며칠 전까지 이루어져야 하는가?

① 5일 전   ② 7일 전

③ 10일 전   ④ 14일 전

【풀이】

- 시행규칙 제3조(경비수역 내 점용·사용허가 등의 통보)
  5일 전까지 이루어져야 한다.
  1. 공유수면 점용·사용허가
  2. 「항만법」 항만개발사업 시행
  3. 「어촌·어항법」 어항개발사업 시행
  4. 「수산업법」 어업면허

06 『해양경비법』 상 협의체의 구성은?

① 위원장 1명을 포함한 5명 이내의 위원

② 위원장 1명을 포함한 7명 이내의 위원

③ 위원장 1명을 포함한 9명 이내의 위원

④ 위원장 1명을 포함한 10명 이내의 위원

【풀이】

- 위원장 1명을 포함한 **10명 이내의** 위원

| 정답 | 05. ① | 06. ④ |

07 『해양경비법』 제1조의 내용과 가장 거리가 먼 것은?

① 경비수역에서의 해양안보 확보, 치안질서 유지

② 해양수산자원 및 해양시설 보호

③ 해양환경보전과 오염사고 예방

④ 국민의 안전과 공공질서의 유지에 이바지함

【풀이】

> - **제1조(목적)** 이 법은 경비수역에서의 **해양안보 확보**, 치안질서 유지, 해양수산자원 및 해양시설 보호를 위하여 해양경비에 관한 사항을 규정함으로써 국민의 안전과 공공질서의 유지에 이바지함을 목적으로 한다.

08 『해양경비법』 상 협의체의 위원장은 누구인가?

① 해양경찰청 경비국장   ② 해양경찰청 방제국장

③ 해양수산부장관   ④ 해군참모총장

【풀이】

> - 협의체의 **위원장**은 **해양경찰청 경비국장**
> - 협의체의 **위원**은 **외교부, 해양수산부, 경찰청** 등 중앙 **행정기관의 과장급** 또는 이에 상응하는 공무원 중에서 그 **소속 기관의 장이 지명**하는 사람이 된다.

정답 | 07. ③ 08. ①

09 "해양경찰청장이 경비수역에서 해양주권의 수호를 목적으로 행하는 해양안보 및 해양치안의 확보, 해양수산자원 및 해양시설의 보호를 위한 경찰권의 행사"를 말하는 것은?

① 연안경비수역   ② 해양수산자원 보호

③ 해양환경보전   ④ 해양경비

【풀이】

- 「해양경비법」 제2조 **"해양경비"**를 말한다.

10 『해양경비법』 제1조의 내용과 가장 거리가 먼 것은?

① 해양안보 확보

② 해양수산자원 및 해양시설 보호

③ 해양 안전과 치안 확립

④ 해양경비에 관한 사항을 규정

【풀이】 해양 안전과 치안 확립 ☞ 『해양경찰법』 제1조

- 경비수역에서의 해양안보 확보, 치안질서 유지, 해양수산자원 및 해양시설 보호를 위하여 해양경비에 관한 사항을 규정함으로써 국민의 안전과 공공질서의 유지에 이바지함을 목적

정답 | 09. ④   10. ③

11 "「영해 및 접속수역법」 제1조 및 제3조에 따른 영해 및 내수(「내수면어업법」 제2조제1호에 따른 내수면은 제외)"를 말하는 것은?

① 연안수역　　　　② 원해수역

③ 환경수역　　　　④ 근해수역

【풀이】

- "연안수역"을 말한다.

12 「어선안전조업법」상 어선의 조업해역 구분으로 옳지 않은 것은?

① 일반해역　　　　② 조업자제해역

③ 특정해역　　　　④ 특정금지해역

【풀이】

- 제2조 규정: "특정해역" "조업자제해역" "일반해역"

정답 11. ①　12. ④

13 다음 중 『해양경비법』 상 "무기의 사용"에 대한 설명 중 옳지 않은 것은?

① 해양경비 중 자기의 생명·신체에 대한 위해(危害)를 방지하기 위한 경우는 무기를 사용할 수 없다.

② 대간첩·대테러 작전 등 국가안보와 관련되는 작전을 수행하는 경우 공용화기를 사용할 수 있다.

③ 선박등의 나포와 범인을 체포하기 위한 경우 무기를 사용할 수 있다.

④ 공무집행에 대한 저항을 억제하기 위한 경우 무기를 사용할 수 있다.

【풀이】

- ① 자기의 생명 ~ 무기를 사용할 수 **없다.** ☞ **있다.**
- 『해양경비법』 제17조(무기의 사용)

① 해양경찰관은 해양경비 활동 중 **무기를** 사용할 수 있다. **사용의 기준은 「경찰관 직무집행법」 제10조의4에 따름.**
  1. 선박등의 나포와 범인을 체포하기 위한 경우
  2. 선박등과 범인의 도주를 방지하기 위한 경우
  3. **자기 또는 다른 사람의 생명·신체에 대한 위해(危害)를 방지하기 위한 경우**
  4. 공무집행에 대한 저항을 억제하기 위한 경우

② **공용화기를 사용할 수 있는 경우**
  1. 대간첩·대테러 작전 등 **국가안보와 관련되는 작전을 수행**
  2. 범인이 **선체나 무기·흉기 등 위험한 물건을 사용하여 경비세력을 공격**하거나 공격하려는 경우
  3. 선박등이 **3회 이상 정선 또는 이동 명령에 따르지 아니하고 경비세력에게 집단으로 위해를 끼치거나 끼치려는 경우**

정답 | 13. ①

14

> (   )이란 바다와 인접하고 있는 공공기관, 공항, 항만, 발전소, 조선소 및 저유소(貯油所) 등 국민경제의 기간(基幹)이 되는 주요 산업시설로서 대통령령으로 정하는 시설을 말한다.

위 (   ) 안에 적합한 말을 고르시오.

① 연안시설   ② 임해 중요시설

③ 해양시설   ④ 연안 경비시설

【풀이】

> ■ 「해양경비법」 제2조 제11호 **"임해 중요시설"**

15 **「해양경비법」 상 " 해양시설"이 아닌 것은?**

① 선박건조 수리시설   ② 폐기물 저장시설

③ 기름, 유해액체 저장시설   ④ 선박

【풀이】

> ■ 「해양경비법」 제2조:「해양환경관리법」 제2조제17호에 따른 해양시설을 말한다. / 선박은 제외

| 정답 | 14. ② 15. ④ |

16 "해양경찰청장이 해양경비를 목적으로 투입하는 인력, 함정, 항공기 및 전기통신설비 등"을 말하는 것은?

① 해양세력　　　　　　　② 경비세력

③ 함정세력　　　　　　　④ 통신세력

【풀이】

　■ "경비세력"을 말한다.

17 "대한민국의 법령과 국제법에 따라 대한민국의 권리가 미치는 수역으로서 연안수역, 근해수역 및 원해수역"을 말하는 것은?

① 경찰수역　　　　　　　② 경호수역

③ 경비수역　　　　　　　④ 국제수역

【풀이】

　■ 경비수역 = (연안수역 + 근해수역 + 원해수역)
　☞ 대한민국의 법령과 국제법에 따라 대한민국의 권리가
　　 미치는 수역

정답　16. ②　17. ③

18 "해양경찰청장이 경비세력을 사용, 경비수역에서 선박 대상 정선요구, 승선, 질문, 사실확인, 선체수색이나 그 밖에 필요한 조치를 하는 것"을 말하는 것은?

① 해상검문검색　　　　　② 탐문조사

③ 수색구조　　　　　　　④ 해양범죄수사

【풀이】

　■ "해상검문검색"을 말한다.

19 『해양경비법』 제2조의 "선박등"과 거리가 먼 것은?

① 수상에서 사람이 탑승하여 이동 가능한 기구

②「수상레저안전법」 제2조제3호에 따른 수상레저기구

③「선박법」 제1조의2제1항에 따른 선박

④ 해양시설

【풀이】

　■ "선박등"이란 「선박법」 제1조의2제1항에 따른 **선박**, 「수상레저안전법」 제2조제3호에 따른 **수상레저기구**, 그 밖에 수상에서 사람이 탑승하여 이동 가능한 **기구**를 말한다.

정답　18. ①　19. ④

20 해상검문검색에 따르지 아니하고 도주하는 선박 또
는 해당 경비수역에서 적용되는 국내법령 및 대한
민국이 체결·비준한 조약을 위반하거나 위반행위가
발생하려 하고 있다고 확실시되는 상당한 이유가
있는 선박에 대한 조치로 가장 옳은 것은?

① 행정처분   ② 추적·나포

③ 출입항 정지   ④ 운항정지

【풀이】

- 「해양경비법」 제13조(추적·나포)

21 『해양경비법』 제2조의 "선박등"과 가장 옳은 것은?

①「해양환경관리법」 제2조제17호에 따른 해양시설

②「수상레저안전법」 제2조제3호에 따른 수상레저기구

③「선박법」 제1조의2제1항에 따른 선박외의 부선

④ 수상에서 사람이 탑승하여 이동 불가한 기구

【풀이】

- 가장 옳은 것은 ②
  ①「해양환경관리법」 제2조제17호에 따른 **해양시설**
  ③「선박법」 제1조의2제1항에 따른 선박**외의 부선**
  ④ 수상에서 사람이 탑승하여 이동 **불가한** 기구

정답 | 20. ② 21. ②

22 『해양경비법』 제3조(국가의 책무)의 내용이 아닌 것은?

① 경비수역에서의 해양안보 및 해양치안을 확보

② 해양경비 정책에 필요한 국민들의 여론 수렴

③ 해양경비에 필요한 제도와 여건을 확립

④ 해양수산자원 및 해양시설을 보호

【풀이】

> ■ **제3조(국가의 책무)** 국가는 경비수역에서의 해양안보
> 및 해양치안을 확보하고 해양수산자원 및 해양시설을
> 보호하기 위하여 해양경비에 필요한 제도와 여건을
> 확립하고 이를 위한 시책을 마련하여 추진하여야 한다.

23 『해양경비법』 제4조(적용 범위)의 내용이 아닌 것은?

① 경비수역에 있는 선박등

② 경비수역에 있는 해양시설

③ 경비수역을 제외한 수역에 있는 대한민국 선박

④ 공해상 또는 경비수역에 있는 모든 선박등

【풀이】

> ■ **제4조(적용 범위):** 1. 경비수역에 있는 선박등이나 해
> 양시설 2. 경비수역을 제외한 수역에 있는 「선박법」
> 제2조에 따른 대한민국 선박
> ☞ ④ **공해상**은 **기국주의 원칙**을 적용한다.

| 정답 | 22. ② | 23. ④ |

24 해상검문검색을 정당한 사유 없이 거부, 방해 또는 기피한 자에 대한 벌칙은?

① 1년 이하의 징역 또는 2천만원 이하의 벌금

② 1년 이하의 징역 또는 1천만원 이하의 벌금

③ 2년 이하의 징역 또는 2천만원 이하의 벌금

④ 2년 이하의 징역 또는 1천만원 이하의 벌금

【풀이】

■ 『해양경비법』 제12조제1항 위반: 1년 이하의 징역 또는 1천만원 이하의 벌금에 처한다.

■ 『해양경비법』 제21조(벌칙)

① 제12조제1항에 따른 해상검문검색을 정당한 사유 없이 거부, 방해 또는 기피한 자는 **1년 이하의 징역 또는 1천만원 이하의 벌금**에 처한다.

② 제14조에 따른 이동·해산·피난 명령 또는 이동·피난 조치를 거부, 방해 또는 기피한 자는 **6개월 이하의 징역 또는 500만원 이하의 벌금**에 처한다.

정답 | 24. ②

25 다음 중 『해양경비법』상 "해양경비 활동의 범위"가 아닌 것은?

① 해양 관련 범죄에 대한 예방, 해양시설의 보호

② 해상경호, 대(對)테러 및 대간첩작전 수행

③ 해상 밀수감시, 선박항행 표지관리

④ 해양오염 방제 및 해양수산자원 보호에 관한 조치

【풀이】

■ 제7조(해양경비 활동의 범위)
 1. 해양 관련 범죄에 대한 예방
 2. 해양오염 방제 및 해양수산자원 보호에 관한 조치
 3. 해상경호, 대(對)테러 및 대간첩작전 수행
 4. 해양시설의 보호에 관한 조치
 5. 해상항행 보호에 관한 조치
 6. 그 밖에 경비수역에서 해양경비를 위한 공공의 안녕 과 질서유지

 ☞ 해상 밀수감시(관세청)
 ☞ 선박항행 표지관리(해양수산부)

정답 25. ③

26 「어선안전조업법」 시행령 제3조에 의거 적용제외 대상 선박에 해당하지 않는 것은?

① 연해어업에 종사하는 어선, 근해어업에 종사하는 어선

② 원양어업에 종사하는 어선

③ 내수면어업에 종사하는 어선, 내수면양식업에 종사하는 어선

④ 수산업에 관한 시험·조사·지도·단속 또는 교습에 종사하는 선박

【풀이】

■ 제3조(적용제외) 법 제3조 단서에서 "어업지도선, 원양어업에 종사하는 어선 등 대통령령으로 정하는 어선"이란 다음 각 호의 어선을 말한다.
1. 「어선법」 제2조제1호나목에 따른 수산업에 관한 시험·조사·지도·단속 또는 교습에 종사하는 선박
2. 「원양산업발전법」 제2조제2호에 따른 원양어업에 종사하는 어선
3. 「내수면어업법」 제2조제5호에 따른 내수면어업에 종사하는 어선
4. 「양식산업발전법」 제10조제1항제7호에 따른 내수면양식업에 종사하는 어선

정답   26. ①

27 다음 Ⓐ ~ Ⓖ 중 옳은 문항은 모두 몇 개인가?

Ⓐ "경비수역"이란 대한민국의 법령과 국제법에 따라 대한민국의 권리가 미치는 수역으로서 연안수역, 근해수역 및 원해수역을 말한다.

Ⓑ "원해수역"이란 「해양수산발전 기본법」 제3조제1호에 따른 해양 중 연안수역과 근해수역을 제외한 수역을 말한다.

Ⓒ 『해양경비법』상 협의체는 해양수산부에 설치한다.

Ⓓ 『해양경비법』상 협의체는 "해양경비 활동과 관련된 긴급 대책, 관계 기관 간 신속한 정보 교류 및 활용 등"을 협의·조정한다.

Ⓔ "근해수역"이란 「영해 및 접속수역법」 제3조의2에 따른 접속수역을 말한다.

Ⓕ "연안수역"이란 「영해 및 접속수역법」 제1조 및 제3조에 따른 영해 및 내수(「내수면어업법」 제2조제1호에 따른 내수면은 제외한다)를 말한다.

Ⓖ "해양경비"란 해양경찰청장이 경비수역에서 해양주권의 수호를 목적으로 행하는 해양안보 및 해양치안의 확보, 해양수산자원 및 해양시설의 보호를 위한 경찰권의 행사를 말한다.

① 4개   ② 5개   ③ 6개   ④ 7개

【풀이】

- 옳은 문항 Ⓐ, Ⓑ, Ⓓ, Ⓔ, Ⓕ, Ⓖ (6개)
- Ⓒ 『해양경비법』상 **협의체는 해양경찰청**에 설치한다.

정답 | 27. ③

28 「어선안전조업법」및「동법 시행규칙」상 선단에 편성
된 어선 선장이 안전본부에 통보하고 선단에서 이탈할
수 있는 경우에 해당하지 않는 것은?

① 기상특보 발효에 따라 대피하는 경우

② 어구·어법의 특성상 선단의 다른 어선과 가시거리 내
에서 조업하는 것이 현저히 곤란한 경우

③ 만선 등으로 조업을 계속할 수 없는 경우

④ 일반해역외 다른 해역으로 이동하려는 경우

【풀이】일반해역외는 아님.

■ 시행규칙 제9조(어선의 선단 편성 방법 등)
  선단편성 시 선단에서 이탈할 수 있는 경우
  1. 어선설비가 고장난 경우
  2. 선원의 심각한 부상, 사망 또는 실종 등 인명사고가 발
     생한 경우
  3. 만선 등으로 조업을 계속할 수 없는 경우
  4. **일반해역으로 이동하려는 경우**
  5. 기상특보 발효에 따라 대피하는 경우
  6. 어구·어법의 특성상 선단의 다른 어선과 가시거리 내에
     서 조업하는 것이 현저히 곤란한 경우

정답 | 28. ④

29 해양경찰관은 해양경비 활동 중 무기를 사용할 수 있다. 무기사용의 기준 중 옳지 않은 것은?

① 선박등의 나포와 범인을 체포하기 위한 경우

② 선박등과 범인의 도주를 방지하기 위한 경우

③ 공무집행에 대한 저항을 억제하기 위한 경우

④ 「경찰관 직무집행법」은 따르지 않아도 된다.

【풀이】

■ 제17조(무기의 사용) 제1항
해양경찰관이 **무기를 사용할 수 있는 경우 / 이 경우 무기사용의 기준은 「경찰관 직무집행법」 제10조의4에 따른다.**
1. 선박등의 나포와 범인을 체포하기 위한 경우
2. 선박등과 범인의 도주를 방지하기 위한 경우
3. 자기 또는 다른 사람의 생명·신체에 대한 위해(危害)를 방지하기 위한 경우
4. 공무집행에 대한 저항을 억제하기 위한 경우

정답 29. ④

30 해양경찰관이 개인화기(個人火器) 외에 공용화기를
사용할 수 있는 내용과 거리가 먼 것은?

① 대간첩·대테러작전 등 국가안보와 관련되는 작전 수행

② 선박등이 2회 이상 정선 또는 이동 명령에 따르지 아
니하고 경비세력에게 집단으로 위해를 끼치는 경우

③ 선박등과 범인이 선체나 무기·흉기 등 위험한 물건을
사용하여 경비세력을 공격하는 경우

④ 선박등과 범인이 선체나 무기·흉기 등 위험한 물건을
사용하여 경비세력을 공격하려는 경우

【풀이】

■ **거리가 먼 것** ② ~~2회 이상~~ ☞ **3회 이상**
■ **제17조(무기의 사용) 제2항**
  개인화기(個人火器) 외에 공용화기를 사용가능한 경우
  1. 대간첩·대테러 작전 등 국가안보와 관련되는 작전을
     수행하는 경우
  2. 제1항 각 호의 어느 하나에 해당하는 경우로서 선박등
     과 범인이 선체나 무기·흉기 등 위험한 물건을 사용하
     여 경비세력을 공격하거나 공격하려는 경우
  3. 선박등이 **3회 이상 정선 또는 이동 명령**에 따르지 아
     니하고 **경비세력에게 집단으로 위해를 끼치거나 끼치려**
     는 경우

정답 | 30. ②

31 해양경찰관이 경찰장비 및 경찰장구를 사용할 수 있는 내용과 거리가 먼 것은?

① 해양 방제 및 해양오염 예방활동 수행

② 경찰장비 및 경찰장구 외에 정당한 직무수행 중 경비세력에 부당하게 저항하거나 위해를 가하려 하는 경우 경비세력의 자체 방호

③ 선박등에 대한 이동·해산 명령 등 해상항행 보호조치

④ 해상검문검색 및 추적·나포 시 선박 등을 강제 정선, 차단 또는 검색하는 경우 경비세력에 부수되어 운용

【풀이】

- 제18조(해양경찰장비 및 장구의 사용)
① 해양경찰관은 「경찰관 직무집행법」 제10조제2항 및 제10조의2제2항에 따른 경찰장비 및 경찰장구 외 경찰장비 및 경찰장구를 사용 가능한 경우
  1. 해상검문검색 및 추적·나포 시 선박 등을 강제 정선, 차단 또는 검색하는 경우 경비세력에 부수되어 운용하는 경찰장비 및 경찰장구
  2. 선박등에 대한 이동·해산 명령 등 해상항행 보호조치에 필요한 경찰장비 및 경찰장구
  3. 제1호 및 제2호 경찰장비 및 경찰장구 외에 정당한 직무수행 중 경비세력에 부당하게 저항하거나 위해를 가하려 하는 경우 경비세력의 자체 방호를 위한 경찰장비 및 경찰장구

정답 31. ①

32 해양경찰관이 선장에게 경고, 이동·해산 명령 등 해상 항행 보호조치를 할 수 있는 내용과 옳지 않은 것은?

① 선박등이 본래의 목적을 벗어나 다른 선박등의 항행 또는 입항·출항 등에 현저히 지장을 주는 행위

② 선박등이 항구·포구 내외의 수역과 지정된 항로에서 무리를 지어 장시간 점거하거나 항법 상 정상적인 횡단방법을 일탈하여 다른 선박등의 항행에 지장을 주는 행위

③ 연안수역에서 외국선박에 대한 해상항행 보호조치

④ 임해 중요시설 경계 바깥쪽으로부터 1마일 이내 경비수역에서 선박등이 무리를 지어 위력적인 방법으로 항행 또는 점거함으로써 안전사고가 발생할 우려가 높은 행위

【풀이】 옳지 않음 ④ ~~1마일 이내~~ ☞ 1킬로미터 이내

■ 제14조(해상항행 보호조치 등)
  경비수역에서 선박등의 선장에 대하여 경고, 이동·해산 명령 등 해상항행 보호조치를 할 수 있는 경우
 1. 선박등이 본래의 목적을 벗어나 <u>다른 선박등의 항행 또는 입항·출항 등에 현저히 지장을 주는 행위</u>
 2. 선박등이 항구·포구 내외의 수역과 지정된 항로에서 <u>무리를 지어 장시간 점거하거나 항법 상 정상적인 횡단방법을 일탈하여 다른 선박등의 항행에 지장을 주는 행위</u>
 ※ **외국선박의 해상항행 보호조치는 '연안수역'에서만 실시**

정답 | 32. ④

33 해양경찰관이 선장에게 경고, 이동·피난 명령 등 안전조치를 할 수 있는 내용 중 옳지 않은 것은?

① 태풍, 해일 등 천재(天災)
② 위험물의 폭발 또는 선박의 화재
③ 연안수역 외의 해역에서 외국선박에 대한 안전조치
④ 해상구조물의 파손

【풀이】

- **옳지 않음** ③ **연안수역 외의 해역**에서 외국선박에 대한 안전조치 ☞ **연안수역**에서 외국선박에 대한 안전조치
- 해양경찰관은 **경비수역**(「선박의 입항 및 출항 등에 관한 법률」에 따른 무역항의 수상구역 등의 수역은 제외)에서 **선박등이 좌초·충돌·침몰·파손** 등의 위험에 처하여 인명·신체에 대한 위해나 **중대한 재산상 손해의 발생** 또는 **해양오염**의 우려가 현저한 경우에는 그 선박등의 선장에 대하여 **경고, 이동·피난 명령 등 안전조치**를 할 수 있다. 다만, **외국선박**에 대한 안전조치는 **연안수역에서만** 실시한다.
- 선장에게 경고 등 안전조치할 수 있는 경우
  1. 태풍, 해일 등 천재(天災)
  2. 위험물의 폭발 또는 선박의 화재
  3. 해상구조물의 파손

정답 | 33. ③

34 해양경찰청장이 『해양경비법』에 의거 외교부, 해양수산부 및 경찰청 등 관계 기관과 "협의체"를 설치하여 운영할 수 있다. 그 사유로 가장 옳은 것은?

① 신속한 정보의 수집·전파 등 업무협조

② 재난형 해양환경사고 수습

③ 해양경비 활동 외의 업무협조

④ 해양방제 및 해양환경보전 활동 관련 업무협조

【풀이】

■ 『해양경비법』 제10조(협의체의 설치 및 운영)

① 해양경찰청장은 해양경비 활동과 관련하여 긴급한 사안이 있을 경우 **신속한 정보의 수집·전파 등 업무협조를 위하여** 외교부, 해양수산부 및 경찰청 등 관계 기관과 협의체를 설치하여 운영할 수 있다.

② 제1항에 따른 협의체의 설치 및 운영 등에 필요한 사항은 **대통령령**으로 정한다.

협의체 구성	위원장 1명을 포함한 **10명 이내**의 위원 ☞ 위원장은 **해양경찰청 경비국장**

정답 | 34. ①

35 『해양경비법』상 해양경비의 범위 중 옳지 않은 것은?

① 해양 관련 범죄에 대한 예방
② 해양오염 방제 및 해양수산자원 보호에 관한 조치
③ 해상경호, 대(對)테러 및 대간첩작전 수행
④ 경비수역 및 공해상에서 해양경비를 위한 공공의 안녕과 질서유지

【풀이】

■ **옳지 않음** ④ 경비수역 ~~및 공해상~~에서 해양경비를 위한 공공의 안녕과 질서유지 ☞ 공해상은 아니다.
■ 『해양경비법』 제7조(해양경비 활동의 범위)
해양경찰청 소속 경찰공무원은 다음 각 호의 어느 하나에 해당하는 해양경비 활동을 수행한다.
1. 해양 관련 범죄에 대한 예방
2. 해양오염 방제 및 해양수산자원 보호에 관한 조치
3. 해상경호, 대(對)테러 및 대간첩작전 수행
4. 해양시설의 보호에 관한 조치
5. 해상항행 보호에 관한 조치
6. 그 밖에 경비수역에서 해양경비를 위한 공공의 안녕과 질서유지

정답 | 35. ④

36 다음 중 『해양경비법』 내용에 대한 설명 중 옳지 않은 것은?

① 해상검문검색에 따르지 아니하고 도주하는 선박등에 대하여 추적·나포(拿捕)할 수 있다.

② 이동·해산·피난 명령 조치를 거부, 방해한 자는 1년 이하의 징역 또는 1천만원 이하의 벌금에 처한다.

③ 해양경찰청장은 외국선박을 나포하는 데 공로가 있는 자에 대하여는 대통령령으로 정하는 바에 따라 포상할 수 있다.

④ 외국선박에 대한 추적권의 행사는 「해양법에 관한 국제연합 협약」 제111조에 따른다.

【풀이】

- **옳지 않음** ② 이동·해산 ~ 1년 이하의 징역 또는 1천만원 이하의 벌금 ☞ 6개월 이하 또는 500만원
- **제13조(추적·나포)**
  해상검문검색에 따르지 아니하고 도주하는 선박등
- **제20조의2(포상)**
  해양경찰청장은 외국선박을 나포하는 데 공로가 있는 자에 대하여는 대통령령으로 정하는 바에 따라 포상할 수 있다.
- **제21조(벌칙)** 이동·해산·피난 명령 또는 이동·피난 조치를 거부, 방해 또는 기피한 자는 6개월 이하의 징역 또는 500만원 이하의 벌금에 처한다.

정답 | 36. ②

37 『해양경비법』 내용에 대한 설명 중 가장 옳지 않은 것은?

① 해상검문검색을 정당한 사유 없이 거부, 방해 또는 기피한 자는 2년 이하의 징역 또는 2천만원 이하의 벌금에 처한다.

② 경비수역에서 적용되는 국내법령 및 대한민국이 체결·비준한 조약을 위반하거나 위반행위가 발생하려 하고 있다고 확실시되는 상당한 이유가 있는 선박등은 추적·나포가 가능하다.

③ 외국선박에 대한 해상항행 보호조치는 연안수역에서만 실시한다.

④ 태풍, 해일 등 천재(天災)시 좌초·충돌·침몰·파손 등의 위험에 처하여 인명·신체에 대한 위해나 중대한 재산상 손해의 발생우려가 현저한 경우에는 그 선박등의 선장에 대하여 경고, 이동·피난 명령 등 안전조치를 할 수 있다.

【풀이】

- ① ☞ 해상검문검색을 정당한 사유 없이 거부, 방해 또는 기피한 자는 <u>1년 이하의 징역 또는 1천만원 이하의 벌금</u>에 처한다.

| 정답 | 37. ① |

38 『해양경비법』 상 해상항행보호조치 등에 대한 아래의 설명 중 옳은 것은 모두 몇 개인가?

> ㉠ 모든 해역에서 외국선박의 해상항행 보호조치를 실시할 수 있다.
>
> ㉡ 해양경찰관은 임해 중요시설 경계 바깥쪽으로부터 1마일 이내 경비수역에서 무리를 지어 위력적인 방법으로 항행하는 선박의 선장에 대하여 해산명령 등 해상항행 보호조치를 할 수 있다.
>
> ㉢ 해양경찰관은 대량파괴무기나 그 밖의 무기류 또는 관련 물자의 수송에 사용되고 있다고 의심되는 선박의 선장에 대하여 이동 등 해상항행 보호조치를 할 수 있다.
>
> ㉣ 해양경찰관은 해상검문검색에 따르지 아니하고 도주하는 선박의 선장에 대하여 경고 등 해상항행 보호조치를 할 수 있다.
>
> ㉤ 해양경찰관은 「선박의 입항 및 출항 등에 관한 법률」에 따른 무역항의 수상구역에서 선박의 화재로 선박이 침몰 위험에 처하여 중대한 재산상 손해의 발생 우려가 현저한 경우에는 그 선박의 선장에 대하여 이동·피난 명령 등 안전조치를 할 수 있다.

① 0개   ② 1개   ③ 2개   ④ 3개

【풀이】

- ① / ㉠ ~ ㉤ 모두 옳지 않다 / 다음 페이지 참고

정답   38. ①

<38번>Why, 옳은 것은 0개인가! 풀이

㉠ <u>모든 해역</u>*(옳지않음)*에서 외국선박의 해상항행 보호조치 ☞ **연안수역**이 옳다.

㉡ 해양경찰관은 임해 중요시설 경계 바깥쪽으로부터 <u>1마일</u>*(옳지않음)* 이내 경비수역에서 무리를 지어 위력적인 방법으로 항행하는 선박의 선장에 대하여 해산명령 등 해상항행 보호조치를 할 수 있다. ☞ **1킬로미터**가 옳다.

㉢ 해양경찰관은 대량파괴무기나 그 밖의 무기류 또는 관련 물자의 수송에 사용되고 있다고 의심되는 선박의 선장에 대하여 이동 등 **해상항행 보호조치**_(옳지않음)_를 할 수 있다. ☞ **해상검문검색** 조치

㉣ 해양경찰관은 해상검문검색에 따르지 아니하고 도주하는 선박의 선장에 대하여 경고 등 **해상항행 보호조치**_(옳지않음)_를 할 수 있다. ☞ **추적·나포**

㉤ 해양경찰관은 「선박의 입항 및 출항 등에 관한 법률」에 따른 무역항의 수상구역에서 선박의 화재로 선박이 침몰 위험에 처하여 중대한 재산상 손해의 발생 우려가 현저한 경우에는 그 선박의 선장에 대하여 **이동·피난 명령 등 안전조치를 할 수 있다**_(옳지않음)._ ☞ **무역항의 수상구역은 제외**한다.

39 『해양경비법』상 정의에 대한 아래의 설명 중 옳은 것은 모두 몇 개인가?

> ㉠ "해양경비"란 해양경찰청장이 경비수역에서 해양 주권의 수호를 목적으로 행하는 해양안보 및 해양 치안의 확보, 해양수산자원 및 해양시설의 보호를 위한 경찰권의 행사를 말한다.
>
> ㉡ "경비수역"이란 대한민국의 법령과 국제법에 따라 대한민국의 권리가 미치는 수역으로서 연안수역, 근해수역 및 원해수역을 말한다.
>
> ㉢ "해양시설"이란 바다와 인접하고 있는 공공기관, 공항, 항만, 발전소, 조선소 및 저유소(貯油所) 등 국민경제의 기간(基幹)이 되는 주요 산업시설로서 대통령령으로 정하는 시설을 말한다.
>
> ㉣ "경비세력"이란 해양경찰청장이 해양경비를 목적으로 투입하는 인력, 함정, 항공기 및 전기통신설비 등을 말한다.
>
> ㉤ "원해수역"이란 「영해 및 접속수역법」 제3조의2에 따른 접속수역을 말한다.

① 2개   ② 3개   ③ 4개   ④ 5개

【풀이】 옳은 것은 3개 - ㉠, ㉡, ㉣

- ㉢ "임해 중요시설" ㉤은 "근해수역"이다.

정답 39. ②

40 『해양경비법』상 해상검문검색에 대한 설명 중 가장 옳지 않은 것은?

① 외국선박에 대한 해상검문검색은 대한민국이 체결·비준한 조약 또는 일반적으로 승인된 국제법규에 따라 실시한다.

② 대량파괴무기나 그 밖의 무기류 또는 관련 물자의 수송에 사용되고 있다고 의심되는 선박등의 해상검문검색

③ 해양경찰관은 해상검문검색을 목적으로 선박등에 승선하는 경우 선장에게 소속, 계급, 성명, 해상검문검색의 목적과 이유를 고지하여야 한다.

④ 다른 선박의 항행 안전에 지장을 주거나 진로 등 항행상태가 일정하지 아니하고 정상적인 항법을 일탈하여 운항되는 선박등의 해상검문검색

【풀이】

■ ③ ☞ 선장에게 **소속, 성명, 해상검문검색의 목적과 이유를 고지**하여야 한다.

| 정답 | 40. ③ |

3. 『선박 교통관제에 관한 법률』 (예상문제)

01 관제대상선박의 선장의 의무에 관한 것 중 옳은 것은 모두 몇 개인가?

> ㉠ 선박교통관제에 따를 경우 선박을 안전하게 운항할 수 없는 명백한 사유가 있는 경우에는 선박교통관제에 따르지 아니할 수 있다.
> ㉡ 선박교통관제사의 관제에도 불구하고 그 선박의 안전운항에 대한 책임을 면제받지 아니한다.
> ㉢ 선박교통관제구역을 출입하려는 때에는 해당 선박교통관제구역을 관할하는 선박교통관제관서에 신고하여야 한다.
> ㉣ 통신의 장애로 인하여 선박교통관제사와 지정된 주파수로 통화가 불가능할 때에는 휴대전화 등 다른 통신주파수를 이용하여 보고할 수 있다.

① 1개   ② 2개   ③ 3개   ④ 4개

【풀이】 4개 모두 옳다.

■ 「선박 교통관제에 관한 법률」 제14조(선장의 의무 등)
관제대상선박의 신고 절차, 관제구역별 관제통신의 제원(諸元) 등 필요한 사항은 **대통령령**으로 정한다.

정답 | 01. ④

02 관제대상선박에 대한 설명으로 옳지 않은 것은?

① 국제항해에 취항하는 선박

② 총톤수 300톤 이상의 선박(어선법 제2조제1호에 따른 어선 중 국내항 사이만을 항해하는 내항어선은 제외)

③ 「해사안전법」 제2조제6호에 따른 위험화물운반선

④ 선박관제를 위해 해양수산부장관이 고시하는 선박

【풀이】

> ■ ④ **해양수산부장관** ☞ 선박교통관제구역에서 이동하는 선박의 특성 등에 따라 **해양경찰청장이** 고시하는 선박

03 다음 중 한국선박교통관제협회에 대한 설명으로 가장 옳지 않은 것은?

① 해양경찰청장 등의 행정기관이 위탁하는 업무를 수행한다.
② 관제협회는 법인으로 한다.
③ 해양경찰청장은 관제협회에 재정지원을 할 수 없다.
④ 선박교통관제사의 관제업무 수행을 위한 연구 활동 사업 등을 수행한다.

【풀이】

> ■ 옳지 않음 ③ 재정지원을 할 수 **없다.** ☞ **있다.**

정답 | 02. ④ 03. ③

04 다음은 선박교통관제사의 자격에 대한 설명이다. 괄호 안의 내용을 가장 바르게 나열한 것은?

> 선박교통관제사의 자격은 해양경찰청 소속 공무원 중 「선박직원법」 제4조에 따른 (㉠) 항해사 이상의 면허를 취득한 사람으로서 면허 취득 후 승무경력이 (㉡) 이상인 사람이다.

	㉠	㉡
①	5급	1년
②	4급	1년
③	5급	2년
④	4급	3년

【풀이】

■ **선박교통관제에 관한 법률 시행규칙** 제5조
1. 「선박직원법」 제4조에 따른 **5급 항해사** 이상의 면허를 취득한 사람으로서 면허 취득 후 승무경력이 **1년 이상** 인 사람
2. 「국가기술자격법」에 따른 **무선설비·전파전자통신** 또는 정보통신 산업기사 이상의 자격을 가진 사람

정답 | 04. ①

05 다음 중 「선박 교통관제에 관한 법률」의 주요 내용으로 옳지 않은 것은?

① 선박 교통관제 관련 선원의 책무

② 선박 교통관제 기본·시행 계획의 수립

③ 관제대상 선박 선장의 의무

④ 관제협회의 설립 지원

【풀이】

■ **옳지 않음** ① **선원**의 책무 ☞ **선박소유자**

■ **선박교통관제에 관한 법률의 주요 내용**

선박 교통관제 관련 선박소유자의 책무
선박 교통관제 기본·시행 계획의 수립
관제대상 선박 선장의 의무
관제사 전문교육기관 지정·운영
관제시설의 설치·관리 및 기술개발
관제협회의 설립 지원 등에 관한 사항 등

☞ *해양경찰청장은 교통 관제 기본계획을 5년 단위로 수립하여야 한다.*

| 정답 | 05. ① |

06 해상교통관제에 대한 설명 중 가장 옳지 않은 것은?

① 해상교통관제사는 5급 항해사 이상의 면허를 취득한 사람으로서 면허 취득 후 승무경력 1년 이상이다.
② 선박교통관제 관련 국제협약은 'SOLAS'이다.
③ 선박교통관제에서 실시하는 관제의 임무는 운항하는 선박에 대한 관찰확인, 안전운항을 위한제공, 항만운영정보의 제공 등이다.
④ 선박교통관제에 따를 경우 선박을 안전하게 운항할 수 없는 경우에도 반드시 선박교통관제에 따라야 한다.

【풀이】

■ ④ ☞ 선박교통관제에 따르지 아니할 수 있다.

07 해상교통관제센터에 대한 설명으로 옳지 않은 것은?

① 해상교통관제센터는 지방해양경찰청 소속이다.
② 연안교통관제센터와 항만교통관제센터로 구분한다.
③ 명칭 및 위치, 관할구역 등은 해양경찰청장이 정한다.
④ 연안교통관제센터장은 5급 또는 경정으로 보한다.

【풀이】

■ ③ ☞ 명칭 및 위치는 **해양수산부령**으로 정하고, **관할구역** 등은 **지방해양경찰청장**이 정한다.

정답   06. ④   07. ③

4. 『연안 사고 예방에 관한 법률』(예상문제)

01 다음은 「연안 사고 예방에 관한 법률」상 연안사고 예방 기본계획의 수립 등에 대한 설명이다. 괄호 안의 내용을 가장 바르게 나열한 것은?

> 해양경찰청장은 연안사고 예방을 위하여 (㉠)마다 연안사고 예방 기본계획을 수립·추진하여야 한다. 기본계획을 수립하려는 경우 미리 (㉡), 광역시장·도지사·특별자치도지사 및 특별시·광역시·특별자치시·도·특별자치도의 교육감의 의견을 들어야 한다.

	㉠	㉡
①	1년	해양수산부장관
②	2년	행정안전부장관
③	5년	소방청장
④	10년	해양수산청장

【풀이】

■ **5년 / 미리 소방청장 등의** 의견을 들어야 한다.

정답 | 01. ③

02 다음 중 「연안 사고 예방에 관한 법률」에 따른 "연안사고예방협의회"에 대한 설명으로 가장 옳지 않은 것은?

① 연안사고 예방에 관하여 필요한 사항을 협의하기 위하여 해양경찰청장 소속으로 중앙연안사고예방협의회를 두고, 지방해양경찰청장 소속으로 지방연안사고예방협의회를 둔다.

② 중앙협의회의 위원장은 해양경찰청 차장이다.

③ 중앙연안사고예방협의회는 위원장과 부위원장 각 1명을 포함하여 20명 이내의 위원으로 구성한다.

④ 중앙협의회의 위원은 해양경찰청장이 임명하거나 위촉한다.

【풀이】

■ 옳지 않음 ③ 20명 이내 ☞ 35명 이내

정답 ┃ 02. ③

(중요)연안사고예방협의회 ☞ 출제 빈번

근거: 「연안 사고 예방에 관한 법률」 제8조

① 연안사고 예방에 관하여 필요한 사항을 협의하기 위하여 **해양 경찰청장 소속으로 중앙연안사고예방협의회를 두고, 지방해양경 찰청장 소속으로 지방연안사고예방협의회**를 둔다.

② 연안사고예방협의회의 구성과 기능 및 운영 등에 필요한 사항 은 **대통령령**으로 정한다.

<시행령 제3조>

중앙연안사고예방협의회는 **위원장과 부위원장 각 1명을 포함하 여 35명 이내의 위원**으로 구성한다.

② **위원장은 해양경찰청 차장**이 되고, 부위원장은 제3항제4호에 따른 위원 중에서 호선(互選)한다.

③ **중앙협의회의 위원**은 다음 각 호의 사람 중에서 **해양경찰청장 이 임명하거나 위촉**한다.

1. 교육부, 국방부, 행정안전부, 문화체육관광부, 보건복지부, 여성 가족부, 해양수산부 및 소방청 소속 고위공무원단에 속하는 공 무원(이에 상당하는 특정직·별정직 공무원을 포함한다) 중에서 **소속 기관의 장이 추천하는 사람**

2. **해양경찰청 소속 경찰공무원** 중 연안사고 예방 업무를 담당하 는 **치안감 또는 경무관**

3. **소방청 소속 소방공무원** 중 연안사고 예방 업무를 담당하는 **소방감 또는 소방준감**

3의2. 부산광역시, 인천광역시, 울산광역시, 경기도, 강원도, 충청남도, 전라북도, 전라남도, 경상북도, 경상남도, 제주특별자치도 소속 공무원 중 연안사고 예방 업무를 담당하는 **3급 이상 일반직 공무원**(이에 상당하는 **특정직·별정직 공무원을 포함**한다) 중에서 <u>해당 지방자치단체의 장이 추천하는 사람</u>

4. **연안사고 예방 업무에 관한 학식과 경험이 풍부한 사람**

---

03 「연안 사고 예방에 관한 법률」에 따른 연안체험활동을 제한하는 경우로 옳은 것은 모두 몇 개인가?

> ㉠ 연안체험활동이 곤란하거나 연안체험활동 참가자의 안전에 위해를 끼칠 우려가 있다고 인정하는 때
> ㉡ 연안체험활동 중 사망자나 실종자가 발생한 경우
> ㉢ 유류오염·적조·부유물질·유해생물이 발생하거나 출현하는 경우
> ㉣ 자연재해의 예보·경보 등이 발령된 경우
> ㉤ 어망 등 해상장애물이 많은 경우

① 2개 　　② 3개 　　③ 4개 　　④ 5개

【풀이】㉠ ~ ㉤ 모두 옳다.

정답 | 03. ④

04 「연안 사고 예방에 관한 법률」에 따라 연안체험활동의 전부 또는 일부를 금지하거나 제한할 수 있는 경우가 아닌 것은?

① 어망 등 해상장애물이 많은 경우

② 연안체험활동 중 부상자가 발생한 경우

③ 유류오염·적조·부유물질·유해생물이 발생한 경우

④ 자연재해의 예보·경보 등이 발령된 경우

【풀이】

- 아닌 것은 ② 부상자 ☞ 사망자나 실종자
- 「연안 사고 예방에 관한 법률」 제14조
  연안체험활동의 전부 또는 일부를 금지하거나 제한
   1. 자연재해의 예보·경보 등이 발령된 경우
   2. 유류오염·적조·부유물질·유해생물이 발생하거나 출현하는 경우
   3. 어망 등 해상장애물이 많은 경우
   4. 그 밖에 연안사고 예방을 위하여 대통령령으로 정하는 경우
      ☞ 연안체험활동 중 사망자나 실종자가 발생한 경우
- 같은 법 시행규칙 제2조(연안체험활동)
   수상형 체험활동은 선박이나 수상레저기구를 이용하지 않고 수상에서 이루어지는 체험활동

정답 | 04. ②

05 다음 중 "122순찰대원의 자격"에 대한 설명으로 가장 옳지 않은 것은?

① 122순찰대원으로 배치하려는 지역을 관할하는 해양경찰 파출소·출장소에서 2년 이상 근무한 사람

② 응급구조사 자격을 갖춘 사람

③ 해양경찰청함정(100톤 미만의 함정으로 한정)에서 2년 이상 근무한 사람

④ 122구조대의 구조대원으로 1년 이상 근무한 사람

【풀이】

■ 122구조대의 구조대원으로 **2년 이상** 근무한 사람

06 「연안 사고 예방에 관한 법률」상 중앙연안사고예방협의회의 구성은 위원장과 부위원장 각 1명을 포함하여 모두 몇 명 이내의 위원으로 구성하는가?

① 45명   ② 35명

③ 25명   ④ 15명

【풀이】 ② 35명

■ 위원장과 부위원장 각 1명을 포함하여 **35명**

정답 | 05. ④ 06. ②

07 「연안 사고 예방에 관한 법률」에 대한 설명으로 가장 옳지 않은 것은?

① 태안 해병대 캠프 사건이 배경

② 연안사고의 예방에 필요한 사항을 규정

③ 연안 사고 예방을 위한 체계적인 안전관리

④ 2014년 세월호 사고의 교훈으로 제정

【풀이】

■ 세월호 사고의 교훈으로 제정은 아님.

08 「연안 사고 예방에 관한 법률」의 내용이 아닌 것은?

① 연안 사고 안전관리에 관한 사항

② 연안 사고 안전을 위한 출입통제장소 미설정

③ 연안 체험활동 안전관리

④ 연안 사고 예방 기본계획의 수립

【풀이】

■ 연안 사고 안전을 위한 출입통제장소 설정

정답   07. ④   08. ②

5. 『수상에서의 수색·구조 등에 관한 법률』(예상문제)

01

> "(㉠)란 수상에서 조난된 사람 및 선박, 항공기, 수상레저기구 등의 수색·구조·구난과 구조된 사람·선박등 및 물건의 보호·관리·사후처리에 관한 업무를 말한다."

에서 (㉠)에 들어갈 정확한 용어는?

① 수난구호   ② 해상구조

③ 조난구호   ④ 수상구조

【풀이】 ① 수난구호 / 수상구조법 제2조(정의)

> ▪ 수상에서의 수색·구조 등에 관한 법률 제2조(정의)
> 1. "수상"이란 해수면과 내수면을 말한다.
> 2. "해수면"이란 「수상레저안전법」 제2조제6호에 따른 바다의 수류나 수면을 말한다.
> 3. "내수면"이란 「수상레저안전법」 제2조제7호에 따른 하천, 댐, 호수, 늪, 저수지, 그 밖에 인공으로 조성된 담수나 기수(汽水)의 수류 또는 수면을 말한다.
> 4. "조난사고"란 수상에서 다음 사유로 인하여 사람의 생명·신체 또는 선박등의 안전이 위험에 처한 상태
>   가. 사람의 익수·추락·고립·표류 등의 사고
>   나. 선박등의 침몰·좌초·전복·충돌·화재·기관고장 또는 추락 등의 사고

정답   01. ①

02 「수상에서의 수색·구조 등에 관한 법률」상 "수상"의 정확한 정의는?

① 해수면   ② 내수면

③ 해수면과 내수면   ④ 공공수면과 공해상

【풀이】

- 수상에서의 수색·구조 등에 관한 법률 제2조 제2조 (정의) ☞ "수상"이란 **해수면과 내수면**을 말한다.

03 "(㉠)이란 지역해역에 정통한 주민 등 해양경찰관서에 등록되어 해양경찰의 해상구조활동을 보조하는 사람을 말한다." 에서 ㉠에 들어갈 정확한 용어는?

① 특수해양구조대원   ② 민간해양구조대원

③ 의용해양구조대원   ④ 자율해양구조대원

【풀이】

- 수상에서의 수색·구조 등에 관한 법률 제2조 **"민간해양구조대원"**을 말한다.

정답   02. ③   03. ②

04 「수상에서의 수색·구조 등에 관한 법률」상 "내수면"
이 아닌 것은?

① 하천, 댐

② 호수, 늪, 저수지

③ 연안의 조선소 도크

④ 인공으로 조성된 담수나 기수(汽水)의 수류 또는 수면

【풀이】

■ ③ 연안의 조선소 도크 「수상레저안전법」제2조제7호

05 (㉠)란 수상에서 사람의 익수·추락·고립·표류 등의 사
고, 선박등의 침몰·좌초·전복·충돌·화재·기관고장 또는
추락 등의 사고의 사유로 인하여 사람의 생명·신체 또
는 선박등의 안전이 위험에 처한 상태를 말한다.

에서 ㉠에 들어갈 정확한 용어는?

① 수상사고   ② 조난사고

③ 해양사고   ④ 선박사고

【풀이】

■ 수상에서의 수색·구조 등에 관한 법률 제2조 "조난사고"

정답 │ 04. ③ 05. ②

06

> ㉠: 조난을 당한 사람을 구출하여 응급조치 또는 그 밖의 필요한 것을 제공하고 안전한 장소로 인도하기 위한 활동을 말한다.
> ㉡: 조난을 당한 선박등 또는 그 밖의 다른 재산(선박 등에 실린 화물을 포함)에 관한 원조를 위하여 행하여 진 행위 또는 활동을 말한다.

㉠, ㉡에 들어갈 정확한 용어는?

① ㉠ 구조, ㉡ 해난　　　　② ㉠ 구난, ㉡ 원조
③ ㉠ 원조, ㉡ 해난　　　　④ ㉠ 구조, ㉡ 구난

【풀이】

■ 제2조 ㉠ 구조, ㉡ 구난

07

> (㉠)은 해수면에서 자연적·인위적 원인으로 발생하는 조난사고로부터 사람의 생명과 신체 및 재산을 보호하고 효율적인 수난구호를 위하여 "수난대비기본계획"을 (㉡) 단위로 수립하여야 한다.

㉠, ㉡에 들어갈 정확한 용어는?

① 해양경찰청장, 5년　　　　② 해양경찰청장, 3년
③ 해양수산청장, 5년　　　　④ 해양수산청장, 3년

【풀이】

■ 제4조(수난대비기본계획의 수립 등)

정답 | 06. ④　07. ①

08 "중앙해상수난구호대책위원회의"에 관한 내용 중 옳지 않은 것은?

① 위원장 및 부위원장 각 1명을 포함하여 10명 이내의 위원으로 구성

② 중앙대책위원회의 위원장은 중앙구조본부의 부본부장이 되고, 부위원장은 중앙구조본부의 중앙조정관이 된다.

③ 중앙대책위원회의 위원은 외교부·통일부·법무부·국방부·행정안전부·보건복지부·해양수산부·소방청·기상청 소속 공무원 중에서 그 소속 기관의 장이 지명한다.

④ 해상구난 또는 선박사업 관련 단체의 임직원, 민간해양구조대원 중에서 중앙구조본부의 장이 위촉하는 사람도 중앙대책위원회의 위원이 될 수 있으며 임기는 2년이다.

【풀이】

■ 제6조(중앙해상수난구호대책위원회의 구성)
위원장 및 부위원장 각 1명을 포함하여 **20명 이내**의 위원

| 정답 | 08. ① |

09 「수상에서의 수색·구조 등에 관한 법률」의 내용으로 옳지 않은 것은?

① 해양경찰청장은 수난대비기본훈련의 실시결과를 매년 국회 소관상임위원회에 보고하여야 한다.

② 수난대비기본훈련의 실시 범위 및 방법 등 구체적인 사항은 대통령령으로 정한다.

③ 중앙구조본부장은 소방청장이다.

④ 중앙구조본부는 수난구호협력기관 및 수난구호민간단체 등과 공동으로 매년 수난대비기본훈련을 실시하여야 한다.

【풀이】

③ 중앙구조본부장은 **소방청장**이다. ☞ **해양경찰청장**

- **수상에서의 수색·구조 등에 관한 법률 제5조의2(수난대비기본훈련의 실시 등)**
  ① 중앙구조본부는 수난구호협력기관 및 수난구호민간단체 등과 공동으로 **매년 수난대비기본훈련**을 실시하여야 한다.
  ② 해양경찰청장은 제1항의 **수난대비기본훈련의 실시결과**를 매년 **국회 소관상임위원회에 보고**하여야 한다.
  ☞ 기본훈련방법 등 구체적인 사항은 **대통령령**으로 정한다.
- **동법 시행령 제4조**
  중앙구조본부장은 **해양경찰청장** / 부본부장·중앙조정관 및 직원은 해양경찰청장이 소속 공무원 중에서 지명하는 사람이 된다.

정답 | 09. ③

10   한국해양구조협회의 설립 목적이 아닌 것은?

① 해수면에서의 수색구조·구난활동 지원, 수색구조·구난에 관한 기술·제도·문화 등의 연구·개발·홍보 및 교육훈련

② 행정기관이 위탁하는 업무의 수행과 해양 구조·구난 업계의 건전한 발전

③ 내수면에서의 수산자원 보호

④ 해양 구조·구난 업계의 건전한 발전 및 해양 구조·구난 관계 종사자의 기술향상

【풀이】

■ 수상에서의 수색·구조 등에 관한 법률 제26조

11   한국해양구조협회에 관한 내용으로 옳지 않은 것은?

① 협회의 정관에 필요한 사항은 해양수산부령으로 정한다.

② 협회는 법인으로 한다.

③ 해양 구조·구난 관계 종사자의 기술향상

④ 법률에서 규정한 것을 제외하고는 「민법」 가운데 사단법인에 관한 규정을 준용한다.

【풀이】

■ ① 협회의 정관에 필요한 사항은 **대통령령으로 정한다.**

정답   10. ③   11. ①

12 「수상에서의 수색·구조 등에 관한 법률」상 과태료 사항이 아닌 것은?

① 여객선비상수색구조 훈련을 실시하지 아니한 자
② 정당한 사유 없이 법규를 위반하여 보험등의 가입 여부에 관한 정보를 알리지 아니하거나 거짓의 정보를 알린 자
③ 구조본부의 장이 행하는 수난구호를 방해한 자
④ 여객선비상수색구조계획서 미비치한 자

【풀이】 ③은 **형사범**

■ 제44조(벌칙) 수난구호를 **방해한 자는 5년 이하의 징역 또는 5천만원 이하**의 벌금

13 「수상에서의 수색·구조 등에 관한 법률」상 과태료 부과·징수권자는?

① 구조본부의 장 또는 소방관서의 장
② 관할 소방서장 또는 해양경찰서장
③ 소방방재청장   ④ 해양경찰청장

【풀이】

■ 과태료는 **대통령령**으로 정하는 바에 따라 **구조본부의 장 또는 소방관서의 장**이 부과·징수한다.

| 정답 | 12. ③ 13. ① |

14 '여객선비상수색구조계획서'에 관한 규정 중 옳지 않은 것은?

① 여객선 소유자는 여객선비상수색구조계획서의 내용에 변경이 있는 경우 지체 없이 변경된 내용을 관할 해양경찰서장에게 신고하여야 한다.

② 관할 해양경찰서장은 여객선의 안전을 위하여 필요하다고 인정하는 경우 소속 경찰공무원으로 하여금 여객선 소유자의 선박 또는 주된 사무소에 출입하여 여객선비상수색구조계획서를 확인하게 할 수 있다.

③ 여객선 소유자의 선박 또는 주된 사무소에 출입하는 경찰공무원은 그 권한을 나타내는 증표를 지니고 이를 관계인에게 내보여야 한다.

④ 여객선 및 「해운법」 제2조제1호의2에 따른 여객선 소유자는 여객선비상수색구조 훈련을 분기 1회 이상 선장의 지휘하에 실시하여야 한다.

【풀이】

■ 제9조(여객선비상수색구조계획서의 작성 등)
④ <u>분기 1회 이상</u> ☞ <u>년 1회이상</u>이 옳다.

정답 14. ④

6. 『수상레저안전법』 (예상문제)

01 다음 중 「수상레저안전법」에서 정하는 수상레저기구가 아닌 것은 모두 몇 개인가?

> (1) 모터보트 (2) 세일링요트(돛과 기관이 설치된 것)
> (3) 수상오토바이 (4) 고무보트 (5) 스쿠터
> (6) 호버크래프트 (7) 수상스키 (8) 패러세일
> (9) 조정 (10) 카약 (11) 카누 (12) 워터슬레드
> (13) 수상자전거 (14) 서프보드 (15) 노보트

① 0개 ② 1개 ③ 2개 ④ 3개

【풀이】 모두 「수상레저안전법」에서 정하는 수상레저기구이다.

02 「수상레저안전법」상 해수면의 내용으로 옳은 것은?

① 인공으로 조성된 담수나 기수(汽水)의 수류 또는 수면

② 해면과 담수나 기수(汽水)의 수류 또는 수면

③ 해면, 하천, 호수, 늪, 저수지

④ 바다의 수류나 수면

【풀이】 바다의 수류나 수면이다.

| 정답 | 01. ① | 02. ④ |

03 다음 중 「수상레저안전법」 시행령 제2조(정의) 제2항 제1 호에서 정하는 동력수상레저기구(제1호와 비슷한 구조·형태 및 운전방식을 가진 것 제외)는 모두 몇 개인가?

(1) 모터보트   (2) 세일링요트(돛과 기관이 설치된 것)
(3) 수상오토바이   (4) 고무보트   (5) 스쿠터
(6) 호버크래프트   (7) 수상스키   (8) 패러세일
(9) 조정   (10) 카약   (11) 카누   (12) 워터슬레드
(13) 수상자전거   (14) 서프보드   (15) 노보트

① 6개   ② 8개   ③ 10개   ④ 15개

【풀이】 ① 6개 (1) 모터보트 ~ (6) 호버크래프트

■ 「수상레저안전법」 시행령 제2조(정의) 제2항 제1호
동력수상레저기구:
1. 모터보트   2. 세일링요트(돛과 기관이 설치된 것)
3. 수상오토바이   4. 고무보트   5. 스쿠터
6. 호버크래프트
■ 「수상레저안전법」 시행령 제2조(정의) 제2항 제2호
   제1항제16호에 해당하는 것(제1호와 비슷한 구조·형태 및 운전방식을 가진 것) 중 해양수산부령으로 정하는 것
7. 수상스키   8. 패러세일
9. 조정   10. 카약   11. 카누   12. 워터슬레드
13. 수상자전거   14. 서프보드   15. 노보트

정답 | 03. ①

04 다음 중 「수상레저안전법」 상 조종면허의 구분 설명 중 가장 옳은 것은?

① 일반조종면허(제1급 조종면허, 제2급 조종면허) 및 요트조종면허
② 제1급 조종면허 ~ 제3급 조종면허
③ 제1급 조종면허 ~ 제4급 조종면허
④ 요트조종면허 및 일반조종면허(제1급 조종면허 ~ 제5급 조종면허)

【풀이】

- ① 「수상레저안전법」 상 조종면허의 구분

05 「수상레저안전법」 의 주요내용이 아닌 것은?

① 수상레저기구 조종자의 면허제도
② 수상레저 활동자의 안전준수 의무
③ 동력수상레저기구 안전검사에 관한 사항
④ 여객선의 안전과 비상계획에 관한 사항

【풀이】

- ④ 여객선의 비상계획은 「수상구조법」의 내용

| 정답 | 04. ① 05. ④ |

06 다음 중 「수상레저안전법」 상 수상레저사업의 등록관청이 옳게 짝지어진 것은?

> ㉠ 영업구역이 해수면인 경우: 해당 지역을 관할하는 (A)
> ㉡ 영업구역이 내수면인 경우: 해당 지역을 관할하는 (B)
> ㉢ 영업구역이 둘 이상의 해양경찰서장 또는 시장·군수·구청장의 관할 지역에 걸쳐 있는 경우: 수상레저사업에 사용되는 수상레저기구를 주로 매어두는 장소를 관할하는 (C)

① A. 해양경찰서장   B. 해양경찰서장
   C. 해양경찰서장 또는 시장·군수·구청장

② A. 해양경찰서장   B. 시장·군수·구청장
   C. 해양경찰서장 또는 시장·군수·구청장

③ A. 시장·군수·구청장   B. 시장·군수·구청장
   C. 해양경찰서장

④ A. 해양경찰서장   B. 시장·군수·구청장
   C. 시장·군수·구청장

정답 | 06. ②

07 다음 중「수상레저안전법」제4조에 규정한 조종면허에 대한 설명 중 옳지 않은 것은?

① 일반조종면허

② 제1급 조종면허, 제2급 조종면허

③ 요트조종면허

④ 제2급 조종면허를 취득한 자가 제1급 조종면허를 취득 한 때에도 제2급 조종면허의 효력은 계속 유지된다.

【풀이】

■제2급 조종면허의 효력은 상실된다.

08 「수상레저안전법」상 수상레저사업에 이용되는 검사 대상 동력수상레저기구의 검사주기는?

① 1년마다   ② 2년마다

③ 3년마다   ④ 5년마다

【풀이】

■ 사업에 이용: 1년마다 / 사업에 이용 안함: 5년마다

정답 | 07. ④ 08. ①

09 다음 중「수상레저안전법」상 해양경찰서장 또는 시장·군수·구청장이 영업을 제한할 수 있는 경우 등에 관한 내용이다. 옳은 것은 모두 몇 개인가?

> ㉠ 기상·수상 상태가 악화된 경우
>
> ㉡ 수상사고가 발생한 경우
>
> ㉢ 유류·화학물질 등의 유출 또는 녹조·적조 등의 발생으로 수질이 오염된 경우
>
> ㉣ 부유물질 등 장애물이 발생한 경우
>
> ㉤ 사람의 신체나 생명에 피해를 줄 수 있는 유해생물이 발생한 경우

① 5개   ② 4개   ③ 3개   ④ 2개

【풀이】 모두 옳다.

10

> 동력수상레저기구의 소유자는 주소지를 관할하는 시장·군수·구청장에게 동력수상레저기구를 소유한 날부터 (㉠)이내에 등록신청을 하여야 한다.

다음 중 ㉠에 들어갈 알맞은 말은?

① 10일   ② 14일   ③ 1개월   ④ 3개월

【풀이】

■「수상레저안전법」제30조: 1개월 이내

| 정답 | 09. ① | 10. ③ |

11 수상레저 안전검사에 대한 설명 중 옳지 않은 것은?

① 신규검사는 동력수상레저기구를 소유한 날부터 1월 이내에 등록하려는 경우의 검사

② 정기검사는 등록 후 3년마다 정기적으로 하는 검사

③ 임시검사는 동력수상레저기구의 구조나 장치를 변경한 경우에 하는 검사

④ 수상레저사업자는 영업구역이 해수면인 경우 해양경찰청장으로부터, 영업구역이 내수면인 경우 그 지역을 관할하는 시·도지사로부터 각각 안전검사를 받아야 한다.

【풀이】② **정기검사**: 등록 후 **5년마다**

12

| 「수상레저안전법」상 "수상"이란 (㉠)을 말한다. |

다음 중 ㉠에 들어갈 알맞은 말은?

① 해수면과 내수면   ② 해수면
③ 호소, 하천, 늪   ④ 내수면

【풀이】 해수면과 내수면

| 정답 | 11. ② 12. ① |

13 다음 중「수상레저안전법」상 등록의 대상이 되는 동력수상레저기구로 옳지 않은 것은?

① 수상오토바이

② 선내기 또는 선외기인 모터보트로서 대통령령으로 정하는 모터보트

③ 공기를 넣으면 부풀고 접어서 운반할 수 있는 고무보트를 제외한 대통령령으로 정하는 고무보트

④ 총톤수 50톤 미만으로 대통령령으로 정하는 요트

【풀이】 ④ 총톤수 50톤 마만 ☞ 20톤 미만

■「수상레저안전법」제30조
　등록의 대상이 되는 동력수상레저기구는 수상레저활동에 이용하거나 이용하려는 것으로서 다음 각 호의 어느 하나에 해당하는 것을 말한다.
1. 수상오토바이
2. 선내기 또는 선외기인 모터보트로서 대통령령으로 정하는 모터보트
3. 공기를 넣으면 부풀고 접어서 운반할 수 있는 고무보트를 제외한 대통령령으로 정하는 고무보트
4. 총톤수 20톤 미만으로 대통령령으로 정하는 요트

| 정답 | 13. ④ |

14 「수상레저안전법」의 목적의 내용이 아닌 것은?

① 수상레저 활동의 안전 확보

② 수상레저인구 저변 확대

③ 수상레저 사업의 발전을 도모

④ 수상레저 활동의 질서를 확보

【풀이】 ② 수상레저인구 저변 확대

15 다음은 동력수상레저기구 조종면허에 대한 내용이다. 괄호 안에 들어갈 내용으로 바르게 짝지어진 것은?

> ㉠ 조종면허를 받아야 조종할 수 있는 동력수상레저기구는 추진기관의 ( )출력이 ( )이상이다.
>
> ㉡ 조종면허를 받지 아니하고 동력수상레저기구를 조종한 자로서 사람을 사상한 후 구호 등 필요한 조치를 하지 아니하고 달아난 자는 이를 위반한 날부터 (   )이 지나지 않으면 조종면허를 받을 수 없다.

① ㉠ 최대, 5마력 ㉡ 4년   ② ㉠ 최소, 5마력 ㉡ 3년

③ ㉠ 최소, 3마력 ㉡ 4년   ④ ㉠ 최대, 5마력 ㉡ 3년

【풀이】 ① ㉠ 최대, 5마력   ㉡ 4년

정답	14. ②	15. ①

제4편 해양경찰 행정관리
(예상문제)

01 다음 중 해양경찰관의 경과(警科)가 아닌 것은?

① 일반경과   ② 해양경과

③ 항공경과   ④ 정보통신경과

【풀이】일반경과는 경찰청(육상경찰)의 경과이다.

■ 해양경찰청 소속 경찰공무원 임용에 관한 규정 제3조(경과)
　　① 총경 이하 경찰공무원에게 부여하는 경과(警科)는 다음 각 호와 같다. 다만, **제2호부터 제5호까지의 경과는 경정 이하 경찰공무원에게만 부여**한다.
　1. 해양경과　2. 수사경과　3. 항공경과
　4. 정보통신경과　5. 특임경과
② 임용권자 또는 임용제청권자는 **경찰공무원을 신규채용할 때에 경과를 부여**해야 한다.
③ 해양경찰청장은 전시·사변 또는 이에 준하는 비상사태가 발생한 경우에는 **경과의 일부를 폐지 또는 병합하거나 신설**할 수 있다.
④ 경과별 직무의 종류 및 전과(轉科) 등에 관해 필요한 사항은 해양수산부령으로 정한다.

정답 │ 01. ①

02 경찰관의 복무규정상 의무가 아닌 것은?

① 근무시간 음주금지 의무   ② 여행제한 의무

③ 민사분쟁 개입 해결의무   ④ 상관에 대한 신고의무

【풀이】③ 민사분쟁 개입 해결의무는 없음.

> ■ **경찰공무원 복무규정**
> ① 근무시간 음주금지의 의무(제9조)
> ② 여행제한 의무(제13조)
> ④ 상관에 대한 신고의무(제11조)

03 해양경찰공무원 일반승진에 필요한 최저 근무년수로 옳지 않은 것은?

① 총경 4년 이상   ② 경정, 경감 3년 이상

③ 경위, 경사 2년 이상   ④ 경장, 순경 1년 6월 이상

【풀이】

> ■ ④ **경장, 순경**의 최저 근무년수는 **1년 이상**이다.

정답 | 02. ③   03. ④

04 해양경찰공무원의 근속승진에 필요한 최저 근무년수가 옳지 않은 것은?

① 경장 3년 이상 근속   ② 경사 5년 이상 근속

③ 경위 6년 6월 이상 근속   ④ 경감 10년 이상 근속

【풀이】

- ① 경장은 **4년 이상** 근속이다.

05 공무원 관계의 변경에 있어 "정직"의 범위는?

① 1월 이상 6월 이하   ② 1월 이상 3월 이하

③ 1월 이상 9월 이하   ④ 1년 이상

【풀이】

- "정직"은 1월 이상 3월 이하, 공무원 신분은 유지하나 직무에 종사하지 못하며 보수는 전액을 감하는 징계의 일종이다.

| 정답 | 04. ① | 05. ② |

06　경찰공무원의 계급정년에 대한 설명 중 틀린 것은?

① 경정 14년　　　　　　　　② 총경 11년

③ 경무관 6년, 치안감 4년　　④ 치안정감 2년

【풀이】

> ■ **치안정감** 이상은 **계급정년 규정**이 **없다.**

07　다음 중 징계 면직에 해당하는 것은?

① 파면, 해임　　　　　　　② 강등

③ 의원면직　　　　　　　　④ 감봉

【풀이】

> ■ ④ **파면, 해임**은 공무원 신분을 박탈하는 징계처분임
> ■ 국가공무원법 제79조(징계의 종류) 징계는 **파면·해임·**
> **강등·정직·감봉·견책**(譴責)으로 구분한다.

정답　06. ④　07. ①

08 경찰공무원이 근속승진할 수 있는 계급은?

① 경장 ~ 경사   ② 경장 ~ 경위

③ 경장 ~ 경정   ④ 경장 ~ 경감

【풀이】

- 경찰공무원법 제11조의2(근속승진)
  근속승진을 할 수 있는 계급은 "**경장 ~ 경감**"이다.

09 행정기관 소속 공무원 징계 처분, 그 밖의 의사에 반하는 불리한 처분이나 부작위에 대한 소청을 심사 결정하기 위하여 인사혁신처에 설치하는 것은?

① 행정심사위원회   ② 상설위원회

③ 소청심사위원회   ④ 행정심판원

【풀이】

- 국가공무원법 제9조(소청심사위원회)

정답   08. ④   09. ③

10 예산의 편성, 심의, 의결에 관한 사항이다. 다음 중 옳지 않은 것은?

① 각 중앙관서의 장은 1월 31일까지 중기사업계획서를 기재부장관에게 제출하여야 한다.

② 기재부장관은 4월 30일까지 다음연도 예산안 편성지침을 각 중앙관서의 장에게 통보하여야 한다.

③ 정부는 회계연도마다 예산안을 편성하여 회계연도 개시 90일 전까지 국회에 제출하고 국회는 회계연도 개시 20일 전까지 의결하여야 한다.

④ 각 중앙관서의 장은 6월 30일까지 다음연도 세입세출예산, 계속비, 명시이월비 등을 작성하여 기재부장관에게 제출하여야 한다.

【풀이】

> ■ 정부는 회계연도마다 예산안을 편성하여 **회계연도 개시 90일 전까지** 국회에 제출하고 국회는 **회계연도 개시 30일 전까지** 의결하여야 한다.

정답 | 10. ③

11 기획의 원칙이 아닌 것은?

① 목적성의 원칙   ② 다양성의 원칙

③ 경제성의 원칙   ④ 신축성의 원칙

【풀이】

■ 기획의 원칙으로 단순성의 원칙, 계속성의 원칙, 안전성
의 원칙, 장래 예측성의 원칙, 표준화의 원칙도 있다.

12 사업 집행과정에서 계획 변동이나 여건 변화로 인해 분기별 정기 배정계획에 관계없이 앞당겨 배정하는 것은?

① 조기배정   ② 수시배정

③ 집중배정   ④ 당겨배정

【풀이】

■ 당겨배정: 배정계획에 관계없이 앞당겨 배정

정답 | 11. ②   12. ④

13 경찰공무원의 법령상 의무가 아닌 것은?

① 거짓보고 금지 의무　　② 지휘권 남용 금지 의무

③ 복제 및 무기휴대 의무　④ 종교 자유 의무

【풀이】경찰공무원의 법령상 의무

국가공무원법	성실, 복종, 친절 공정, 비밀엄수, 청렴, 품위유지, **종교 중립**
경찰공무원법	거짓보고 금지 지휘권 남용 금지 복제 및 무기휴대
경찰공무원 복무규정	근무시간 음주금지의 의무(제9조) 상관에 대한 신고의무(제11조) 여행제한 의무(제13조) 비상소집 의무(제14조)

14 징계의 종류 중 경징계에 해당하는 것은?

① 강등　　　　　　② 감봉, 견책

③ 정직　　　　　　④ 파면, 해임

【풀이】

중징계	파면, 해임, 강등, 정직
경징계	감봉, 견책

정답 | 13. ④　14. ②

15 다음 중 공무원이 선거에서 하여서는 아니 되는 행위는 모두 몇 개인가?

> ⊙ 투표를 하거나 하지 아니하도록 권유 운동을 함
>
> ⓛ 서명 운동을 기도(企圖)·주재(主宰)하거나 권유함
>
> ⓒ 문서나 도서를 공공시설 등에 게시하거나 게시함
>
> ⓔ 기부금을 모집 또는 모집하게 함
>
> ⓜ 정당에 가입하지 아니하도록 권유 운동을 함

① 2개   ② 3개

③ 4개   ④ 5개

【풀이】

> ■「국가공무원법」제65조(정치 운동의 금지)
> 공무원은 선거에서 **특정 정당 또는 특정인을 지지** 또는 **반대하기 위한 다음의 행위**를 하여서는 아니 된다.
> 1. 투표를 하거나 하지 아니하도록 권유 운동을 하는 것
> 2. 서명 운동을 기도(企圖)·주재(主宰)하거나 권유하는 것
> 3. 문서나 도서를 공공시설 등에 게시하거나 게시하게 하는 것
> 4. 기부금을 모집 또는 모집하게 하거나, 공공자금을 이용 또는 이용하게 하는 것
> 5. 타인에게 정당이나 그 밖의 정치단체에 가입하게 하거나 가입하지 아니하도록 권유 운동을 하는 것

정답 | 15. ④

16 보안의 원칙이 아닌 것은?

① 균형의 원칙　　　② 전체화의 원칙

③ 부분화의 원칙　　　④ 알 사람만 알아야 하는 원칙

【풀이】

> ■ **전체화**의 원칙은 아님 ☞ **부분화의 원칙**이 옳다.
> ■ 그 밖에 **한정의 원칙, 보안비례의 원칙**이 있다.

17 비밀에 관한 다음 설명 중 옳지 않은 것은?

① 해양경찰공무원은 임용과 동시에 I 급 비밀 취급권을 가진다.

② 비밀은 적절히 보호할 수 있는 최저등급으로 분류한다.

③ II 급 비밀은 누설될 경우 국가안전보장에 막대한 지장을 끼칠 우려가 있는 비밀이다.

④ 대외비는 비밀에 준하여 취급 관리한다.

【풀이】

> ■ 해양경찰공무원은 **임용과 동시에 II 급 비밀 취급권을** 가진다.

| 정답 | 16. ② 17. ① |

18 누설될 경우 대한민국과 외교관계가 단절되고 전쟁을 일으키며, 국가의 방위계획·정보활동 및 국가방위에 반드시 필요한 과학과 기술의 개발을 위태롭게 하는 등의 우려가 있는 비밀은?

① I 급 비밀   ② II 급 비밀

③ II 급 비밀   ④ 대외비

【풀이】

- **I 급 비밀**: 누설될 경우 대한민국과 외교관계가 단절되고 전쟁을 일으키며, 국가의 방위계획·정보활동 및 국가방위에 반드시 필요한 과학과 기술의 개발을 위태롭게 하는 등의 우려가 있는 비밀

- **II 급 비밀**: 누설될 경우 국가안전보장에 막대한 지장을 끼칠 우려가 있는 비밀

- **III 급 비밀**: 누설될 경우 국가안전보장에 손해를 끼칠 우려가 있는 비밀

☞ 비밀은 적절히 보호할 수 있는 *최저등급*으로 분류 과도하거나 과소하게 분류해서는 아니된다.

정답 | 18. ①

19 다음중 II 급 및 III 급 비밀취급인가권자로 옳지 않은 사람은?

① 지방해양경찰청장　　② 해양경찰서장

③ 해양경찰 파출소장　　④ 해양경찰연구센터장

【풀이】

- ③ **해양경찰 파출소장**은 II 급 비밀 및 III 급 **비밀취급인가권자가 아니다.**

- **II 급 및 III 급 비밀취급인가권자: 7개 관서장**
  - **근거: 해양경찰청 보안업무 시행세칙 제10조 -**

1. 해양경찰청장	2. 해양경찰교육원장
3. 해양경찰정비창장	4. 해양경찰연구센터장
5. 중앙해양특수구조단장	6. 지방해양경찰청장
7. 해양경찰서장	

- **해양경찰청장은**
  ☞ II 급 및 III 급 비밀취급인가권자 겸
  ☞ III 급 비밀 소통용 암호자재취급인가권자이다.

정답　19. ③

20 비밀취급에 관한 다음 설명 중 옳지 않은 것은?

① Ⅱ급 비밀 및 Ⅲ급 비밀취급인가권을 위임받은 기관
장은 이를 다시 위임할 수 없다.

② 해양경찰청장은 Ⅰ급 비밀 및 Ⅱ급 비밀 소통용 암호
자재취급인가권자이다.

③ 해양경찰청장은 Ⅱ급 비밀 및 Ⅲ급 비밀취급인가권
을 갖고 있다.

④ 해양경찰공무원은 임용과 동시에 Ⅱ급 비밀 취급권을
가진다. Ⅱ급 비밀은 누설될 경우 국가안전보장에 막
대한 지장을 끼칠 우려가 있는 비밀이다.

【풀이】

- ② / 해양경찰청장은 **Ⅲ급 비밀 소통용 암호자재취급
인가권자이**다.(보안업무규정 제9조)

21 경정 이하 경찰공무원에게만 부여하는 경과(警科)가 아닌 것은?

① 해양경과					② 수사경과

③ 정보통신경과				④ 특임경과

【풀이】

- 수사, 항공, 정보통신, 특임경과는 **경정 이하**에게 **부여**

정답	20. ②	21. ①

제5편 해양경찰 각 기능별 주요업무 (예상문제)

《경비》

01 『해양경비법』상 해양경비 활동의 범위 중 옳지 않은 것은?

① 해양 관련 범죄에 대한 예방, 해양시설의 보호
② 해양오염 방제 및 해양수산자원 보호에 관한 조치
③ 해상경호, 대(對)테러 및 대간첩작전 수행
④ 해사안전을 위한 항로표지

【풀이】

- ④ 항로표지는 해양수산부 업무이다.
- 해양경비법 제7조(해양경비 활동의 범위)
 1. 해양 관련 범죄에 대한 예방
 2. 해양오염 방제 및 해양수산자원 보호에 관한 조치
 3. 해상경호, 대(對)테러 및 대간첩작전 수행
 4. 해양시설의 보호에 관한 조치
 5. 해상항행 보호에 관한 조치
 6. 그 밖에 경비수역에서 해양경비를 위한 공공의 안녕과 질서유지

| 정답 | 01. ④ |

02 해양경찰 경비세력을 설명한 것 중 가장 옳은 것은?

① 함정, 항공기

② 인력, 함정, 항공기

③ 인력, 함정, 항공기, 전기통신설비

④ 함정, 항공기, 공용화기

【풀이】

- **경비세력**: 인력, 함정, 항공기, 전기통신설비

03 해양경찰 특수목적을 위해 운용되는 함정이 아닌 것은?

① 수색 구조정   ② 형사기동정

③ 방제정   ④ 소방정

【풀이】 다음 페이지의 풀이를 참고하시오.

- ① 수색 구조정은 특수함정이 아님.
- 특수함정(12개):
형사기동정, 순찰정, 소방정, 방제정, 예인정, 수리지원정, 공기부양정, 훈련함, 훈련정, 잠수지원함, 화학방제함, 특수기동정

정답   02. ③   03. ①

<03번> 문제 풀이
해양경찰 특수목적을 위해 운용되는 함정

■ 함정 운영관리 규칙 제6조(함정의 호칭 및 분류)

1. **형사기동정**: 해상범죄의 예방과 단속활동이 주 임무
2. **순찰정**: 항·포구 중심로 **해상교통 및 민생치안 업무**가 주 임무
3. **소방정**: 해상화재 진압업무를 주 임무로 하는 함정
4. **방제정**: 해양오염 예방활동 및 방제업무를 주 임무
5. **예인정**(영문표기 T): 예인업무를 주 임무로 하는 함정
6. **수리지원정**: 함정수리 지원업무를 주 임무로 하는 함정
7. **공기부양정**(영문표기 H): **천해, 갯벌, 사주 등 특수해역에서 해난구조와 테러예방 및 진압** 임무
8. **훈련함**: 해양경찰교육원에서 실시하는 신임·기본·전문교육 및 대형 해양오염 방제 업무 등을 수행(500톤이상은 "함")
9. **훈련정**: 불법외국어선 단속 훈련용으로 사용
10. **잠수지원함**(영문표기 D): 해상 수색구조 및 잠수 지원업무
11. **화학방제함**: 해상 화학사고 대비·대응 업무를 주 임무
12. **특수기동정**(영문표기 S): 불법조업 외국어선 단속 임무, 해양사고 대응 임무, 해양테러 및 PSI 상황 대응 임무를 수행

☞ *수색 구조정은 특수함정이 아니다!*

04   해양경찰청 「함정 운영관리 규칙」의 내용 설명 중 가장 옳지 않은 것은?

① 해경서장은 대기함정, 대기예비함정을 매일 1척씩 09:00부터 다음날 09:00까지 지정하여 운용한다.

② 대기함정이 긴급 출동 시 대기예비함정이 대기함정 임무를 수행한다.

③ 출동함정이 전용부두로 피항시에는 피항함정이 대기함정 임무를 겸하여 수행하며 총원대기 긴급출동에 대비한다.

④ 중, 소형 특수기동정의 기준은 50톤이며 대형공기부양정은 100톤이상 200인승, 중형공기부양정은 25톤~80톤, 70인승이다.

【풀이】

- ④ ~ ~~100톤~~ 이상 200인승 ☞ 80톤 이상 200인승
- 함정 운영관리 규칙 제19조(대기함정 및 대기예비함정)
- 함정 운영관리 규칙제21조의2(적용 범위)

정답 | 04. ④

《수색구조》

01 다음은 수색구조, 공해에 있어서 선박의 지위, 선박 항행안전 관련 국제협약들이다. 가장 옳지 않은 것은?

① 공해협약   ② SAR협약

③ 73/78 MARPOL협약   ④ SOLAS협약

【풀이】

- **옳지 않음** ③ 73/78 MARPOL은 **해양오염방지 협약임**
- **SOLAS협약(SOLAS 1974):** 해상에서의 인명안전을 위한 국제협약, International Convention for the Safety of Life at Sea, 1974, 1974년 런던에서 작성, 1980년 발효
- **SAR협약(SAR 1979):** 해상수색 및 구조에 관한 국제**협약**, International Convention on Maritime Search and Rescue, 1979, IMO에서 체결, 1979년 채택, 1985년 발효.
- **공해협약:** 1958년 국제연합해양법회의에서 채택된 협약이다. 국제법위원회가 채택한 해양법 초안의 일부를 기초로 한 전문 37조로 되어 있는 협약이다. 공해의 자유, 공해에 있어서 선박의 지위, 항행의 안전, 해상경찰권, 공해의 오염, 해저전선 및 '파이프라인' 등 공해의 일반 제도를 규정

| 정답 | 01. ③ |

02 1998년 SAR협약의 개정과 함께 IMO등이 개발한 총 3권으로 구성된 국제 항공기와 해상수색구조 매뉴얼의 명칭은?

① 공해매뉴얼   ② 해양법매뉴얼

③ MARPOL매뉴얼   ④ IAMSAR매뉴얼

【풀이】

- **IAMSAR매뉴얼**: 국제 항공기와 해상수색구조 매뉴얼 The International Aeronautical and Maritime Search and Rescue **(IAMSAR)** Manual
- ※ **부속서 12** 수색 및 구조(ANNEX 12 Search And Rescue)와 국제 항공 및 해양 수색구조편람(**IAMSAR Manual**)이 있다.
- **국제항해**에 종사하는 모든 선박은 **IAMSAR매뉴얼** 3권을 비치해야 한다.

| 정답 | 02. ④ |

《안전관리》

01 해양경찰 파출소의 임무로 옳은 것은 모두 몇 개인가?

> ㉠ 범죄의 예방, 단속
> ㉡ 다중이용선박 안전관리
> ㉢ 선박출입항 신고접수 및 통제
> ㉣ 연안해역안전관리
> ㉤ 치안·안전 정보의 수집
> ㉥ 각종 해양사고예방 및 초동조치

① 6개　　　② 5개　　　③ 4개　　　④ 3개

【풀이】

> ■ ㉠ ~ ㉥ **6개 모두 옳다.**
> ■ 해양경찰청과 그 소속기관 직제 제31조(파출소 등)
> ① **지방해양경찰청장**은 해양경찰서장의 소관 사무를 분장하기 위하여 **해양수산부령**으로 정하는 바에 따라 **해양경찰서장 소속으로 파출소**를 둘 수 있다.
> ② **지방해양경찰청장**은 필요한 경우에는 해양수산부령으로 정하는 바에 따라 **해양경찰서장 소속으로 출장소**를 둘 수 있다.
> ③ 파출소 및 출장소의 명칭·위치와 관할구역, 그 밖에 필요한 사항은 **지방해양경찰청장**이 정한다.

| 정답 | 01. ① |

02 치안 상황에 대비하기 위하여 일정 시간과 지정장소에서 5분 이내 출동이 가능한 상태를 유지하고 통신기기를 청취하는 근무형태 중, 가장 옳은 것은?

① 방제근무   ② 대기근무

③ 순찰근무   ④ 상황근무

【풀이】
- **대기근무**에 관한 설명이다.

03 해양경찰 파출소의 연안구조장비로 가장 옳지 않은 것은?

① 소형 공기부양정   ② 연안구조정

③ 수상오토바이   ④ 진압봉

【풀이】
- ④ 진압봉은 연안구조장비로 볼 수 **없음**.

정답 │ 02. ②   03. ④

04 **해양경찰서장 소속으로 출장소를 둘 수 있는 경우로 가장 옳지 않은 것은?**

① 도서, 농·어촌 벽지 등 교통·지리적 원격지로 인접 해양경찰관서에서의 출동이 용이한 경우

② 국가중요시설 등 특별한 경계가 요구되는 경우

③ 휴전선 인근 등 보안상 취약지역을 관할하는 경우

④ 치안수요가 특수하여 파출소를 운영하는 것이 적당하지 아니한 경우

【풀이】

- 옳지 않음 ① 용이한 경우 ☞ 용이하지 아니한 경우
- **해양경찰청과 그 소속기관 직제 시행규칙 제31조**
  해양경찰서장의 소관 사무를 분장하기 위하여 **해양경찰서장 소속**으로 파출소를 두되, 다음 각 호의 어느 하나에 해당하는 경우에는 **출장소를 둘 수 있다.**
  1. 도서, 농·어촌 벽지 등 교통·지리적 원격지로 인접 해양경찰관서에서의 **출동이 용이하지 아니한** 경우
  2. 관할구역에 **국가중요시설** 등 특별한 경계가 요구되는 경우
  3. **휴전선 인근** 등 보안상 취약지역을 관할하는 경우
  4. 제1호부터 제3호까지에서 규정한 사항 외에 치안수요가 특수하여 **파출소를 운영하는 것이 적당하지 아니한 경우**

정답 | 04. ①

05 파출소 관내의 안전관리, 순찰 및 지역경찰 활동, 각종 사건사고 초동조치 및 상황전파, 연안구조정, 순찰차 등 보유장비 관리 등의 직무 수행자는?

① 구조거점팀원   ② 순찰구조팀원

③ 연안구조팀원   ④ 방범순찰팀원

【풀이】

> ■ **순찰구조팀원**의 직무이다.

06 00해양파출소 A경사는 주취운항 혈중알코올농도가 0.03퍼센트 이상 0.08퍼센트 미만인 사람을 적발하였다. 이에 대한 「해사안전법」상 벌칙은?

① 2천만원 이상 2천만원 이하의 벌금

② 2천만원 이상 3천만원 이하의 벌금

③ 1년 이하의 징역이나 1천만원 이하의 벌금

④ 2년 이하의 징역이나 2천만원 이하의 벌금

【풀이】

> ■ **해사안전법 제41조**: 다음 페이지를 참고하시오.

| 정답 | 05. ② | 06. ③ |

<06, 07번 문제 풀이>
주취운항 선박의 처벌기준
근거: 「해사안전법」 제41조, 104조의2(벌칙)

① 제41조제1항을 위반하여 **술에 취한 상태**에서 「선박직원법」 제2조제1호에 따른 선박(외국선박 포함)의 **조타기를 조작하거나 그 조작을 지시한 운항자 또는 도선을 한 사람**은 다음 각 호의 구분에 따라 처벌한다.

1. 혈중알코올농도가 **0.2퍼센트 이상인** 사람은 2년 이상 5년 이하의 징역이나 2천만원 이상 3천만원 이하의 벌금
2. 혈중알코올농도가 **0.08퍼센트 이상 0.2퍼센트 미만인** 사람은 1년 이상 2년 이하의 징역이나 1천만원 이상 2천만원 이하의 벌금
3. **혈중알코올농도가 0.03퍼센트 이상 0.08퍼센트 미만인 사람은 1년 이하의 징역이나 1천만원 이하의 벌금**

② 제41조제1항을 위반하여 **2회 이상 술에 취한 상태에서 「선박직원법」 제2조제1호에 따른 선박**(외국선박 포함)의 조타기를 조작하거나 그 조작을 지시한 운항자 또는 도선을 한 사람은 **2년 이상 5년 이하의 징역이나 2천만원 이상 3천만원 이하의 벌금**에 처한다.

③ 제41조제2항을 위반하여 해양경찰청 소속 경찰공무원의 **측정 요구에 따르지 아니한 「선박직원법」 제2조제1호에 따른 선박(외국선박 포함)**의 조타기를 조작하거나 그 조작을 지시한 운항자 또는 도선을 한 사람은 다음 각 호의 구분에 따라 처벌한다.

1. **측정 요구에 1회 따르지 아니한 사람은 3년 이하의 징역이나 3천만원 이하의 벌금**

2. **측정 요구에 2회 이상 따르지 아니한 사람은 2년 이상 5년 이하의 징역이나 2천만원 이상 3천만원 이하의 벌금**

07 주취운항 선박의 처벌기준에 따라 측정 요구에 2회 이상 따르지 아니한 사람에 대한 처벌기준은?

① 2년 이상 5년 이하의 징역이나 2천만원 이상 3천만원 이하의 벌금

② 3년 이하의 징역이나 3천만원 이하의 벌금

③ 2년 이하의 징역이나 2천만원 이하의 벌금

④ 1년 이하의 징역이나 1천만원 이하의 벌금

【풀이】

- 근거: 「해사안전법」 제41조, 104조의2(벌칙)

정답 07. ①

08 다음 중 유·도선 안전관리계획의 수립·시행권자로 가장 옳은 것은?

① 시·도지사 또는 지방해양경찰청장

② 해양경찰청장 및 지방해양경찰청장

③ 지방해양경찰청장 및 해양경찰서장

④ 해양경찰청 및 시·도지사

【풀이】

■ **시·도지사 또는 지방해양경찰청장**은 매년 유·도선 안전관리계획의 수립·시행

■ **행정안전부장관 또는 해양경찰청장**은 유·도선 안전관리계획의 수립에 필요한 **지침 제공 및 지도·감독**

■ 유선 및 도선사업법 제21조(안전관리계획의 수립 등)

① **시·도지사 또는 지방해양경찰청장은 매년 유·도선 안전관리계획을 수립·시행**하여야 한다.

② 행정안전부장관 또는 해양경찰청장은 제1항의 유·도선 안전관리계획의 수립에 필요한 지침을 정하고, 그 시행에 필요한 지도·감독을 할 수 있다.

정답 | 08. ①

09 동해해양경찰서 00파출소에 근무하고 있는 A경위는 파출소와 출장소 근무일지 등을 아래와 같이 비치·관리하였다. 다음 중 옳지 않은 것은?

① 관내 출장소 근무일지 보관기간을 3년으로 하고 매월 일자별로 편철하여 다음달 5일까지 파출소장의 결재를 받아 3년간 파출소에 보관한 다음 동해해양경찰서로 이관하였다.

② 파출소 근무일지 보관기간을 3년으로 하고 매월 일자별로 편철하여 2년간 파출소에 보관하였다.

③ 파출소 관리시스템으로 근무일지를 작성하였으므로 별도로 파출소 근무일지를 작성하지 않았다.

④ 파출소 내에 파출소 근무일지, 관서운영경비 지출증명서류, 보안자재 관리기록부, 통고처분 처리부, 사건사고 처리대장을 비치하였다.

【풀이】

- **옳지 않음** ① ~ 결재를 받아 **3년간** 파출소에 보관한 다음 동해해양경찰서로 **이관**하였다. ☞ **2년간이 옳다.**
- **파출소 관리시스템으로** 근무일지를 작성한 경우는 위의 문항 지문 ①항 및 ②항을 **시행한 것으로 본다.**

정답 | 09. ①

《수사·보안·외사》

01 다음 중 구속영장의 집행에 관한 내용 중 옳지 않은 것은?

① 급속을 요하는 경우 법원사무관등에게 그 집행을 명할 수 있다.

② 급속을 요하는 경우에는 재판장, 수명법관 또는 수탁판사가 그 집행을 지휘할 수 있다.

③ 교도소 또는 구치소에 있는 피고인에 대하여 발부된 구속영장은 검사의 지휘에 의하여 교도관이 집행한다.

④ 구속영장은 판사의 지휘에 의하여 검사가 집행한다.

【풀이】

> ▪ **검사의 지휘**에 의하여 **사법경찰관리**가 집행한다.
>
> **형사소송법 제81조(구속영장의 집행)**
>
> ① 구속영장은 **검사의 지휘**에 의하여 **사법경찰관리가 집행**한다. 단, 급속을 요하는 경우에는 재판장, 수명법관 또는 수탁판사가 그 집행을 지휘할 수 있다.
>
> ② 제1항 단서의 경우에는 **법원사무관등**에게 그 집행을 명할 수 있다. 이 경우에 법원사무관등은 **사법경찰관리·교도관 또는 법원경위**에게 보조를 요구할 수 있으며 **관할구역 외에서도 집행할 수 있다.**
>
> ③ 교도소 또는 구치소에 있는 피고인에 대하여 발부된 구속영장은 검사의 지휘에 의하여 **교도관이 집행**한다.

| 정답 | 01. ④ |

02 다음 중 "수사의 단서"로 가장 옳지 않은 것은?

① 내사종결   ② 범죄첩보

③ 시민의 제보나 고발   ④ 신문의 범죄 기사

【풀이】

■ 그 밖의 **수사의 단서**로는 **피해신고, 변사자의 검시** 등의 있다.

수사(搜査)는 검찰, 경찰에서 범죄의 혐의유무를 알기 위해 증거를 수집하여 범인을 찾고자 활동함 또는 수사는 수사기관(경찰과 검찰)이 실체적 진실을 밝히는 활동을 말한다.

수사 기관이 수사권을 발동하는 것을 '수사의 개시'라고 한다.

형사소송법은, 수사 기관은 범죄의 혐의가 있다고 판단하는 때에는 수사를 개시할 수 있고, 또 하여야 한다고 규정하고 있다.

수사 기관이 수사를 개시함에 있어서는 어떤 근거가 있어야 한다. 이를 '**수사 개시의 단서**'라고 한다. **수사 개시의 단서는 피해자가 고소한 경우, 신문에 보도되는 범죄 기사, 시민의 제보나 고발, 수사 기관이 우연히 알게 된 사실**도 단서가 될 수 있다.

이러한 단서에 의하여 수사 기관이 범죄를 알게 된 경우('범죄의 인지'), 수사할 필요가 있으면 수사는 시작된 것이다. 그렇다면 시중에 나도는 풍문, 의혹, 유언비어 속에 범죄의 혐의가 있는 경우도 수사를 개시할 수 있고 그 풍문이 범죄와 관련이 있으면 수사의 필요성은 충족되나 이는 신중한 접근이 필요하다.

정답 │ 02. ①

03 다음 중 구속의 사유로 보기 어려운 것은?

① 피고인이 30만원 이하의 벌금, 구류에 해당하는 때

② 피고인이 증거를 인멸할 염려가 있는 때

③ 피고인이 도망하거나 도망할 염려가 있는 때

④ 피고인이 일정한 주거가 없는 때

【풀이】

■ 형사소송법 제70조(구속의 사유)

① 법원은 피고인이 죄를 범하였다고 의심할 만한 상당한 이유가 있고 다음 각 호의 1에 해당하는 사유가 있는 경우에는 피고인을 구속할 수 있다.

1. 피고인이 일정한 **주거**가 없는 때
2. 피고인이 **증거**를 인멸할 염려가 있는 때
3. 피고인이 **도망**하거나 도망할 염려가 있는 때

② 법원은 제1항의 구속사유를 심사함에 있어서 범죄의 중대성, 재범의 위험성, 피해자 및 중요 참고인 등에 대한 위해우려 등을 고려하여야 한다.

③ **다액 50만원 이하의 벌금, 구류 또는 과료에 해당하는 사건에 관하여는 제1항제1호의 경우를 제한 외에는 구속할 수 없다.**

정답 03. ①

04 해양경찰청 수사본부 운영 규칙 상 수사본부장으로 지명될 수 없는 사람은?

① 지방해양경찰청 안전총괄부장
② 해양경찰서 정보과장
③ 해양경찰서 수사과장
④ 지방해양경찰청 수사과장

【풀이】

> ■ 해양경찰서 정보과장은 아님.

05 해양경찰청 수사본부 운영 규칙 상 수사본부장 지명권자는?

① 해양수산부 장관   ② 해양경찰서장
③ 지방해양경찰청 안전총괄부장   ④ 지방해양경찰청장

【풀이】

> ■ 제6조(수사본부장) ① 수사본부장은 다음 각 호의 어느 하나에 해당하는 자 중에서 **지방해양경찰청장이 지명**한다.
> 1. **지방해양경찰청 안전총괄부장** 또는 **지방해양경찰청 수사과장**
> 2. **해양경찰서 수사과장**
> ② 본부장은 수사본부 **수사요원을 지휘·감독**하여 수사본부를 운영 관리한다.

| 정답 | 04. ② 05. ④ |

06

부산해양경찰서 OO파출소에 근무하고 있는 A경위는 방파제 순찰 중 수중시체를 발견하고 수중시체의 사후변화를 통한 추정과 사망시간 경과의 추정을 하였다. 이에 대한 설명으로 옳지 않은 것은?

① 구더기가 번데기가 되었을 때 사망시간 경과를 8일 내외로 추정하였다.

② 시체얼룩이 약하게 나타나고 시체굳음이 아직 나타나지 않아 사망시간을 1시간 내외로 추정하였다.

③ 사망자를 바다에 던졌을 때 해저에 가라앉았다가 일정 시간이 경과하면 시체가 다시 떠오르지 않는다.

④ 각막혼탁정도, 손발 피부 박탈상태, 두모의 탈락정도 등의 수중시체의 사후변화를 통해 사망시간을 추정하였다.

【풀이】

■ **옳지 않음** ③ 사망자를 바다에 던졌을 때 해저에 가라앉았다가 일정 시간이 경과하면 시체가 다시 **떠오르지 않는다.** ☞ 해면으로 **떠오르는 경향이 있다.**

| 정답 | 06. ③ |

07 해양경찰청 범죄수사규칙에 따른 수사본부 설치규정으로 옳지 않은 것은?

① 해양경찰청장 또는 지방해양경찰청장은 살인 등 중요사건이 발생하여 종합적인 수사를 통하여 해결할 필요가 있다고 인정할 때에는 수사본부를 설치할 수 있다.

② 해양경찰청장 또는 지방해양경찰청장은 국가기관간 공조수사가 필요한 경우에 관계기관과 "합동수사본부"를 설치·운용할 수 있다.

③ 해양경찰청장은 각 지방해양경찰청의 수사본부의 수사활동을 지휘통제, 조정 및 감독하기 위하여 "종합수사지휘본부"를 설치·운영할 수 있다.

④ 해양경찰청장은 경찰고위직의 내부비리사건, 사회적 관심이 집중되고 공정성이 특별하게 중시되는 사건에 대하여 독자적 수사가 가능한 "특별수사본부"는 설치·운용할 수 없다.

【풀이】

- **옳지 않음** ④ ~"특별수사본부"는 설치·운용할 수 **없다**. ☞ "특별수사본부"를 설치·운용할 수 **있다.**
- (해양경찰청)**범죄수사규칙 제35조(수사본부)**

정답 │ 07. ④

08 『형사소송법』상 구속기간과 갱신에 관한 규정으로 옳지 않은 것은?

① 구속기간은 3개월로 한다.
② 특히 구속을 계속할 필요가 있는 경우에는 심급마다 2개월 단위로 2차에 한하여 결정으로 갱신할 수 있다.
③ 상소심은 3차에 한하여 갱신할 수 있다.
④ 공판절차가 정지된 기간 및 공소제기전의 체포·구인·구금 기간은 구속기간에 산입하지 아니한다.

【풀이】

- 형사소송법 제92조(구속기간과 갱신) 구속기간은 2개월

09 『해양경찰청 범죄수사규칙』상 본문 내용으로 가장 옳지 않는 것은?

① 인권보호
② 합리적 수사
③ 사건관계인 비밀 공개수사
④ 임의수사

【풀이】

- 제7조(비밀의 준수) 경찰관은 수사를 하면서 알게 된 사건관계인의 관련 비밀을 엄수하여야 한다.

| 정답 | 08. ① | 09. ③ |

10 해양경찰 수사(搜査) 조직 및 활동 등에 관한 규정으로 다음 중 옳지 않은 것은?

① 해양경찰청 수사국장은 치안감 또는 경무관으로 보한다.

② 해양경찰청 사법경찰관은 주요범죄사건에 대하여 검사에게 영장을 신청하여 검사의 청구로 관할지방법원 판사의 체포영장을 발부받아 피의자를 체포하였다.

③ 해양경찰청 사법경찰관은 바다에서 발견한 변사체를 검시한 후, 유족을 알 수 없어 후일을 위해 매장하였다.

④ 해양경찰청 사법경찰관은 수산업법위반 고발사건을 접수한 날로부터 3개월 이내 조사를 완료하고 고발자에게 그 결과를 통보하였다.

【풀이】

- **옳지 않음** ④ 해양경찰청 사법경찰관은 수산업법위반 고발사건을 접수한 날로부터 **3개월 이내** 조사를 완료하고 고발자에게 그 결과를 통보하였다. ☞ **2개월 이내**(범죄수사규칙 제69조)
- **다만, 수사 미완료 시는 검사의 지휘로 연장이 가능함.**

정답 | 10. ④

11 해양경찰 수사(搜査) 활동 등에 관한 설명으로 다음 중 가장 옳지 않은 것은?

① 해양경찰청 사법경찰관이 피의자를 신문 시, 신문 시마다 진술거부권을 피의자에게 고지할 필요는 없다. 다만 시간적 간격이 길거나 신문자가 교체된 경우에는 다시 고지해야 한다.

② 해양경찰청 사법경찰관이 피의자를 검거하고 보니 형사미성년자라서 "책임조각사유"와 "죄가 안 됨"에 해당되므로 불기소 의견으로 처리하였다.

③ 해양경찰청 사법경찰관이 체포한 피의자를 구속하고자 피의자를 체포한 때부터 48시간 이내에 구속영장을 청구하였다.

④ 현행법 상 모든 범죄사건은 검사가 주체가 된다.

【풀이】

■ 옳지 않음 ④ ☞ 20만원 이하 벌금 또는 구류, 과료에 처할 범죄사건으로서 즉결심판에 의하여 처리될 경미한 사건은 경찰서장이 주체가 됨(검사의 기소편의주의 예외)
■ 형사소송법 제247조(기소편의주의) 검사는 「형법」 제51조의 사항을 참작하여 공소를 제기하지 아니할 수 있다.
☞ 「형법」 제51조(양형의 조건)
    형을 정함에 있어서는 다음사항을 참작하여야 한다.
        1. 범인의 연령, 성행, 지능과 환경
        2. 피해자에 대한 관계
        3. 범행의 동기, 수단과 결과
        4. 범행 후의 정황

| 정답 | 11. ④ |

12 해양경찰 수사긴급배치규칙에 따른 "갑호배치" 기준은?

① 형사(수사)·형사기동정·해양파출소요원 가동경력 100%

② 형사(수사)·형사기동정·해양파출소요원 가동경력 50%

③ 형사(수사)·요원 100% 해양파출소요원 50%

④ 형사(수사)·요원 100% 해양파출소요원 30%

【풀이】

- **갑호배치 경력동원 기준 ① 100%**
- **을호배치**는 형사(수사)요원, 형사기동정요원은 가동경력 **100%**, 해양파출소 요원은 가동경력 **50%**

13 해양경찰 수사긴급배치규칙에 따라 비상해제 시, 긴급배치 발령권자가 차상급자에게 보고해야 하는 기간은?

① 1시간 이내   ② 6시간 이내
③ 12시간 이내   ④ 24시간 이내

【풀이】

- 비상해제 시는 **6시간** 이내 보고
- 긴급배치 **발령 시**에는 차상급자에게 **지체 없이** 보고

| 정답 | 12. ① 13. ② |

14 해양경찰청 수사본부 운영 규칙에 따라 수사본부 설치 대상 중요사건 기준으로 옳은 것은 모두 몇 개인가?

> ㉠ 살인, 강도, 강간, 약취유인, 방화사건
> ㉡ 5인 이상 상해 또는 업무상과실치사상 사건
> ㉢ 국가중요시설물 파괴 및 인명피해가 발생한 테러사건 또는 그러한 테러가 예상되는 사건
> ㉣ 집단 특수공무집행 방해사건
> ㉤ 선박의 충돌·침몰·도주사건
> ㉥ 기름 또는 유해물질 30㎘이상 해양오염사고
> ㉦ 사회적 이목을 집중시키거나 중대한 영향을 미칠 우려가 있는 사건

① 모두 옳다   ② 6개   ③ 5개   ④ 4개

【풀이】

- 모두 옳다
- 제2조(중요사건) 수사본부 설치 대상 중요사건은 상기 각 항목에 해당하고 중요하다고 인정되는 사건으로 한다.

| 정답 | 14. ① |

15 해양경찰청 수사본부 운영 규칙 상 '수사본부요원의 지원요청' 및 '계속수사'에 대한 설명으로 옳지 않은 것은?

① 본부장은 사건을 해결하지 못하고 수사본부를 해산할 경우에는 그 사건수사를 계속 담당하여야 할 해양경찰서장, 수사과장에게 관계서류, 증거물 등을 인계하고 수사 중 유의하여야 할 사항은 밝혀 주어야 한다.

② 수사본부에 파견된 요원은 본부장의 지시명령에 따라야 하며, 타기관 및 타 해양경찰관서로부터의 공조·제보사항은 성실하고 신속·정확하게 처리하여야 한다.

③ 수사한 결과 범인을 검거할 가망이 전혀 없는 사건은 지방해양경찰청장의 승인을 얻어 수사전담반 또는 수사담당자에 의한 특별수사를 생략할 수 있다.

④ 사건을 인계 받은 관할 해양경찰서장 또는 수사과장은 수사전담반으로 전환, 편성 운용하고, 필요성 감소 시 연 2회 이상 수사담당자를 지명하여 특별수사를 하여야 한다.

【풀이】

> ▪ 옳지 않음 ④ ~~연 2회 이상~~ ☞ 연 4회 이상 수사담당자를 지명하여 특별수사를 하여야 한다.

정답 | 15. ④

16 해양경찰청 전문수사관의 자격 요건으로 가장 옳지 않은 것은?

① 근무경력은 각 인증 분야가 속한 부서에서 전문수사관은 3년 이상, 전문수사관 매니저는 7년 이상 근무

② 죄종, 수사기법 등 전문수사관 인증분야는 최근 3년 이내 해양경찰교육원 및 외부 수사교육기관에서 주관하는 해당 분야의 전문교육과정을 이수

③ 수사 관련 학위 또는 전문자격증을 소지한 경우는 심사없이 전문교육과정을 이수한 것으로 인정할 수 있다.

④ 외부 수사교육기관의 해당 분야의 전문교육과정 이수, 관련 학위 및 전문자격증에 대한 인정범위는 해양경찰청장이 따로 정한다.

【풀이】

- **옳지 않음 ③ 심사 없어** ☞ **해양경찰청장의 심사를 거쳐** 전문교육과정을 이수한 것으로 인정할 수 있다.
- **전문수사관 매니저**는 "별표 3"에 따른 **추가 자격요건을** 충족하여야 한다.
  - ☞ **수사교수요원** 근무의 경우는 해양경찰교육원의 수사분야 교수요원으로 2년 이상 근무

정답 | 16. ③

17 『형사소송법』 상 즉시항고의 제기기간은?

① 5일   ② 7일

③ 10일   ④ 14일

【풀이】

> ■ 형사소송법 제405조(즉시항고의 제기기간) ; <u>최근 개정</u>
> ☞ <u>즉시항고의 제기기간은 7일</u> <개정 2019. 12. 31>

18 『형사소송법』 상 상소를 할 수 있는 사람은?

① 검사 또는 피고인   ② 판사 또는 고소인

③ 검사 또는 고발인   ④ 판사 또는 피고인

【풀이】

> ■ 형사소송법 제338조(상소권자)
> ☞ 검사 또는 피고인은 상소를 할 수 있다.

| 정답 | 17. ② 18. ① |

19 다음은 공소시효 기간에 대한 설명이다. 아래 1.의 괄호부터 7.의 괄호까지 순서대로 맞게 연결된 것은?

1. 사형에 해당하는 범죄 (　)년

2. 무기징역 또는 무기금고에 해당하는 범죄 (　)년

3. 장기 10년 이상의 징역 또는 금고에 해당하는 범죄 (　)년

4. 장기 10년 미만의 징역 또는 금고에 해당하는 범죄 (　)년

5. 장기 5년 미만의 징역 또는 금고, 장기 10년 이상의 자격정지 또는 벌금에 해당하는 범죄 (　)년

6. 장기 5년 이상의 자격정지에 해당하는 범죄 (　)년

7. 장기 5년 미만의 자격정지, 구류, 과료 또는 몰수에 해당하는 범죄 (　)년

① 25 - 15 - 10 - 7 - 5 - 3 - 1

② 25 - 10 - 7 - 5 - 3 - 2 - 1

③ 20 - 15 - 10 - 7 - 5 - 3 - 1

④ 20 - 10 - 7 - 5 - 3 - 2 - 1

【풀이】

■ 형사소송법 제249조(공소시효의 기간)
☞ 25 - 15 - 10 - 7 - 5 - 3 - 1(년)

| 정답 | 19. ① |

20

> 항소법원은 판결확정일로부터 (㉠) 이내에 소송기록과 증거물을 환송 또는 이송받을 법원에 송부하고, 항소법원에 대응하는 검찰청 검사에게 그 사실을 통지하여야 한다. 피고인이 교도소 또는 구치소에 있는 경우에는 항소법원에 대응한 검찰청 검사는 제1호의 통지를 받은 날로부터 (㉡) 이내에 피고인을 환송 또는 이송받을 법원소재지의 교도소나 구치소에 이감한다.

㉠, ㉡에 들어갈 기간이 적합한 것은?

① ㉠ 7일, ㉡ 10일

② ㉠ 10일, ㉡ 10일

③ ㉠ 10일, ㉡ 14일

④ ㉠ 7일, ㉡ 15일

【풀이】

- **형사소송규칙 제157조**(환송 또는 이송판결이 확정된 경우 소송기록 등의 송부) ☞ ㉠ 7일, ㉡ 10일

| 정답 | 20. ① |

21 해양경찰청 마약수사규칙 상 "마약류" 또는 "마약"으로 가장 옳지 않은 것은?

① 마약·향정신성의약품 및 대마
② 아편
③ 코카 관목[(灌木), 에리드록시론속(屬)의 모든 식물
④ 양귀비의 액즙(液汁)이 응결(凝結)된 것과 이를 의약품으로 가공한 것

【풀이】

- ④ 다만, **의약품으로 가공한 것은 제외**한다.
1. **"마약류"란 마약·향정신성의약품 및 대마를 말한다.**
2. **"마약"이란 다음 각 목의 어느 하나에 해당하는 것**
- **양귀비**: 양귀비과(科)의
파파베르 솜니페롬 엘(Papaver somniferum L.),
파파베르 세티게롬 디시(Papaver setigerum DC.)
또는 파파베르 브락테아툼(Papaver bracteatum)
- **아편**: 양귀비의 액즙(液汁)이 응결(凝結)된 것과
이를 가공한 것. 다만, 의약품으로 가공한 것은 제외한다.
- **코카 잎[엽]**: 코카 관목[(灌木): 에리드록시론속(屬)의
모든 식물을 말한다]의 잎. 다만, 엑고닌·코카인 및 엑고
닌 알칼로이드 성분이 모두 제거된 잎은 제외한다.
- 양귀비, 아편 또는 코카 잎에서 추출되는 **모든 알카로이드 및 그와 동일한 화학적 합성품**으로서 대통령령으로
정하는 것
※ 마약류 관리에 관한 법률 제2조

정답 21. ④

22 다음 중 방첩활동의 대상으로 가장 옳지 않은 것은?

① 간첩활동   ② 심리적 태업

③ 국가전복   ④ 비감청, 비첩보

【풀이】

- **방첩활동:** 물리적 태업, 유언비어 유포, 정부전복 등
  ☞ 비감청, 비첩보(x)
- **방첩:** 국가의 기밀이 새어나가는 것을 방지하고 자국 첩보활동의 비밀을 지키는 것과 관계되는 국가의 정보활동 방첩기능은 주로 방어와 방호 활동에 관련된 치안과 보안이다.
  ☞ **첩보수집:** 통상적으로 아래 수단을 통해 첩보를 수집
- OSINT(Open Source INTelligence): 언론매체, 정부자료, 논문 등 공개출처를 통한 정보수집
- HUMINT(HUMan INTelligence): 정보원(공작원), 협조자 등 인적 네트워크를 통한 정보수집
- TECHINT(TECHnical INTelligence): 감청 등 신호 분석을 통한 정보수집(SIGINT), 영상정보(IMINT)등 각종 기술수단을 통한 정보수집
- ELINT(ELectronic INTelligence): 레이다 등 첨단 전자장비를 이용하여 수집한 전자정보를 통한 수집
- COMINT(COMmuNIcaTion): 감청 등의 수단으로 통신의 내용을 파악하여 수집한 통신정보를 통한 수집

| 정답 | 22. ④ |

23 보안활동의 목적과 특징으로 보기 어려운 것은?

① 국가안전   ② 공공질서 유지

③ 공개성, 개방성   ④ 고도의 보안성

【풀이】

■ 비공개성이어야 한다.   ※ 공개성, 개방성(x)

24 정보의 요건으로 옳지 않은 것은?

① 완전성   ② 적시성

③ 정확성   ④ 주관성

【풀이】

■ 정보의 요건:
  완전성, 적시성, 정확성, **객관성**, 적실성
    ※ 주관성(x)

| 정답 | 23. ③   24. ④ |

25 외사(外事) 수사 시 유의사항으로 옳지 않은 것은?

① 반드시 국내법의 적용 우선원칙

② 외국인 체포 또는 구속 시, 영사관 통보

③ 감염병환자, 마약류중독자 여부

④ 통역인의 참여

【풀이】

■ **통상적으로 조약 및 법률우선원칙**이나 국내법 규정에 협약보다 더 강화된 규정이 있을 시 예외인 경우도 있다.

■ **출입국관리법 제11조(입국의 금지 등)**

1. 감염병환자, 마약류중독자, 그 밖에 공중위생상 위해를 끼칠 염려가 있다고 인정되는 사람

2. 「총포·도검·화약류 등의 안전관리에 관한 법률」에서 정하는 총포·도검·화약류 등을 위법하게 가지고 입국하려는 사람

3. 대한민국의 이익이나 공공의 안전을 해치는 행동을 할 염려가 있다고 인정할 만한 상당한 이유가 있는 사람

4. 경제질서 또는 사회질서를 해치거나 선량한 풍속을 해치는 행동을 할 염려가 있다고 인정할 만한 상당한 이유가 있는 사람

5. 사리 분별력이 없고 국내에서 체류활동을 보조할 사람이 없는 정신장애인, 국내체류비용을 부담할 능력이 없는 사람, 그 밖에 구호(救護)가 필요한 사람

6. 강제퇴거명령을 받고 출국한 후 5년이 지나지 아니한 사람

7. 1910년 8월 29일부터 1945년 8월 15일까지 사이에 다음 각 목의 어느 하나에 해당하는 정부의 지시를 받거나 그 정부와 연계하여 인종, 민족, 종교, 국적, 정치적 견해 등을 이유로 사람을 학살·학대하는 일에 관여한 사람

　　가. 일본 정부

　　나. 일본 정부와 동맹 관계에 있던 정부

　　다. 일본 정부의 우월한 힘이 미치던 정부

정답   25. ①

26 법무부장관은 다음 ㉠~㉣ 중 어느 하나에 해당하는 국민에 대하여는 6개월 이내의 기간을 정하여 "출국 금지" 할 수 있다. 옳은 것은 모두 몇 개인가?

> ㉠ 형사재판에 계속(係屬) 중인 사람
> ㉡ 징역형이나 금고형의 집행이 끝나지 아니한 사람
> ㉢ 대통령령으로 정하는 금액 이상의 벌금이나 추징금을 내지 아니한 사람
> ㉣ 대통령령으로 정하는 금액 이상의 국세·관세 또는 지방세를 정당한 사유 없이 그 납부기한까지 내지 아니한 사람

① 1개   ② 2개   ③ 3개   ④ 4개

【풀이】 모두 옳다.

> ■ 출입국관리법 제4조(출국의 금지) 법무부장관이 6개월 이내의 기간을 정하여 출국을 금지할 수 있는 경우
> 1. 형사재판에 계속(係屬) 중인 사람
> 2. 징역형이나 금고형의 집행이 끝나지 아니한 사람
> 3. 대통령령으로 정하는 금액 이상의 벌금이나 추징금을 내지 아니한 사람
> 4. 대통령령으로 정하는 금액 이상의 국세·관세 또는 지방세를 정당한 사유 없이 그 납부기한까지 내지 아니한 사람
> 5. 그 밖에 제1호부터 제4호까지의 규정에 준하는 사람으로서 대한민국의 이익이나 공공의 안전 또는 경제질서를 해칠 우려가 있어 그 출국이 적당하지 아니하다고 법무부령으로 정하는 사람

| 정답 | 26. ④ |

■ **출입국관리법 시행령 제1조의3(벌금 등의 미납에 따른 출국금지 기준)**

◈ **벌금이나 추징금을 내지 아니한 사람의 기준**
  1. 벌금: 1천만원
  2. 추징금: 2천만원

◈ **국세·관세 또는 지방세를 정당한 사유 없이 그 납부기한까지 내지 아니한 사람의 기준**
  1. 국세: 5천만원
  2. 관세: 5천만원
  3. 지방세: 3천만원

27 다음 중 (㉠)에 옳은 기간은?

법무부장관은 범죄 수사를 위하여 출국이 적당하지 아니하다고 인정되는 사람에 대하여는 (㉠) 이내의 기간을 정하여 출국을 금지할 수 있다. 다만, 다음 각 호에 해당하는 사람은 그 호에서 정한 기간으로 한다.

  1. 소재를 알 수 없어 기소중지결정이 된 사람 또는 도주 등 특별한 사유가 있어 수사진행이 어려운 사람: 3개월 이내
  2. 기소중지결정이 된 경우로서 체포영장 또는 구속영장이 발부된 사람: 영장 유효기간 이내

① 1개월   ② 3개월   ③ 6개월   ④ 12개월

【풀이】

■ **출입국관리법 제4조(출국의 금지) 1개월 이내의 기간**

| 정답 | 27. ① |

■ 출국의 금지

근거: 출입국관리법 제4조(출국의 금지) 제2항

② 법무부장관은 범죄 수사를 위하여 출국이 적당하지 아니하다고 인정되는 사람에 대하여는 **1개월 이내의 기간을 정하여 출국을 금지**할 수 있다. 다만, 다음 각 호에 해당하는 사람은 그 호에서 정한 기간으로 한다. <신설 2011. 7. 18.>
1. 소재를 알 수 없어 기소중지결정이 된 사람 또는 도주 등 특별한 사유가 있어 수사진행이 어려운 사람: 3개월 이내
2. 기소중지결정이 된 경우로서 체포영장 또는 구속영장이 발부된 사람: 영장 유효기간 이내

---

28 인터폴에 대한 설명으로 가장 옳지 않은 것은?

① 국제 수사기관이다.

② 일반범죄만 취급하고 정치, 군사, 인종, 종교적 문제 관련사항은 엄격히 제한하고 있다.

③ 집행위원회는 13명의 위원으로 구성한다.

④ 사무총국의 사무총장의 임기는 5년이다.

【풀이】

> ■ **1923년 20개국의 대표가 모여 설립**, 국제 범죄에 대응하여 협력을 꾀하기 위한 **국제형사경찰기구(International Criminal Police Organization)** ☞ 국제 수사기관은 아니다.

| 정답 | 28. ① |

29 다음 중 정보의 일반적 특성으로 옳지 않은 것은?

① 다양성 　　　　　　　　② 변화성, 독립성

③ 단순성 　　　　　　　　④ 무한가치성, 비이전성

【풀이】

> ■ **옳지 않음** ③ 단순성
> ☞ **다양성**(정보는 제학문의 이론과 실제가 다양하게 종합적으로 운용되어지는 종합과학기술을 동원해야 그 가치가 나타남)
> ☞ **변화성**(사용자에 따른 중요도의 차이, 시간에 다른 가치의 체감)
> ☞ **무한가치성**(필요한 누구에게나 가치를 가짐)
> ☞ **비이전성**(다른 사람에게 이전되어도 그 가치는 그대로 남음)

30 레이다 등 첨단 전자장비를 이용하여 수집한 전자 정보를 통한 정보수집활동의 유형은?

① OSINT 　　② COMINT 　　③ HUMINT 　　④ ELINT

【풀이】

> ④ ELINT(ELectronic INTelligence)이다.
>
> - **OSINT**: 언론매체, 정부자료, 논문 등 공개출처를 통한 정보수집
> - **COMINT**: 감청 등의 수단으로 통신의 내용을 파악하여 수집한 통신정보를 통한 수집
> - **HUMINT**: 정보원(공작원), 협조자 등 인적 네트워크를 통한 정보수집

정답	29. ③ 　 30. ④

31 경찰관이 공·사(公·私)생활을 통해 보고 들은 국내·외의 정치·경제·사회·문화 등 제분야에 관한 보고자료로 수집·생산한 보고서는?

① 정보 상황 보고서
② 정보 보고서
③ 견문 수집 보고서
④ 정책 수집 보고서

【풀이】

- 오관의 작용을 통해 근무 및 일상생활 중 지득한 제 견문을 신속 정확하게 수집·생산

32 "고발"에 관한 규정으로 옳지 않은 것은?

① 고발은 피해 당사자가 검사 또는 사법경찰관에게 신고하여 범인의 처벌을 요구한다.
② 공무원은 그 직무를 행함에 있어 범죄가 있다고 사료하는 때에는 고발하여야 한다.
③ 고발은 서면 또는 구술로써 검사 또는 사법경찰관에게 하여야 한다.
④ 검사 또는 사법경찰관이 구술에 의한 고소 또는 고발을 받은 때에는 조서를 작성하여야 한다.

【풀이】 ①은 **고소**에 대한 설명이다.

- **형사소송법 제234조(고발)**
☞ **누구든지** 범죄가 있다고 사료하는 때에는 **고발할 수 있다.** / 피해 **당사자**가 **검사 또는 사법경찰관**에게 신고하여 범인의 **처벌을 요구**하는 것은 **고소**이다.

| 정답 | 31. ③ | 32. ① |

33 해양경찰청 범죄수사규칙에 따라 경찰관이 고소·고발을 수리하지 않고 반려할 수 있는 경우로 옳지 않은 것은?

① 공소시효가 미완성된 사건

② 고소·고발사실이 범죄를 구성하지 않을 경우

③ 동일한 사안에 대하여 이미 법원의 판결이나 수사기관의 처분이 존재하여 다시 수사할 가치가 없다고 인정되는 사건. 다만, 고소·고발인이 새로운 증거가 발견된 사실을 소명한 때에는 예외로 한다.

④ 피의자가 사망하였거나 피의자인 법인이 존속하지 않게 되었음에도 고소·고발된 사건

【풀이】

■ **옳지 않음** ① 공소시효가 **미완성된** 사건 ☞ 공소시효가 **완성**된 사건

■ **해양경찰청 범죄수사규칙** 제63조(고소·고발의 접수)

고소·고발은 관할여부를 불문하고 접수하여야 한다.

단, 「사건의 관할 및 관할사건수사에 관한 규칙」 제5조에 규정된 **관할권이 없어 계속 수사가 어려운 경우**에는 제209조에 따라 **책임수사가 가능한 관서로 인계**하여야 한다.

| 정답 | 33. ① |

34

> 누구든지 자기나 (A)에 해당한 관계 있는 자가 형사
> 소추 또는 공소제기를 당하거나 유죄판결을 받을 사실
> 이 발로될 염려 있는 증언을 거부할 수 있다.

(A)에 관한 규정으로 가장 옳지 않은 것은?

① 법정대리인

② 후견감독인

③ 8촌 이내의 혈족과 8촌 이내의 인척

④ 친족 또는 친족관계가 있었던 자

【풀이】

> ■ **형사소송법 제148조(근친자의 형사책임과 증언거부)**
> 누구든지 자기나 다음 각 호의 1에 해당한 관계 있는 자
> 가 형사소추 또는 공소제기를 당하거나 유죄판결을 받을
> 사실이 발로될 염려 있는 증언을 거부할 수 있다.
> 1. 친족 또는 친족관계가 있었던 자
> 2. 법정대리인, 후견감독인
> ※ **친족**: 민법 777조에 의거 **8촌 이내의 혈족, 4촌 이내
> 의 인척, 배우자**를 친족으로 규정하고 있다.

| 정답 | 34. ③ |

35 해양경찰청 수사긴급배치규칙에 관한 규정으로 옳지 않은 것은?

① 긴급배치를 사건발생지 관할해양경찰서 또는 인접 해양경찰서에 시행할 경우는 지방해양경찰청장이 발령한다.

② 긴급배치를 사건발생지 지방해양경찰청의 전 해양경찰서 또는 인접 지방해양경찰청에 시행할 경우는 발생지 지방해양경찰청장이 발령한다.

③ 전국적인 긴급배치는 해양경찰청장이 발령한다.

④ 2개 이상의 해양경찰서 또는 지방해양경찰청에 긴급배치를 발령을 할 경우, 발령권자는 긴급배치 수배사항을 관련 해양경찰서에 통보를 하여야 하며, 통보를 받은 해당 해양경찰서장은 지체없이 긴급배치를 하여야 한다.

【풀이】

■긴급배치를 사건발생지 관할해양경찰서 또는 인접 해양경찰서에 시행할 경우는 **발생지 관할 해양경찰서장**이 발령한다.

| 정답 | 35. ① |

36 "압수"에 관한 규정으로 옳지 않은 것은?

① 법원은 필요한 때에는 피고사건과 관계가 있다고 인정할 수 있는 것에 한정하여 증거물 또는 몰수할 것으로 사료하는 물건을 압수할 수 있다.

② 법원은 압수할 물건을 지정하여 소유자, 소지자 또는 보관자에게 제출을 명할 수 있다.

③ 법원은 압수의 목적물이 컴퓨터용디스크, 그 밖에 이와 비슷한 정보저장매체인 경우에는 기억된 정보의 범위를 정하여 출력하거나 복제하여 제출받아야 한다.

④ 범위를 정하여 출력 또는 복제하는 방법이 불가능하거나 압수의 목적을 달성하기에 현저히 곤란하다고 인정되는 때에도 정보저장매체등의 압수는 개인정보보호로 불가하다.

【풀이】

■ 형사소송법 제106조(압수) ☞ 압수의 목적을 달성하기에 현저히 곤란하다고 인정되는 때에는 정보저장매체등을 압수할 수 있다.

정답 | 36. ④

37 지방해양경찰청장의 수사본부 해산요건으로 옳게 짝 지어진 것은?

> ㉠ 범인을 검거하였을 때
> ㉡ 오랜 기간 수사했으나 사건해결의 전망이 없을 때
> ㉢ 특별수사를 계속할 필요가 없게 되었을 때
> ㉣ 수사본부를 해산하였을 때는 각 해양경찰서장, 기타 관련 기관장에게 해산사실 및 사유를 알려야 한다.
> ㉤ 수사본부장은 수사본부를 해산하기 전, 특별한 경우를 제외하고는 수사본부관계자를 소집하여 수사검토회의를 열고 수사실행 경과를 반성 검토하여야 한다.

① ㉠ ㉡   ② ㉠ ㉡ ㉢

③ ㉠ ㉡ ㉢ ㉤   ④ ㉠ ㉡ ㉢ ㉣ ㉤

【풀이】

- ④ ㉠ ㉡ ㉢ ㉣ ㉤ <u>모두 옳다.</u>

정답   37. ④

38   다음의 내용은 무엇에 관한 설명인가?

> 피의자의 소재 불명, 해외여행, 심신 상실, 질병 등의 사유로 인하여 수사를 종결할 수 없는 경우에 그 사유가 해소될 때까지 행하는 중간 처분

① 공소보류   ② 참고인 중지

③ 기소유예   ④ 기소중지

【풀이】

- 위는 **기소중지**에 대한 설명이다.

- **기소유예**: 피의사건에 대하여 범죄의 혐의가 인정되고 소송 조건이 구비되었으나 범인의 연령, 성행, 지능과 환경, 피해자에 대한 관계, 범행의 동기, 범행 후의 정황 등을 참작하여 공소를 제기하지 아니하는 불기소처분

- **공소보류**: 검사가 국가 보안법을 위반한 자에 대하여 범인의 연령 성행 지능과 환경, 피해자와의 관계, 범행의 동기 및 수단과 결과, 범행 후의 정황 등을 참작해 공소 제기를 보류하는 것

- **참고인 중지**: 참고인의 소재를 파악할 수 없는 것 등의 이유로 검사가 참고인의 진술을 듣기 어려울 경우에 내리는 처분.

- **형사소송법 제200조의2(영장에 의한 체포)**: 체포한 피의자를 구속하고자 할 때에는 체포한 때부터 **48시간 이내에 구속영장을 청구**하여야 하고, 그 기간 내에 구속영장을 청구하지 아니하는 때에는 피의자를 즉시 석방하여야 한다.

| 정답 | 38. ④ |

39 불기소처분 중 "죄가 안 됨" 사유로 가장 옳은 것은?

① 기소중지인 경우

② 범죄혐의가 있는 경우

③ 정당방위인 경우

④ 공소권이 있는 경우

【풀이】

- ③ 정당방위인 경우

40 지명 수배, 고발 등에 관한 규정으로 옳지 않은 것은?

① 구속영장을 청구하지 않거나 발부받지 못하여 긴급체포되었다가 석방된 소재불명 지명수배자는 지명통보할 수 있다.

② 해양경찰청장은 지명수배 통보 후 3개월이 경과하여도 검거하지 못한 지명피의자에 대해 종합공개수배할 수 있다.

③ 고발은 서면 또는 구술로써 검사 또는 사법경찰관에게 하여야 한다.

④ 고발은 당사자가 아닌 제3자가 검사 또는 사법경찰관에게 신고하여 범인의 처벌을 요구하는 것이다.

【풀이】

- ② 지명수배 통보 후 **6개월**이 옳다.

| 정답 | 39. ③ | 40. ② |

41 다음 중 UN해양법협약과 기국주의, 추적권에 대한 설명으로 옳은 것은 모두 몇 개인가?

> ㉠ 추적권은 공해상의 선박에 대해서는 기국이 관할권을 갖는다는 기국주의 원칙에 대한 중요한 예외의 하나이다.
>
> ㉡ 미국 해안경비대는 공해상에서 해양에 기름을 유출시킨 선박을 UN해양법협약에 따라 정지 조치하고 검색하였다.
>
> ㉢ 연안국은 자국의 법령을 위반했다고 믿을만한 충분한 이유가 있는 경우 외국선박을 공해상에까지 추적하여 나포할 수 있는 추적권을 행사할 수 있다.
>
> ㉣ 대한민국 해양경찰청 함정은 공해상에서 해양에 기름을 유출시킨 선박을 발견하고 기국주의 원칙에 따라 그 사실을 관할권을 가진 기국(旗國)에 통보하였다.

① 3개 　　② 2개 　　③ 1개 　　④ 0개

【풀이】

> ■ **옳은 것은** ☞ ㉠, ㉢, ㉣ **(3개)**
> ■ **옳지 않음** ☞ ㉡, 선박을 정지, 검색불가하며 기름을 유출사실을 기국주의 원칙에 따라 그 사실을 관할권을 가진 기국(旗國)에 통보해야 한다.

| 정답 | 41. ① |

《해양오염 방제》

01 해양환경관리법 제1조(목적)의 내용이 아닌 것은?

① 해양오염물질을 발생시키는 발생원을 관리

② 기름 등 해양오염물질의 배출을 규제

③ 어업인의 오염피해 예방과 수산자원 보호

④ 해양오염을 예방, 개선, 대응, 복원

【풀이】

> ■ **(목적)** 선박, 해양시설, 해양공간 등 해양오염물질을 발생시키는 발생원을 관리하고, 기름 및 유해액체물질 등 해양오염물질의 배출을 규제하는 등 해양오염을 예방, 개선, 대응, 복원하는 데 필요한 사항을 정함으로써
>
> - 국민의 건강과 재산을 보호하는 데 이바지함 -

정답	01. ③

2007년 「해양환경관리법」 제정 이유

◆ **해양 분야 환경정책을 종합적·체계적 추진할 수 있는 법적근거 마련**

☞ 환경 친화적 해양자원의 지속가능한 이용·개발을 도모, 해양환경의 효과적인 보전·관리를 위하여 **국가 차원의 해양환경종합계획**을 수립·시행 ☞ 해양에 유입되거나 해양에서 발생되는 **각종 오염원을 통합관리**

☞ **한국해양오염방제조합**을 **해양환경공단(현재)으로 확대·개편**

☞ 해양환경의 훼손 또는 해양오염을 방지하고, **깨끗하고 안전한 해양환경을 조성**하는 데 기여

02 『해양환경관리법』의 주요 골자 및 개정 사항과 거리가 먼 것은?

① 해양환경의 종합관리를 위한 기본체계 마련
② 긴급방제조치 업무는 해양수산부차관이 지도·감독
③ 해양환경 측정·분석기관에 대한 관리 강화
④ 해역이용을 위한 허가 시, 해역이용협의

【풀이】

■ 긴급방제조치 업무는 **해양경찰청장**이 지도·감독
□ 『해양환경관리법』[시행 2008.1.20.] [법률 제8260호, 2007.1.19., 제정] 제정당시 주요 골자 및 그 후 개정
  ◎ 해양환경의 종합관리를 위한 기본체계 마련
    ▶ (개정) 제1조(목적), 제2조(용어의 정의)
  ◎ 해양환경 측정·분석기관에 대한 관리 강화
    ▶ (개정)제12조의2(정도관리기준)
  ◎ 잔류성 유기오염물질에 대한 조치(법 제39조)
    ▶ (개정) '잔류성 유기오염물질'을 '잔류성오염물질(殘留性汚染物質)'으로 변경
  ◎ 국가긴급방제계획의 수립·시행 등(법 제61조)
  ◎ 해역이용협의
  ◎ 해양환경관리공단의 설립 등
    ▶ **(개정) '해양환경공단'으로 명칭 변경, 긴급방제조치에 필요한 업무는 해양경찰청장이 지도·감독 가능**
□ 『해양환경관리법』 소관부서는 해양수산부

정답 | 02. ②

03

> (Ⓐ)이라 함은 해양에 유입 또는 해양으로 배출되어
> 해양환경에 해로운 결과를 미치거나 미칠 우려가 있는
> 폐기물·기름·유해액체물질 및 포장유해물질을 말한다.

(Ⓐ)에 들어갈 적합한 용어는?

① 해양오염   ② 오염물질

③ 유해물질   ④ 폐기물

【풀이】

- **"오염물질"**을 말한다.

- **"해양오염"**이란 「해양환경 보전 및 활용에 관한 법률」
  제2조제3호에 따른 해양오염을 말한다.

☞ *(주의) 해양환경관리법 제2조 용어의 정의 중
  "해양오염"과 "오염물질"을 구별*

정답 | 03. ②

04 "선박에너지효율설계지수"에 대한 올바른 설명은?

① 선박이 화물운송과 관련하여 사용한 에너지량을 이산화탄소 발생비율로 나타낸 것

② 1톤의 화물을 1해리 운송할 때 배출되는 이산화탄소량을 계산한 선박에너지효율을 나타내는 지표

③ 탄화수소류 중 기름 및 유해액체물질의 지수

④ 오존층파괴물질, 휘발성유기화합물의 지수

【풀이】

- **"선박에너지효율"**
  선박이 화물운송과 관련하여 사용한 에너지량을 이산화탄소 발생비율로 나타낸 것을 말한다.

- **"선박에너지효율설계지수"**
  1톤의 화물을 1해리 운송할 때 배출되는 이산화탄소량을 해양수산부장관이 정하여 고시하는 방법에 따라 계산한 선박에너지효율을 나타내는 지표를 말한다.

정답 | 04. ②

05   "선저폐수(船底廢水)"에 대한 정확한 설명은?

① 선박 내의 오존층파괴물질, 휘발성유기화합물

② 선박에서 발생된 폐수와 폐기물

③ 선박의 밑바닥에 고인 깨끗한 물

④ 선박의 밑바닥에 고인 액상유성혼합물

【풀이】

- 선박의 밑바닥에 고인 **액상유성혼합물**을 말한다.

06   "항만관리청"에 관한 내용과 옳지 않은 것은?

① 「어촌·어항법」 제35조의 어항관리청

② 「수산업법」에 따른 어촌계

③ 「항만공사법」에 따른 항만공사

④ 「항만법」 제20조의 관리청

【풀이】

- 옳지 않음 ② **어촌계**는 「**수산업협동조합법**」에 의해 지구별 수산업협동조합의 조합원을 계원으로 하여 행정구역 및 경제권을 등을 중심으로 설립된 어업인단체이다.

| 정답 | 05. ④   06. ② |

07 법정용어에 대한 설명 중 옳지 않은 것은?

① "해양시설"이라 함은 해역의 안 또는 해역과 육지 사이에 연속하여 설치·배치하거나 투입되는 시설 또는 구조물로서 해양수산부령이 정하는 것
② "선저폐수(船底廢水)"라 함은 선박의 밑바닥에 고인 액상 유성혼합물
③ "항만관리청"이란 「해양환경 보전 및 활용에 관한 법률」 제2조제8호에 따른 해역관리청을 말한다.
④ "선박에너지효율"이란 선박이 화물운송과 관련하여 사용한 에너지량을 이산화탄소 발생비율로 나타낸 것

【풀이】

■ "해역관리청"이란 「해양환경 보전 및 활용에 관한 법률」 제2조제8호에 따른 해역관리청을 말한다.
「해양환경 보전 및 활용에 관한 법률」 제2조제8호
관할해역의 해양환경개선, 해양오염방지활동 등 해양환경관리업무를 수행하는 행정관청으로 다음 각 목에 해당하는 자가 된다.
가. 「영해 및 접속수역법」에 따른 영해, 내수 및 대통령령으로 정하는 해역은 해당 **광역시장·도지사 및 특별자치도지사**
나. 「배타적 경제수역 및 대륙붕에 관한 법률」 제2조에 따른 배타적 경제수역, 대통령령으로 정하는 해역 및 항만 안의 해역은 **해양수산부장관**

정답 | 07. ③

08 "선박에너지효율설계지수"란 (Ⓐ)의 화물을 (Ⓑ)운송할 때 배출되는 이산화탄소량을 해양수산부장관이 정하여 고시하는 방법에 따라 계산한 선박에너지효율을 나타내는 지표를 말한다.

Ⓐ, Ⓑ에 가장 적합한 것은?

① Ⓐ 1톤, Ⓑ 1해리   ② Ⓐ 2톤, Ⓑ 2해리

③ Ⓐ 1톤, Ⓑ 1km   ④ Ⓐ 1톤, Ⓑ10km

【풀이】

■ **1톤**의 화물을 **1해리** 운송할 때 배출되는 이산화탄소량

09 다음 중 특별관리해역이 아닌 것은?

① 부산연안, 울산연안   ② 광양만

③ 마산만   ④ 가막만, 득량만

【풀이】

④ 가막만, 득량만은 **환경보전해역**이다.

환경 보전 해역	- 자연환경보전지역 중 수산자원의 보호·육성을 위하여 필요한 용도지역으로 지정된 해역 - 해양환경 및 생태계의 보존이 양호한 곳으로서 지속적인 보전이 필요한 해역	가막만, 득량만, 완도·도암만, 함평만
특별 관리 해역	- 해양환경기준의 유지가 곤란한 해역 또는 해양환경 및 생태계의 보전에 현저한 장애가 있거나 장애가 발생할 우려가 있는 해역 (해양오염에 직접 영향을 미치는 육지를 포함)	부산연안, 울산연안, 광양만, 마산만

정답 08. ① 09. ④

10

해양시설 오염비상계획서의 중요한 사항을 변경하려는 경우에는 해양시설오염비상계획서를 변경 작성하여 (㉠)의 검인을 받은 후 이를 그 해양시설 또는 해양시설의 소유자의 사무실에 비치한다.

(㉠)에 가장 적합한 것은?

① 항만공사사장　　　　　② 해양경찰청장

③ 지방해양수산청장　　　④ 해양수산부장관

【풀이】

- 중요한 사항의 변경은 **해양경찰청장**의 검인

11 선박오염물질기록부의 보존기간과 장소는?

① 최초기재를 한 날부터 3년, 선박 내
② 최초기재를 한 날부터 2년, 선박 소속 사무실
③ 최종기재를 한 날부터 3년, 선박 내
④ 최종기재를 한 날부터 2년, 선박 소속 사무실

【풀이】

- **최종기재를** 한 날부터 **3년간 선박 내** 보관한다.

정답　10. ②　11. ③

12

> 해양환경 및 해양오염과 관련하여 국제적으로 발효된 국제협약에서 정하는 기준과 해양환경관리법에서 규정하는 내용이 다른 때에는 Ⓐ의 효력을 우선한다. 다만, 이 법의 규정내용이 국제협약의 기준보다 Ⓑ된 기준을 포함하는 때에는 그러하지 아니하다.

Ⓐ, Ⓑ에 가장 적합한 것은?

① Ⓐ 국제협약, Ⓑ 약화

② Ⓐ 국제협약, Ⓑ 강화

③ Ⓐ 국내 환경법, Ⓑ 강화

④ Ⓐ 국내 환경법, Ⓑ 약화

【풀이】

> ■ **해양환경관리법 제4조(국제협약과의 관계)** 해양환경 및 해양오염과 관련하여 국제적으로 발효된 국제협약에서 정하는 기준과 **해양환경관리법**에서 규정하는 내용이 다른 때에는 **국제협약**의 효력을 우선한다.
>
> ■ 다만, 이 법의 규정내용이 국제협약의 기준보다 **강화된 기준**을 포함하는 때에는 그러하지 아니하다.

정답 | 12. ②

13 해양환경감시원운영 규칙 상 감시원의 자격 및 임명규정에 따른 해양환경감시원증의 발급권자는?

① 지방해양수산청장

② 지방해양경찰청장

③ 지방환경청장

④ 해양경찰서장

【풀이】

> ■ 제3조(감시원의 자격 및 임명)
>
> ① **해양경찰서장**은 그 소속 공무원 중에서 「해양환경관리법」 시행령 제90조제1항 각 호의 어느 하나에 해당하는 자를 감시원으로 임명한다.
>
> ② 삭제
>
> ③ **해양경찰서장**은 제1항의 규정에 의한 감시원을 임명할 때에는 소속 공무원의 자격 및 경력을 확인 후 적합한 자에게 법 시행규칙 별지 제74호서식에 따라 **해양환경감시원증을 발급**한다.
>
> ④ 제3항의 규정에 따라 감시원증을 발급할 때에는 별지 제1호서식의 해양환경감시원 임명증 발급대장을 비치하고 기록 유지하여야 한다.

정답 | 13. ④

14 해양환경감시원운영 규칙 상 "선외검사"의 정의는?

① 선박·해양시설등에 출입하여 기름 등 폐기물의 인도·인수증 등 관계서류 또는 그 밖에 해양오염 감시에 관한 사항을 지도·검사하는 것

② 부두안벽에 계류되어 있는 선박 또는 해양시설에서의 오염물질 배출여부를 확인조사하는 것

③ 방제정 및 함정 등으로 정박 또는 항해중인 선박의 주변을 순회하면서 오염물질의 배출여부를 점검하는 것

④ 해양오염방제업·유창청소업자가 운영하는 시설 등에 출입하여 오염물질 배출감시 및 방지 설비·시설의 적정운영에 관한 사항을 지도·검사하는 것

【풀이】 ③ "선외검사"의 정의

> ■ **"출입검사"**라 함은 해양환경감시원이 선박·해양시설 또는 해양오염방제업·유창청소업자가 운영하는 시설 등에 출입하여 오염물질 배출감시 및 방지 설비·시설의 적정운영, 기름 등 폐기물의 인도·인수증 등 관계서류 또는 그 밖에 해양오염 감시에 관한 사항을 지도·검사하는 것
> ■ **"부두순찰검사"**라 함은 부두순찰을 통하여 부두안벽에 계류되어 있는 선박 또는 해양시설에서의 오염물질 배출 여부를 확인조사 하는 것

정답 | 14. ③

15

선박으로부터 기름을 배출하는 경우 배출액 중의 기름 성분이 (Ⓐ) 이하로 배출하고 「해저광물자원개발법」에 따른 해저광물(석유 및 천연가스에 한함)의 탐사·채취과정에서 발생된 생산수의 경우에는 기름성분이 (Ⓑ) 이하에 해당하여야 한다.

Ⓐ, Ⓑ에 가장 적합한 것은?

① Ⓐ 15ppm, Ⓑ 15ppm   ② Ⓐ 15ppm, Ⓑ 40ppm

③ Ⓐ 5ppm, Ⓑ 15ppm   ④ Ⓐ 5ppm, Ⓑ 40ppm

【풀이】

■ 선박으로부터 기름을 배출하는 경우

1) 선박(시추선 및 플랫폼을 제외)이 항행 중에 배출할 것

2) 배출액 중의 기름성분이 100만분의 15 이하일 것(15 ppm 이하).

※ 다만,「해저광물자원개발법」에 따른 해저광물(석유 및 천연가스에 한함)의 탐사·채취과정에서 발생된 생산수의 경우에는 기름성분이 100만분의 40 이하(40ppm 이하)

정답 | 15. ②

16 X류 물질, Y류 물질, Z류 물질, 잠정평가물질의 잔유물 또는 이들 물질을 함유하는 선박평형수, 탱크세정수, 그 밖의 이들 혼합물을 해양에 배출기준으로 틀린 것은?

① 자항선은 7노트 이상의 속력으로 항해 중 배출

② 영해기선으로부터 12해리 떨어진 장소에서 배출

③ 수심 15m 이상의 장소에서 배출

④ 수면하 배출구를 통하여 설계된 최대 배출율 이하 배출

【풀이】

③ <u>수심 15m</u> 이상의 장소에서 배출 ☞ <u>수심 25m</u>
■ 자항선은 **7노트 이상**, 비 자항선은 **4노트 이상**의 속력으로 항해 중, 수면하 배출구를 통하여 설계된 최대 배출율 이하로 배출할 것, **영해기선**으로부터 **12해리** 떨어진 **수심 25m** 이상의 장소에서 **배출**
■ **유해액체물질의 분류**(선박에서의 오염방지에 관한 규칙 제3조)
- X류 물질: 해양에 배출되는 경우 해양자원 또는 인간의 건강에 심각한 해를 끼치는 것으로서 해양배출을 금지
- Y류 물질: 해양에 배출되는 경우 해양자원 또는 인간의 건강에 해를 끼치거나 해양의 쾌적성 또는 해양의 적합한 이용에 해를 끼치는 것으로서 해양배출을 제한
- Z류 물질: 해양에 배출되는 경우 해양자원 또는 인간의 건강에 경미한 해를 끼치는 것으로서 해양배출을 일부 제한
- **기타(OS)물질**: 국제코드(IBC Code) 18장 OS(기타물질)
- **잠정평가물질**: 위와 같이 분류되어 있지 아니한 액체물질

정답 | 16. ③

17

> (Ⓐ)은 오염물질이 해양에 배출될 우려가 있거나 배출되는 경우를 대비하여 대통령령이 정하는 바에 따라 해양오염의 사전예방 또는 방제에 관한 국가긴급방제계획을 수립·시행하여야 한다.
> 이 경우 (Ⓐ)은 미리 (Ⓑ)의 의견을 들어야 한다.

(Ⓐ), (Ⓑ)에 가장 적합한 것은?

① Ⓐ 해양수산부장관, Ⓑ 해양경찰청장

② Ⓐ 해양경찰청장, Ⓑ 해양수산부장관

③ Ⓐ 해양수산부장관, Ⓑ 관할 시도지사

④ Ⓐ 해양경찰청장, Ⓑ 관할 시도지사

【풀이】

- **해양환경관리법 제61조**(국가긴급방제계획의 수립·시행)
  ☞ **해양경찰청장**은 해양수산부령으로 정하는 오염물질이 해양에 배출될 우려가 있거나 배출되는 경우를 대비하여 대통령령이 정하는 바에 따라 해양오염의 사전예방 또는 방제에 관한 국가긴급방제계획을 수립·시행하여야 한다. 이 경우 **해양경찰청장**은 미리 **해양수산부장관**의 의견을 들어야 한다.
  ☞ 국가긴급방제계획은 「해양수산발전 기본법」에 따른 **해양수산발전위원회의 심의를 거쳐 확정**한다.

정답 | 17. ②

18 선박 또는 해양시설등에서 발생하는 오염물질을 해양에 배출할 수 있는 경우의 설명 중 옳지 않은 것은?

① 선박 또는 해양시설등의 안전확보나 인명구조를 위하여 부득이하게 오염물질을 배출하는 경우

② 선박 또는 해양시설등에서 기기 조작 미숙, 부주의 등으로 오염물질을 배출하는 경우

③ 선박 또는 해양시설등의 오염사고에 있어 해양수산부령이 정하는 방법에 따라 오염피해를 최소화하는 과정에서 부득이하게 오염물질이 배출되는 경우

④ 선박 또는 해양시설등의 손상 등으로 인하여 부득이하게 오염물질이 배출되는 경우

【풀이】

■ 선박 또는 해양시설 오염물질을 배출할 수 있는 경우

1. 선박 또는 해양시설등의 안전확보나 인명구조를 위하여 부득이하게 오염물질을 배출하는 경우
2. 선박 또는 해양시설등의 손상 등으로 인하여 부득이하게 오염물질이 배출되는 경우
3. 선박 또는 해양시설등의 오염사고에 있어 해양수산부령이 정하는 방법에 따라 오염피해를 최소화하는 과정에서 부득이하게 오염물질이 배출되는 경우

정답 18. ②

19 선박 등의 분뇨오염방지설비의 설치기준 중 틀린 것은?

① 총톤수 400톤 이상의 선박

② 수상레저기구 승선정원이 16명 이상인 선박

③ 어선검사증서상 최대승선인원이 15명 이상인 선박

④ 승선인원이 16명 이상인 군함과 경찰용 선박

【풀이】

■ 선박에서의 오염방지에 관한 규칙 제14조(분뇨오염방지설비의 대상선박·종류 및 설치기준)

1. 총톤수 400톤 이상의 선박(선박검사증서상 최대승선인원이 16인 미만인 부선은 제외한다)
2. 선박검사증서 또는 **어선검사증서상 최대승선인원이 16명 이상**인 선박
3. 수상레저기구 안전검사증에 따른 승선정원이 16명 이상인 선박
4. 소속 부대의 장 또는 경찰관서·해양경찰관서의 장이 정한 승선인원이 16명 이상인 군함과 경찰용 선박

| 정답 | 19. ③ |

20 해양환경감시원운영 규칙 상 해양환경감시원의 직무로 가장 옳지 않은 것은?

① 해양시설오염물질기록부, 해양시설오염비상계획서와 관련된 업무외 일반 해양환경업무 전반 검사·지도
② 국내항해에 운항하는 대한민국선박 출입검사와 보고
③ 방제·유창청소업체에 대한 검사·지도
④ 해양시설에서의 방제선등의 배치·설치 및 자재·약제의 비치 상황에 관한 검사

【풀이】

■ 옳지 않음 ① 해양시설오염물질기록부, 해양시설오염비상계획서와 관련된 업무외 일반 해양환경업무 전반 ☞ 해양시설오염물질기록부, 해양시설오염비상계획서 및 해양오염방지관리인과 관련된 업무로 한정한다
■ 제5조(직무) 감시원의 직무는 다음 각 호와 같다.
 1. 해양환경관리법 시행령 제94조(권한의 위임) 제2항 제8호에 따른 출입검사와 보고에 관한 사항
 2. 해양시설에서의 오염물질 배출감시 및 해양오염예방을 위한 지도·점검
 3. 방제·유창청소업체에 대한 검사·지도
 4. 해양시설에서의 방제선등의 배치·설치 및 자재·약제의 비치 상황에 관한 검사
 5. 오염물질의 배출 또는 배출혐의가 있다고 인정된 경우 조사활동 및 감식·분석을 위한 오염시료 채취 등

| 정답 | 20. ① |

21 해양수산부령이 정하는 일정 규모 이상의 선박에서 발생하는 폐기물의 총량·처리량 등을 기록하는 장부는?

① 폐기물기록부 　　② 기름기록부

③ 유해액체물질기록부 ④ 유해물질기록부

【풀이】

■ 해양환경관리법 제30조(선박오염물질기록부의 관리)

22 2020년 9월 1일부터 우리나라 5대 항만을 황산화물 0.1% 이하 배출규제해역으로 지정하고 있다. 다음 중 그 대상이 되는 항만이 아닌 것은?

① 평택항 　　② 부산항

③ 광양항 　　④ 동해항

【풀이】

■ **5대 항만:** 인천항, 평택·당진항, 여수항,
　　광양항(하동항 포함), 부산항, 울산항
■ 단, 2021.1.1.이후 국내항해선박 연료유 황함유량 기준:
　경유 0.05% 이하, 중유 0.5% 이하

| 정답 | 21. ① | 22. ④ |

23 "선박오염물질기록부"를 선박 안에 비치하고 그 사용량·운반량 및 처리량 등을 기록의무자는?

① 선주   ② 기관장

③ 선장   ④ 2등 기관사

【풀이】

> ■ 해양환경관리법 제30조(선박오염물질기록부의 관리)
> 선박의 선장은 "선박오염물질기록부"를 그 선박 안에 비치하고 그 사용량·운반량 및 처리량 등을 기록하여야 한다.

24 본선은 2,000톤급 피예인선(부선)이다. "선박오염물질기록부" 법적 비치의무자는 누구인가?

① 예인선의 선장   ② 선박의 소유자

③ 공무 감독   ④ 선두

【풀이】

> ■ 해양환경관리법 제30조(선박오염물질기록부의 관리) 선박의 선장(피예인선의 경우에는 선박의 소유자)은 그 선박에서 사용하거나 운반·처리하는 폐기물·기름 및 유해액체물질에 대한 "선박오염물질기록부"를 그 선박(피예인선의 경우에는 선박의 소유자의 사무실) 안에 비치하고 그 사용량·운반량 및 처리량 등을 기록하여야 한다.

정답	23. ③ 24. ②

25 "해양시설 해양오염방지관리인"의 자격으로 옳지 않은 것은?

① 해양공학기사, 해양자원개발기사, 해양환경기사

② 수질환경산업기사 이상, 대기환경산업기사 이상

③ 위험물산업기사 이상의 자격을 취득한 사람

④ 오염물질을 이송 작업에 6월 이상 종사한 사람

【풀이】

■ ④ / 오염물질을 이송 작업에 **1년 이상** 종사한 사람

정답   25. ④

해양시설 해양오염방지관리인의 자격·업무내용

근거: 해양환경관리법 제36조, 시행령 제40조

자격	해양공학기사, 해양자원개발기사, 해양환경기사, 해양조사산업기사, 수질환경산업기사 이상, 대기환경산업기사 이상, 폐기물처리산업기사 이상 또는 위험물산업기사 이상의 자격을 취득한 사람 (또는)해양시설에서 오염물질을 이송 또는 배출하는 작업에 **1년 이상 종사한 사람**
업무 내용	1. 해양시설오염물질기록부의 기록 및 보관 2. 오염물질을 이송 또는 배출하는 작업의 지휘·감독 3. 해양오염방지설비의 정비 및 작동상태의 점검 4. 해양오염방제를 위한 자재 및 약제의 관리 5. 오염물질 배출시 신속한 신고 및 필요한 응급조치 6. 해양오염 방지 및 방제에 관한 교육·훈련의 이수 및 해당 시설의 직원에 대한 교육(해양오염방지관리인만 해당) 7. 그 밖에 해당 시설로부터의 오염사고를 방지하는 데 필요한 사항

26 『해양환경관리법』상 "선박 해양오염방지관리인"이 될 수 없는 사람은 누구인가 ?

① 1등 항해사   ② 2등 기관사

③ 선장   ④ 기관장

【풀이】

- 해양환경관리법 시행령 제39조 "오염방지관리인"
☞ 선장·통신사는 제외한다.
- 해양환경관리법 제32조(선박 해양오염방지관리인)
☞ 해양수산부령으로 정하는 선박의 소유자는 해양오염 방지관리인으로 임명하여야 한다. 이 경우 유해액체물 질을 산적하여 운반하는 선박의 경우에는 유해액체물 질의 해양오염방지관리인 1명 이상 추가 임명
※ 유해액체물질운반선 오염방지관리인: 2명 이상
☞ 선박의 소유자는 해양오염방지관리인을 임명한 증빙 서류를 선박 안에 비치
※ 해양오염방지관리인 임명장: 선박 안에 비치
(중요)오염방지관리인이 출장, 질병 등의 사유가 있을 시 30일 범위 내에서 선장·통신사 외의 선박직원을 "오 염방지관리인 대리자"로 지정 가능

- "선박 해양오염방지관리인" 승무기준
☞ 유조선 총톤수 150톤 이상
☞ 유조선외 선박 총톤수 400톤 이상(화물선 등)

정답 | 26. ③

27 2021년 1월 1일 이후 국내항해 선박의 선박 연료유 황 함유량 기준으로 옳게 짝지어진 것은?

① 경유 0.5% 이하, 중유 0.5% 이하

② 경유 0.05% 이하, 중유 0.1% 이하

③ 경유 0.5% 이하, 중유 0.1% 이하

④ 경유 0.05% 이하, 중유 0.5% 이하

【풀이】

- ④ / 황 산화물 배출가스정화장치 설치 선박은 예외

28 다음 중 질소산화물 배출규제 대상선박은?

① 선박에 설치된 110kw 이상의 모든 기관

② 선박에 설치된 130kw 이상의 디젤기관

③ 선박에 설치된 110kw 이상의 디젤기관

④ 선박에 설치된 130kw 이상의 모든 기관

【풀이】

- 선박에 설치된 **130kw 이상의 디젤기관**

| 정답 | 27. ④ | 28. ② |

29 다음 설명 중 옳은 문항은 모두 몇 개인가?

Ⓐ 휘발성유기화합물규제항만에서 규정된 물질을 싣고자 하는 총톤수 400톤 이상의 선박은 유증기수집 제어장치를 설치한다.

Ⓑ 국제항해에 사용되는 총톤수 400톤 이상의 선박 중 해양수산부령으로 정하는 선박의 소유자는 선박에너지효율을 향상시키기 위한 계획서를 작성하여 선박에 비치한다.

Ⓒ 질소산화물 배출규제 대상선박은 선박에 설치된 130kw 이상의 디젤기관이며 비상업용 목적의 선박, 군함·경찰용 선박도 포함된다.

Ⓓ 부산 인천 평택 당진 여수 광양 하동 울산항 해역의 황산화물배출규제해역의 황 함유량의 기준은 연료유에 포함된 황의 함유량이 0.1% 이하이다.

Ⓔ 황산화물배출규제해역 이외의 지역에서의 황함유량 기준으로 경유는 1% 이하(영해 및 배타적경제수역 안에서만 운항하는 선박은 0.05% 이하), 벙커A유는 2.0%, 벙커B유는 3.0%, 벙커C유는 3.5% 이하이다.

① 2개   ② 3개   ③ 4개   ④ 5개

【풀이】

- **맞는 문항** Ⓐ, Ⓑ, Ⓓ, Ⓔ **(4개)**
Ⓒ 비상업용 목적의 선박, 군함·경찰용 선박도 **포함**
  ☞ **적용 제외**

| 정답 | 29. ③ |

30 해양오염비상계획서 작성 의무가 있는 기름 또는 유해액체물질 저장시설의 소유자의 그 기름등 합계용량은?

① 합계용량 10㎘ 이상   ② 합계용량 100㎘ 이상
③ 합계용량 200㎘ 이상   ④ 합계용량 300㎘ 이상

【풀이】

- **합계용량 300㎘ 이상**

- **해양환경관리법 제35조**(해양시설오염비상계획서의 관리 등) ① 기름 및 유해액체물질을 사용·저장 또는 처리하는 해양시설의 소유자는 기름 및 유해액체물질이 해양에 배출되는 경우에 취하여야 하는 조치사항에 대한 내용이 포함된 **해양오염비상계획서를 작성**하여 해양경찰청장의 검인을 받은 후 그 해양시설에 비치하고, 해양시설오염비상계획서에 따른 조치 등을 이행하여야 한다. 다만, 해양시설오염비상계획서를 그 해양시설에 비치하는 것이 곤란한 때에는 **해양시설의 소유자의 사무실에 비치할 수 있다.**

  ② 제1항에 따라 해양시설오염비상계획서를 검인받은 해양시설의 소유자는 그 해양시설오염비상계획서의 내용 중 해양수산부령으로 정하는 중요한 사항을 변경하려는 경우에는 해양시설오염비상계획서를 변경 작성하여 **해양경찰청장의 검인을 받은 후 이를 그 해양시설 또는 해양시설의 소유자의 사무실에 비치**하여야 한다.

| 정답 | 30. ④ |

31 방제대책본부의 설치 기준 중 옳지 않은 것은?

① 지속성기름이 10㎘ 이상이 유출되거나 유출될 우려
  가 있는 경우 설치하여야 한다.

② 국민의 재산이나 해양환경에 현저한 피해를 미치거나
  미칠 우려가 있어 해양경찰청장이 방제대책본부의
  설치가 필요하다고 인정하는 경우 설치하여야 한다.

③ 육지로부터 먼 해상에서 해양오염사고가 발생하여
  연안유입 우려가 없는 경우, 단기간 내 방제조치 완
  료가 예상될 경우, 침몰한 선박 등에서 장기간에 걸
  쳐 소량씩 유출되어 대규모 오염피해의 우려가 없는
  경우는 설치하지 아니할 수 있다.

④ 비지속성기름 또는 위험·유해물질이 50㎘ 이상이 유
  출되거나 유출될 우려가 있는 경우 설치하여야 한다.

【풀이】

- 옳지 않음 ④ 50㎘ 이상 ☞ 100㎘ 이상
- 지속성기름이 10㎘ 이상이 유출되거나 유출될 우려가
  있는 경우 또는 **비지속성기름 또는 위험·유해물질이
  100㎘ 이상**이 유출되거나 유출될 우려가 있는 경우
  또는 **해양경찰청장이 방제대책본부의 설치가 필요하
  다고 인정하는 경우**, 설치하여야 한다.

| 정답 | 31. ④ |

32 다음 중 『해양환경관리법』상 "오염물질 총량규제의 항목"이 아닌 것은?

① 화학적 산소요구량 　　　② BOD

③ 중금속 　　　④ 질소, 인

【풀이】

- 아닌 것은 ② BOD(생물화학적 산소요구량)
   生物化學的酸素要求量
   (Biochemical Oxygen Demand)

- 해양환경관리법 제12조(오염물질 총량규제 항목 등)
   오염물질 총량규제의 항목은 다음 각 호의 항목 중에서 **해양수산부장관**이 해양환경기준, 해역의 이용현황 및 수질상태 등을 종합적으로 고려하여 해당 오염물질 총량규제 실시해역의 **관할 시·도지사와 협의**하여 결정한다.

 1. 화학적 산소요구량(COD)
    化學的酸素要求量, Chemical Oxygen Demand
 2. 질소(N)
 3. 인(P)
 4. 중금속(heavy metal)

정답 | 32. ②

33 최근 개정된 "방제대책본부운영규칙"에 대한 설명 중 옳은 문항은 모두 몇 개인가?

> Ⓐ 지역방제대책본부의 설치는 지속성 기름이 10㎘ 이상 (비지속성 기름 또는 위험·유해물질은 100㎘ 이상) 유출되거나 유출될 우려가 있는 경우이다.
>
> Ⓑ 유출 규모를 판단하기 곤란한 사고 초기에는 지역 방제대책본부를 우선 설치하고, 이후 사고 상황을 평가, 광역 또는 중앙방제대책본부로 전환하여 운영할 수 있다.
>
> Ⓒ 중앙방제대책본부는 지속성 기름이 500㎘ 이상 유출되거나 유출될 우려가 있는 경우에 설치한다.
>
> Ⓓ 방제대책본부는 반드시 사고발생 해역을 관할하는 해양경찰서에 설치하여야 한다.

① 4개   ② 3개   ③ 2개   ④ 1개

【풀이】

- 옳은 문항 Ⓐ, Ⓑ, Ⓒ 3개
- 옳지 않음 Ⓓ 방제대책본부는 사고상황에 따라 **해양경찰청, 관할 지방해양경찰청 또는 별도의 장소**에 설치할 수 있다.

정답 | 33. ②

34 부산항에서 유조선으로부터 벙커C유 12,500㎘가 해상으로 유출되었을 경우, 방제대책본부장은 누구인가?

① 해양경찰청장 　　② 부산광역시장

③ 해양수산부장관 　　④ 부산지방해양수산청장

【풀이】 벙커C유 12,500㎘ ☞ 지속성 기름 500㎘ 이상에 해당

■ 「방제대책본부운영규칙」 제5조
　（방제대책본부의 설치 방법）

1. 중앙방제대책본부(본부장: 해양경찰청장): 지속성 기름이 500㎘ 이상 유출되거나 유출될 우려가 있는 경우

2. 광역방제대책본부(본부장: 지방해양경찰청장): 지속성 기름이 50㎘ 이상(비지속성 기름 또는 위험·유해물질은 300㎘ 이상) 유출되거나 유출될 우려가 있는 경우

3. 지역방제대책본부(본부장: 해양경찰서장): 지속성 기름이 10㎘이상(비지속성 기름 또는 위험·유해물질은 100㎘ 이상) 유출되거나 유출될 우려가 있는 경우
　☞ 방제대책본부는 사고발생 해역을 관할하는 해양경찰서에 설치하는 것을 원칙/사고상황에 따라 해양경찰청, 관할 지방해양경찰청 또는 별도의 장소에 설치할 수 있다.

| 정답 | 34. ① |

35 다음 중 아래의 설명에 적합한 유처리제는?

> ■ 물에 희석하여 사용하며 파도의 영향 등 물의 에너지 (Energy)가 적어도 분산이 잘된다.
>
> ■ 분산효과가 비교적 우수하고 희석사용이 가능하므로 방제기자재의 보관상 부피가 적다는 장점이 있다.

① 수용제형(Water-soluble type)

② 농축형(Concentrated type)

③ 탄화수소 용제형(Hydrocarbon solvent type)

④ 펜스형(fence type)

【풀이】

> ■ ② **농축형 유처리제**에 대한 설명이다.
>
> ■ **수용제형(Water-Based)**:
>
> ☆물에 희석하여 사용할 수 있다.
>
> ☆해안 보호 목적으로 미리 살포할 때 이외(外)는 희석하지 않고 사용한다.
>
> ■ **탄화수소 용제형(Hydrocarbon solvent type)**:
>
> ☆희석하지 않고 항공기로 살포할 수 있다.
>
> ☆선박을 이용하여 살포할 수 있다.
>
> ☆해양오염이 심한 곳에서 분산효과가 우수하고 바닷물과 접촉하면 효과가 크게 떨어진다.

| 정답 | 35. ② |

36 다음 중 "해양환경관리업"이 아닌 것은?

① 폐기물 해양배출업   ② 폐기물 해양수거업

③ 유창청소업(油艙淸掃業)   ④ 항만용역업

【풀이】

> ▪ ④ 항만용역업은 **해양환경관리업이 아님**.

〔표〕 해양환경관리업의 종류 및 업무 내용

종류	업무 내용
폐기물 해양배출업	해양투기에 필요한 선박.설비 및 장비를 갖추고 육상에서 발생한 폐기물을 해양에 투기하는 사업
해양오염 방제업	오염물질의 방제에 필요한 설비 및 장비를 갖추고 해양에 배출되거나 배출될 우려가 있는 오염물질을 방제하는 사업
유창청소업 (油艙淸掃業)	선박의 유창을 청소하거나 선박에서 발생하는 오염물질의 수거에 필요한 설비 및 장치를 갖추고 선박의 유창을 청소하거나 그 오염물질을 수거하는 사업
폐기물 해양수거업	해양에 부유.침전된 폐기물의 수거에 필요한 선박.장비 및 설비를 갖추고 폐기물을 수거하는 사업
퇴적오염물질 수거업	퇴적된 오염물질의 준설수거에 필요한 선박.장비 및 설비를 갖추고 퇴적된 오염물질을 준설 또는 수거하는 사업

| 정답 | 36. ④ |

37 해양환경관리업의 등록기관으로 가장 옳은 것은?

① 해양수산부장관

② 해양경찰청장

③ 해양수산부장관 또는 해양경찰청장

④ 사업장 소재지 해양경찰서

【풀이】

- **해양환경관리업(법 제70조)**
  - "해양환경관리업"을 영위하려는 자는
    해양수산부장관 또는 **해양경찰청장**에게 등록

- **"해양환경관리업"의 종류**
  폐기물해양배출업, 해양오염방제업, 유창청소업, 폐기물해양수거업

- **해양환경관리업의 등록 결격사유(법 제71조)**
  - 피성년후견인
  - 이 법을 위반하여 **징역 이상**의 형의 선고를 받고 그 형의 집행이 종료(집행이 종료된 것으로 보는 경우를 포함)되거나 집행을 받지 아니하기로 확정된 후 **1년이 경과**되지 아니한 자
  - 해양환경관리업의 **등록이 취소**(제1호에 해당하여 취소된 경우는 제외)**된 후 1년이 경과되지 아니한 자**
  - **임원** 중에 제1호, 제3호 또는 제4호에 **해당하는 자가** 있는 법인

| 정답 | 37. ③ |

38 다음은 방제장비 및 기자재에 대한 설명이다. 가장 옳은 것은?

> ㉠ 해상에 유출된 기름을 화학 및 생화학적 방법에 따라 처리하는 약제이다.
>
> ㉡ 기름을 미립자화하여 유화 분산시킨다.
>
> ㉢ 종류로는 탄화수소형, 농축형 등이 있다.

① 유흡착재　　　　　② 유처리제
③ 오일펜스　　　　　④ 유회수기

【풀이】　② 유처리제

39 2020년 1월 1일부터 적용한 국제항해선박의 선박 연료유 황 함유량 기준으로 옳은 것은?

① 경유 0.5% 이하, 중유 0.5% 이하

② 경유 0.05% 이하, 중유 0.1% 이하

③ 경유 0.5% 이하, 중유 0.1% 이하

④ 경유 0.05% 이하, 중유 0.5% 이하

【풀이】

- 국제항해선박은 경유, 중유 각 0.5% 이하
- 국제배출규제항해선박은 경유, 중유 각 0.1% 이하
- 황 산화물 배출가스정화장치(스크러버) 설치 선박은 예외

| 정답 | 38. ② 39. ① |

40 2020년 9월 1일부터 우리나라 5대 항만을 황산화물 배출규제구역으로 지정하고 이 해역을 운항하는 선박은 황 함유량 기준을 0.1% 이하로 준수할 의무가 있다. 다음 중 이에 해당하는 해역을 옳게 나열한 것은?

> Ⓐ 인천항, 평택·당진항 해역
>
> Ⓑ 여수항, 광양항(하동항 포함) 해역
>
> Ⓒ 부산항 해역
>
> Ⓓ 울산항 해역
>
> Ⓔ 군산항·장항항 해역

① Ⓐ, Ⓑ, Ⓒ, Ⓓ, Ⓔ 모두 옳다.

② Ⓑ, Ⓒ, Ⓓ, Ⓔ

③ Ⓐ, Ⓑ, Ⓒ, Ⓔ

④ Ⓐ, Ⓑ, Ⓒ, Ⓓ

【풀이】

■ ④ / 군산항·장항항 해역은 아님.

| 정답 | 40. ④ |

부 록

【부록 1】「해양경찰법」의 주요 내용

[시행 2020. 2. 21.] [법률 제16515호, 2019. 8. 20., 제정]

제1장 총칙

제1조(목적)

이 법은 **해양주권을 수호**하고 **해양 안전과 치안 확립**을 위하여 **해양경찰의 직무와 민주적이고 효율적인 운영**에 필요한 사항을 규정함을 목적으로 한다.

제2조(해양경찰의 책무) ① 해양경찰은 해양에서 사람의 생명·신체 및 재산을 보호하고, 해양사고에 효율적으로 대응하기 위한 시책을 추진하여야 한다.
② 해양경찰은 대한민국의 국익을 보호하고 해양영토를 수호하며 해양치안질서 유지를 위하여 필요한 조치와 제도를 마련하여야 한다.
③ 해양경찰은 해양경찰의 정책에 대한 국민의 의견을 존중하고, 민주적이고 투명한 조직운영을 위하여 노력하여야 한다.

제3조(권한남용의 금지 등) 해양경찰은 그 직무를 수행할 때 국민 전체에 대한 봉사자로서 공정·중립을 지켜야 하고, 헌법과 법률에 따라 국민의 자유와 권리를 존중하며, 부여된 권한을 남용하여서는 아니 된다.

제4조(해양경찰의 날) 국민에게 해양주권 수호의 중요성을 널리 알리고 해양안전 의식을 높이기 위하여 **매년 9월 10일**을 해양경찰의 날로 하고, 기념행사를 한다.

제2장 해양경찰위원회

제5조(해양경찰위원회의 설치 등) ① 해양경찰행정에 관하여 다음 각 호의 사항을 심의·의결하기 위하여 해양수산부에 해양경찰위원회(이하 "위

원회"라 한다)를 둔다.

1. 해양경찰청 소관 법령 또는 행정규칙의 제정·개정·폐지, 소관 법령에 따른 기본계획·관리계획 등의 수립 및 이와 관련된 사항

2. 인권보호와 부패방지 및 청렴도 향상에 관한 주요 정책사항

3. 해양경찰청 소속 공무원의 채용·승진 등 인사운영 기준과 교육 및 복지증진에 관한 사항

4. 해양경찰장비·시설의 도입·운영에 관한 사항

5. 그 밖에 주요 정책과 제도 개선 및 업무발전에 관하여 필요하다고 인정되어 위원회 의결로 회의에 부치는 사항

② 제1항에도 불구하고 해양수산부장관 또는 해양경찰청장은 중요하다고 인정되어 위원회의 심의·의결이 필요한 사항은 회의에 부칠 수 있다.

③ 해양수산부장관은 제1항 또는 제2항에 따라 심의·의결된 내용이 적정하지 아니하다고 판단할 때에는 재의를 요구할 수 있다.

제6조(위원회의 구성 및 위원의 임명) ① 위원회는 **위원장 1명을 포함한 7명의 위원**으로 구성하되, **위원장 및 위원은 비상임**으로 한다.

② 위원 중 2명은 법관의 자격이 있는 사람이어야 한다.

③ 위원은 해양수산부장관의 제청으로 국무총리를 거쳐 대통령이 임명한다. 이 경우 해양수산부장관은 위원 임명을 제청할 때 해양경찰의 정치적 중립이 보장되도록 하여야 한다.

④ 다음 각 호의 어느 하나에 해당하는 사람은 위원이 될 수 없다.

1. 당적을 이탈한 날부터 3년이 지나지 아니한 사람

2. 선거에 의하여 취임하는 공직에서 퇴직한 날부터 3년이 지나지 아니한 사람

3. 경찰, 검찰, 국가정보원 직원 또는 군인의 직에서 퇴직한 날부터 3년이 지나지 아니한 사람

4. 「국가공무원법」 제33조 각 호의 어느 하나에 해당하는 사람

제8조(재의요구) ① 제5조 제3항에 따라 해양수산부장관이 재의를 요구하려고 하는 경우에는 의결한 날부터 **10일 이내**에 재의요구서를 위원회에 제출하여야 한다.

② 위원장은 재의요구가 있으면, <u>그 요구를 받은 날부터 **7일 이내**</u>에 회의를 소집하여 다시 의결하여야 한다.

제9조(의견 청취 등) ① 위원장은 위원회의 심의를 위하여 필요한 경우에는 관계 공무원에게 필요한 사항의 보고 또는 자료의 제출을 요구하거나 관계 전문가로부터 의견을 청취할 수 있다.
② 제1항에 따라 보고 또는 자료의 제출을 요구받은 관계 공무원은 성실히 이에 응하여야 한다.

제10조(위원회의 운영 등) ① 위원회의 사무는 해양경찰청에서 수행한다.
② 위원회의 회의는 재적위원 과반수의 출석과 출석위원 과반수의 찬성으로 의결한다.
③ 이 법에 규정된 것 외에 위원회의 운영 등에 필요한 사항은 대통령령으로 정한다.

제3장 해양경찰청

제11조(해양경찰청장) ① 해양경찰청에 해양경찰청장을 두며, 해양경찰청장은 치안총감으로 보한다.
② <u>해양경찰청장은 해양경찰위원회의 동의를 받아 해양수산부장관의 제청으로 국무총리를 거쳐 대통령이 임명한다.</u>
③ 해양경찰청장은 해양경찰에 관한 사무를 총괄하고 소속 공무원 및 각급 해양경찰기관의 장을 지휘·감독한다.
④ <u>해양경찰청장의 임기는 2년으로 하고, 중임할 수 없다.</u>
⑤ <u>해양경찰청장은 해양경찰의 수사에 관한 사무의 경우에는 개별 사건의 수사에 대하여 구체적으로 지휘·감독할 수 없다. 다만, 해양주권을 침해하거나 대형재난의 발생 등</u> 국민의 생명·신체·재산 또는 공공의 안전에 <u>중대한 위험을 초래하는 긴급하고 중요한 사건의 수사에 있어서 해양경찰의 자원을 대규모로 동원하는 등</u> 통합적으로 현장 대응할 필요가 있다고 판단할 만한 상당한 이유가 있는 때에는 대통령령으로 정하는 해양경찰청 수사업무를 총괄 지휘·감독하는 <u>부서의 장을 통하여 개별 사건의 수</u>

사에 대하여 <u>구체적으로 지휘·감독할 수 있다.</u> <신설 2021. 1. 13.>

⑥ 해양경찰청장은 제5항 단서에 따라 개별 사건의 수사에 대한 구체적 지휘·감독을 개시한 때에는 이를 지체 없이 위원회에 보고하여야 한다. <신설 2021. 1. 13.>

⑦ 해양경찰청장은 제5항 단서의 <u>사유가 해소된 경우</u>에는 개별 사건의 수사에 대한 구체적 <u>지휘·감독을 중단</u>하여야 한다. <신설 2021. 1. 13.>

⑧ 해양경찰청장은 수사부서의 장이 제5항 단서의 사유가 해소되었다고 판단하여 개별 사건의 수사에 대한 구체적 지휘·감독의 중단을 건의하는 경우 특별한 이유가 없으면 이를 승인하여야 한다. <신설 2021. 1. 13.>

⑨ 제5항 단서에서 규정하는 긴급하고 중요한 사건의 범위 등 필요한 사항은 <u>대통령령</u>으로 정한다. <신설 2021. 1. 13.>

제12조(해양경찰청장 임명자격) 해양경찰청장은 <u>해양경찰에서 15년 이상 국가경찰공무원으로 재직한 자로서 치안감 이상 국가경찰공무원으로 재직 중이거나 재직했던 사람 중에서</u> 임명한다.

제13조(해양경찰청 소속 공무원) ① 해양경찰청 소속 공무원은 국가경찰공무원과 일반직공무원으로 구성한다.

② 해양경찰청 소속 국가경찰공무원의 계급은 치안총감·치안정감·치안감·경무관·총경·경정·경감·경위·경사·경장·순경으로 한다.

③ 해양경찰청 소속 공무원의 임용·교육훈련·복무·신분보장 등에 관하여는 이 법에서 특별히 정한 것을 제외하고는 「국가공무원법」과 「경찰공무원법」에서 정하는 바에 따른다.

제14조(직무) ① 해양경찰은 <u>해양에서의 수색·구조·연안안전관리 및 선박교통관제와 경호·경비·대간첩·대테러작전</u>에 관한 직무를 수행한다. <개정 2021. 1. 13.>

② 해양경찰은 해양에서 공공의 안녕과 질서유지를 위하여 <u>해양관련 범죄의 예방·진압·수사와 피해자 보호</u>에 관한 직무를 수행한다. <개정 2021. 1. 13.>

③ 해양경찰은 해양에서 공공안녕에 대한 위험의 예방과 대응을 위한 정

보의 수집·작성·배포에 관한 직무를 수행한다. <신설 2021. 1. 13.>

④ 해양경찰은 <u>해양오염 방제 및 예방활동</u>에 관한 직무를 수행한다. <개정 2021. 1. 13.>

⑤ 해양경찰은 직무와 관련된 <u>외국 정부기관 및 국제기구와 협력</u>하여야 한다. <개정 2021. 1. 13.>

제15조(직무수행) ① 해양경찰청 소속 공무원은 상관의 지휘·감독을 받아 직무를 수행하고, 그 직무수행에 관하여 서로 협력하여야 한다.

② 해양경찰청 소속 공무원은 구체적 수사와 관련된 제1항의 **지휘·감독의 적법성 또는 정당성 여부에 대하여 이견이 있는 경우에는 이의를 제기할 수 있다.**

③ 해양경찰청 소속 공무원의 직무수행에 필요한 사항은 따로 법률로 정한다.

제15조의2(수사의 지휘·감독) ① 수사부서의 장은 「형사소송법」에 따른 해양경찰의 수사에 관하여 대통령령으로 정하는 바에 따라 해양경찰청 소속 공무원을 지휘·감독한다.

② 수사부서의 장은 「경찰공무원법」 제10조제3항에도 불구하고 <u>해양경찰청 외부를 대상으로 모집</u>하여 임용할 수 있다. 이 경우 다음 각 호의 자격을 갖춘 사람 중에서 임용한다.

1. <u>10년 이상 해양수사업무에 종사</u>한 사람 중에서 「국가공무원법」 제2조의2에 따른 <u>고위공무원단에 속하는 공무원, 3급 이상 공무원 또는 총경 이상 경찰공무원</u>으로 재직한 경력이 있는 사람

2. <u>판사·검사 또는 변호사의 직에 10년 이상</u> 있었던 사람

3. <u>변호사 자격이 있는 사람</u>으로서 국가기관, 지방자치단체, 「공공기관의 운영에 관한 법률」 제4조에 따른 공공기관에서 법률에 관한 사무에 <u>10년 이상 종사한 경력</u>이 있는 사람

4. 대학이나 공인된 연구기관에서 <u>법률학·경찰학·해양경찰학 분야에서 조교수 이상의 직</u>이나 이에 상당하는 직에 <u>10년 이상</u> 있었던 사람

5. 제1호부터 제4호까지의 <u>경력 기간의 합산이 15년 이상</u>인 사람

③ 수사부서의 장을 해양경찰청 외부를 대상으로 모집하여 임용하는 경우 다음 각 호의 어느 하나에 해당하는 사람은 <u>수사부서의 장이 될 수</u>

<u>없다.</u>

1. 「경찰공무원법」 제8조제2항 각 호의 결격사유에 해당하는 사람

2. 정당의 당원이거나 당적을 이탈한 날부터 3년이 지나지 아니한 사람

3. 선거에 의하여 취임하는 공직에 있거나 그 공직에서 퇴직한 날부터 3년이 지나지 아니한 사람

4. 제2항제1호에 해당하는 공무원 또는 제2항제2호의 판사·검사의 직에서 퇴직한 날부터 1년이 지나지 아니한 사람

5. 제2항제3호에 해당하는 사람으로서 국가기관등에서 퇴직한 날부터 1년이 지나지 아니한 사람

④ 수사부서의 장을 해양경찰청 외부를 대상으로 모집하여 임용하는 경우 「경찰공무원법」 제30조에도 불구하고 수사부서의 장의 <u>임기는 2년</u>으로 하고 <u>중임할 수 없다.</u> 이 경우 수사부서의 장은 임기가 끝나면 당연히 퇴직한다.

⑤ 수사부서의 장을 해양경찰청 내부를 대상으로 임명하는 경우 수사부서의 장의 <u>임기는 2년</u>으로 한다.[본조신설 2021. 1. 13.]

제4장 해양안전 확보 등

제16조(해양안전 확보 노력) ① 해양경찰청장은 **해운·어로·자원개발·해양과학조사·관광 및 레저 활동** 등을 통해 해양을 이용하는 사람의 안전을 보장하고 사고발생에 원활히 대응하기 위하여 **적절한 교육·훈련 체계**를 마련하여야 한다.

② 해양경찰청장은 해양안전 확보와 해양사고 대응을 위하여 관련 상황을 파악하고 전파할 수 있도록 지휘·통신체계를 마련하여야 한다.

③ 해양경찰청장은 제1항에 따른 해양안전보장 및 사고대응을 위하여 관련 기술, 해양구조방식 등의 연구개발 및 제도개선을 위한 시책을 시행하여야 한다.

제17조(협력) ① 해양경찰청장은 국민의 안전을 위협하는 해양재난 또는 해양사고의 대응을 위하여 필요한 경우 관계 행정기관의 장 또는 지방자치단체의 장에게 필요한 협력을 요청할 수 있다.

② 해양경찰청장은 해양안전의 확보와 수색·구조 장비 및 기술의 보강을

위하여 민간단체·기관과의 협력관계를 증진하고 이에 필요한 계획과 시책을 마련하여 추진할 수 있다.

제18조(국민참여의 확대) ① 해양경찰청장은 해양경찰행정에 국민의 참여를 확대하기 위하여 다양한 참여방법과 협력의 기회를 제공하도록 노력하여야 한다.

② 해양경찰청장은 제1항에 따른 국민참여를 통해 수렴된 국민과 관계 전문가의 의견을 검토하여, 해양경찰의 직무수행에 필요한 경우 반영하여야 한다.

제5장 해양경찰 직무수행의 기반 조성

제19조(직무수행의 전문성 확보) ① 해양경찰청장은 직무수행의 전문성을 확보하기 위하여 교육·훈련체계를 발전시키고, 우수한 인적자원을 양성하기 위한 노력을 지속하여야 한다.

② 해양경찰청장은 외부 전문가 영입을 위하여 「경찰공무원법」에 따른 경력경쟁채용시험 또는 「국가공무원법」에 따른 개방형직위 등을 활용한 경력경쟁채용시험 등을 실시할 수 있다.

제20조(해양경찰장비의 관리 등) ① 해양경찰청장은 해양경찰의 직무수행에 필요한 함정·항공기 및 공용 또는 개인용 무기·경찰장구와 각종 장비·시설(구조·구난·오염방제장비를 포함)의 도입 및 관리계획을 시행하여야 한다.

② 해양경찰청장은 해양경찰장비등의 도입 및 관리·운영계획을 효과적으로 추진하기 위하여 필요한 재원을 지속적이고 안정적으로 확보할 수 있는 방안을 마련하여야 한다.

제21조(연구개발의 지원 등) ① 해양경찰청장은 해양경찰 업무에 필요한 연구·실험·조사·기술개발(이하 "연구개발사업"이라 한다) 및 전문인력 양성 등 소관 분야의 과학기술진흥을 위한 시책을 마련하여 추진하여야 한다.

② 해양경찰청장은 연구개발사업을 효율적으로 추진하기 위하여 다음 각

호의 어느 하나에 해당하는 기관 또는 단체 등과 협약에 의하여 연구개발사업을 수행하게 할 수 있다.

1. 국공립 연구기관
2. 「특정연구기관 육성법」 제2조에 따른 특정연구기관
3. 「과학기술분야 정부출연연구기관 등의 설립·운영 및 육성에 관한 법률」에 따라 설립된 과학기술분야 정부출연연구기관
4. 「고등교육법」에 따른 대학·산업대학·전문대학 및 기술대학
5. 「민법」 또는 다른 법률에 따라 설립된 법인으로서 치안분야 연구기관 또는 법인 부설 연구소
6. 「기초연구진흥 및 기술개발지원에 관한 법률」 제14조의2제1항에 따라 인정받은 기업부설연구소 또는 기업의 연구개발전담부서
7. 그 밖에 대통령령으로 정하는 소관 분야 관련 연구·조사·기술개발 등을 수행하는 기관 또는 단체

③ 해양경찰청장은 제2항 각 호의 기관 또는 단체 등이 연구개발사업을 수행하는 데 **필요한 경비의 전부 또는 일부를 지원**할 수 있다.

<출처> 법제처(2021년)

【부록 2】 <u>수험장에서 헷갈리기 쉬운 핵심 정리</u>

구분	핵심 내용
해양경찰위원회	▪ 위원장 1명을 포함한 **<u>7명</u>**의 위원
『해양경비법』상 협의체 구성	▪ 위원장 1명을 포함한 **<u>10명 이내</u>**의 위원 ☞ 위원장은 **해양경찰청 경비국장**
중앙 해상수난구호대책 위원회 구성	▪ 위원장 및 부위원장 각 1명을 포함하여 **<u>20명 이내</u>**의 위원으로 구성 ※ 아래의 '중앙연안사고예방협의회'와 구별하시오!
중앙 연안사고예방 협의회 구성	▪ 위원장과 부위원장 각 1명을 포함하여 **<u>35명 이내</u>**의 위원 ▪ 중앙 연안사고예방협의회위원장은 **해양경찰청 차장** ☞ 헷갈리기 쉬움(청장이 아님) ▪ **해양경찰청장** 소속으로 **중앙연안사고예방협의회**를 두고, ▪ **지방해양경찰청장** 소속으로 **지방연안사고예방협의회**를 둔다. ※ 위의 '중앙해상수난구호대책위원회'와 구별하시오!
서해5도특별경비단 의 소속	중부지방해양경찰청
해양경찰연구센터 의 소속	해양경찰교육원
해상교통관제센터 의 소속	지방해양경찰청
중앙 해양특수 구조단 의 소속	해양경찰청
해양특수구조대 (서해, 동해) 의 소속	중앙 해양특수구조단

구분	핵심 내용
해양경찰청장의 임명	☞ 해양경찰청장은 **해양경찰위원회의 동의, 해양수산부장관의 제청**으로 국무총리를 거쳐 대통령이 임명한다.
해양경찰위원회 의결	■ 위원회의 회의는 재적위원 **과반수**의 출석과 출석위원 **과반수**의 찬성으로 의결한다.
해양경찰위원회 재의요구	☞ **해양수산부장관이 재의를 요구**하려고 하는 경우 **의결한 날부터 10일 이내**에 재의요구서를 위원회에 제출하여야 한다. ☞ 위원장은 재의요구가 있으면, 그 요구를 받은 날부터 **7일이내 회의 소집**하여 다시 의결
유·도선 안전관리 계획	☞ **행정안전부장관** 또는 **해양경찰청장**은 유·도선 안전관리계획의 수립에 필요한 **지침 제공 및 지도·감독** ☞ **시·도지사** 또는 **지방해양경찰청장**은 유·도선 안전관리계획의 수립·시행
「수상에서의 수색·구조 등에 관한 법률」 상 수난대비기본훈련 실시 결과보고	☞ 해양경찰청장은 **수난대비기본훈련의 실시결과** ■ **매년 국회소관상임위원회에 보고**

구분	핵심 내용
국제선박항만보안법 제3조(적용범위) 대한민국 국적의 국제항해선박	1. **모든 여객선** 2. **총톤수 500톤 이상의 화물선** 3. **이동식 해상구조물**(천연가스 등 해저자원의 탐사·발굴 또는 채취 등에 사용되는 것) 4. 위의 어느 하나에 해당하는 **대한민국** 국적 또는 **외국** 국적의 **국제항해선박**과 **선박항만연계활동이 가능한 항만시설**
국제선박항만보안법 제18조 (선박식별번호) 선박식별번호 표시 선박	1. **총톤수 100톤 이상의 여객선** 2. **총톤수 300톤 이상의 화물선** <선박식별번호의 표시방법 및 표시위치 등에 관하여 필요한 사항은 **해양수산부령**으로 정한다.>
선박교통관제에 관한 법률 관제대상선박	1. **국제항해에 취항하는 선박** 2. **총톤수 300톤 이상의 선박** 3. 「해사안전법」 제2조제6호에 따른 **위험화물운반선** 4. 선박교통관제구역에서 이동하는 **선박의 특성** 등에 따라 **해양경찰청장이 고시**하는 선박
방제대책본부 설치	<table><tr><td>중앙</td><td>청장</td><td>지속성기름 500kl 이상</td></tr><tr><td>광역</td><td>지방청장</td><td>지속성 50kl, 비지속성 기름 또는 위험·유해물질 300kl 이상</td></tr><tr><td>지역</td><td>서장</td><td>지속성 10kl, 비지속성 기름 또는 위험·유해물질 100kl 이상</td></tr></table>

구분	핵심 내용					
해양경찰법 제5조 (해양경찰위원회의 설치 등)	■ 해양수산부에 해양경찰위원회를 둔다. ☞ 해양경찰위원회는 *해양경찰청에 두는 것이 아니다!* ➡ (정답) 해양수산부에 둔다.					
해양경찰청 소관법률	☞ *암기법 - 수 수 해 연 해 선 (6개)*					
	1961 (제정)	1999	2012	2014	2019. 02.	2019. 12.
	수난구호법 ('15년 수상구조법 으로개정)	수상 레저법	해양 경비법	연안 사고 예방법	해양 경찰법	선박 교통 관제법
계선조직(line)	☞ *(암기법) "국장 과장 계장 line은 "보조개" 가 있어요!* ■ 국장·과장·계장은 "보조기관"					
참모조직(staff)	☞ *(암기법) "참모 staff은 "보좌관"이 있어요!!"* 대변인은 청장의 보좌기관 ■ 기획조정관·감사담당관은 차장의 보좌기관					
수사긴급배치	갑호배치	형사(수사)요원, 형사기동정요원, 해양파출소 요원 가동경력 100%				
	을호배치	형사(수사)요원, 형사기동정요원은 가동경력 100%, 해양파출소 요원은 가동경력 50%				

이영호
해양경찰학 개론

ⓒ 이영호, 2021

초판 1쇄 발행 2021년 2월 12일

지은이   이영호
펴낸이   이기봉
편집   좋은땅 편집팀
펴낸곳   도서출판 좋은땅
주소   서울 마포구 성지길 25 보광빌딩 2층
전화   02)374-8616~7
팩스   02)374-8614
이메일   gworldbook@naver.com
홈페이지   www.g-world.co.kr

ISBN   979-11-6649-295-2 (13350)

- 가격은 뒤표지에 있습니다.
- 이 책은 저작권법에 의하여 보호를 받는 저작물이므로 무단 전재와 복제를 금합니다.
- 파본은 구입하신 서점에서 교환해 드립니다.